"十四五"职业教育国家规划教材

社会科学基础知识
（第2版）

主　编　田景正
副主编　林　静
参　编　何艳琳　向章宇　肖颂群　杨玉如
　　　　何曙光　孟彩萍　吴国华　张宁惠
　　　　魏湘子　李　星　王水仙

北京理工大学出版社
BEIJING INSTITUTE OF TECHNOLOGY PRESS

内 容 简 介

本书分为 10 章，分别为走进社会科学、政治经济知识、中外教育名家思想、历史知识、传统文化艺术知识、民俗宗教知识、文学知识、政策法规知识、人口与资源、人类活动与地理环境等内容。本书适合职业院校学前教育、早期教育、幼儿教育等专业教师教学和学生学习使用。

版权专有　侵权必究

图书在版编目（CIP）数据

社会科学基础知识 / 田景正主编 . —2 版 . —北京：北京理工大学出版社，2023.8 重印

ISBN 978-7-5682-7879-9

Ⅰ . ①社… Ⅱ . ①田… Ⅲ . ①社会科学 – 幼儿师范学校 – 教材 Ⅳ . ① C43

中国版本图书馆 CIP 数据核字（2019）第 253634 号

出版发行 / 北京理工大学出版社有限责任公司
社　　址 / 北京市海淀区中关村南大街 5 号
邮　　编 / 100081
电　　话 /（010）68914775（总编室）
　　　　　（010）82562903（教材售后服务热线）
　　　　　（010）68944723（其他图书服务热线）
网　　址 / http：//www.bitpress.com.cn
经　　销 / 全国各地新华书店
印　　刷 / 定州启航印刷有限公司
开　　本 / 787 毫米 ×1092 毫米　1/16
印　　张 / 16
字　　数 / 347 千字
版　　次 / 2023 年 8 月第 2 版第 5 次印刷
定　　价 / 46.00 元

责任编辑 / 张荣君
文案编辑 / 张荣君
责任校对 / 周瑞红
责任印制 / 边心超

图书出现印装质量问题，请拨打售后服务热线，本社负责调换

前言
QIANYAN

　　《社会科学基础知识（第 2 版）》是根据社会科学知识逻辑和教育部颁布的《幼儿园教师专业标准（试行）》（2012）中关于幼儿园教师通识性知识的一般要求编写的。党的二十大报告指出："教育、科技、人才是全面建设社会主义现代化国家的基础性、战略性支撑。"本教材深入贯彻党的二十大精神，以社会主义核心价值观为引领，旨在推进文化自信自强，使中高职院校学前教育专业的学生在已有的文化知识基础上进一步学习社会科学基础知识，提升人文素养，掌握科学的人生观、价值观、世界观和方法论，为专业发展奠定良好的人文基础和政治思想基础，助力发展面向现代化、面向世界、面向未来的，民族的、科学的、大众的社会主义文化，培养德智体美劳全面发展的社会主义建设者和接班人。

　　本教材共分为 10 章，分别为走进社会科学、政治经济知识、中外教育名家思想、历史知识、传统文化艺术知识、民俗宗教知识、文学知识、政策法规知识、人口与资源、人类产业活动与地理环境。在编写上紧密联系学前教育专业学生专业发展的实际需要，如设置了"中外教育名家思想"一章，主要介绍了中外教育名家的学前教育思想，在"政策法规知识"一章较多地介绍了学前教育法规知识；另外，"传统文化艺术知识""民俗宗教知识""人口与资源""人类产业活动与地理环境"等章节中的有关知识经过相应改编后可以成为幼儿园课程与教学资源。本教材紧扣社会发展的时代新主题和新要求，如"政治经济知识"一章中编写了"习近平新时代中国特色的社会主义理论"及"一带一路"的内容,"历史知识"一章中的"十四年抗战","传统文化艺术知识"一章中的"中国传统伦理道德","人口与资源知识"一章中的"雄安新区规划","人类产业活动与地理环境知识"一章中的"环境保护与供给侧结构性改革"《巴黎协定》"等内容。

在体例上,本教材是按照教材和学材及便于教学互动的理念编写的,每一章基本由以下几个要素组成:学习目标、正文、思考与练习。为了提高学生学习兴趣,拓宽其知识面,一些章节的正文中还插入了"趣味故事"或"知识拓展"等,有的章节根据需要插入了相关图表。

本教材在编写过程中,广泛参阅了有关著作和教材,在此谨向有关专家和作者表示诚挚的谢意!由于作者水平有限,不当之处在所难免,恳请广大师生和读者在教学和使用中提出宝贵意见。

编 者

目录

第一章　走进社会科学 ... 1
第一节　社会科学概述 ... 1
第二节　社会生活与社会科学知识 ... 5
第三节　学前教育专业与社会科学知识 ... 11

第二章　政治经济知识 ... 14
第一节　马克思主义及在中国的发展 ... 14
第二节　中国的政治制度 ... 22
第三节　西方政治制度 ... 31
第四节　经济全球化趋势 ... 35

第三章　中外教育名家思想 ... 42
第一节　中国古代教育家思想 ... 42
第二节　外国古代教育家思想 ... 47
第三节　中国近现代教育思想家 ... 54
第四节　外国近现代教育思想家 ... 60

第四章　历史知识 ... 70
第一节　中国历史 ... 70
第二节　世界历史 ... 86

第五章　传统文化艺术知识 ... 96
第一节　中国传统伦理道德 ... 96
第二节　中国传统文化艺术 ... 103
第三节　西方传统艺术 ... 121

目录

第六章　民俗宗教知识 ……………………………………… 131
第一节　中国民俗及传统节日 ………………………… 131
第二节　中国少数民族民俗 …………………………… 142
第三节　世界民俗及宗教 ……………………………… 148

第七章　文学知识 ……………………………………………… 151
第一节　中国古代文学 ………………………………… 151
第二节　中国现当代文学 ……………………………… 163
第三节　外国文学 ……………………………………… 166

第八章　政策法规知识 ………………………………………… 173
第一节　教育法规与政策 ……………………………… 173
第二节　学前教育法律法规与政策 …………………… 188

第九章　人口与资源知识 ……………………………………… 199
第一节　人口与发展 …………………………………… 199
第二节　城市与城镇化 ………………………………… 203
第三节　交通与旅游 …………………………………… 208
第四节　资源与粮食问题 ……………………………… 217

第十章　人类产业活动与地理环境知识 ……………………… 225
第一节　农业生产与地理环境 ………………………… 225
第二节　工业生产及对地理环境的影响 ……………… 230
第三节　动植物生存环境的恶化 ……………………… 236
第四节　中国的环境问题与可持续发展 ……………… 241

第一章 走进社会科学

学习目标

1. 了解社会科学的概念、研究对象和发展历程。
2. 了解社会科学知识对于提高人文素养和专业素养的价值。
3. 明确学习社会科学基础知识的基本要求。

第一节 社会科学概述

社会科学是用科学的方法研究人类社会种种现象的各学科总体。社会科学有其形成和发展的过程。社会科学发展到现代，其研究的方法手段不断更新，社会科学与自然科学相互渗透和联系的趋势日益加强。

一、社会科学的概念、研究对象及其分类

社会科学概论

（一）社会科学的概念

社会科学，就是从整体上探求社会的起源、演变、范畴、本质及其发展规律的科学。由于社会是人的社会，社会科学就是以人类活动为研究对象，进一步说，社会科学就是指人类对自身行为所构成的社会活动进行认识，并从理论上加以重建的系统化知识体系。它的最基本任务是研究人类社会活动中的各种现象，解释各种社会现象的本质、相互联系及其发展规律，对人类社会生活中的种种现象做出理论说明。

社会科学是人类知识体系中一个庞大的、有众多学科的知识群，这些学科从不同的角度对复杂的社会现象加以研究，因而社会科学研究的对象领域是极其广阔的。

（二）社会科学研究的对象

社会科学研究的对象包括社会人、社会结构及自然、文化、科学等。

1. 关于社会人的研究

首先是人的活动。人是社会活动的产物，又是社会活动的主体。人的活动可分为精神活动和物质活动，也可分为生产活动和消费活动，一般活动和创造活动等。"活动"的概念是社会科学许多领域中理论分析的对象，在哲学、人类学、心理学、语言学、教育学中都占有重要地位。

其次是人的意识。意识是许多学科研究的对象，在心理学中它被作为人的心理活动的最高层次而加以研究；在哲学中思维和存在、意识和物质的关系问题构成哲学的基本问题；在社会学中意识被视为人们精神生活中各社会集团的利益和观念的映象；在语言学中意识与语言有着密不可分的联系，不仅意识的产生离不开劳动工具的使用和交际工具（语言）的使用，语言对于社会意识、精神财富的再生产更是不能缺少的。社会意识包括的政治法律思想、哲学、道德、文学艺术、宗教等形式，是社会科学和人文科学的普遍研究对象。

再次是人的心理。人是自然界生命发展的最高级形式，人的大脑是一个具有特别复杂的高级生命机能的系统，人的心理活动是大脑的机能，是主体对于客观现实的反映。大脑的生理过程是心理反应活动的必要的物质机制。心理是生命进化发展到一定阶段的产物。人的心理活动是心理学研究的对象，同时也是哲学、社会学、教育学乃至生理学、医学研究的对象。

最后是人的个性。个性是人的社会本质的具体表现，是用一定的方式在个人身上综合表现出来的社会特征。个性在心理学中常常被理解为联系个体各种心理过程，使个体行为具有连贯性和稳定性的核心；在社会学中常常通过社会地位、角色、阶级出身、文化程度、兴趣爱好、追求目的、专业等方面加以表现。个性的社会化发展是伦理学、教育学的研究对象。

2. 关于社会结构的研究

首先是经济结构。社会的经济结构是决定整个社会机制的客观结构，它包括生产力和生产关系，社会经济形态的诸类型等方面。它既是经济学研究的主要对象，也是政治学等学科研究的对象。

其次是政治结构。社会的政治结构是指实现一定政治职能的国家机器，如国家、军队以及非国家的社会机构——政党、社会团体等。社会的政治结构与阶级结构有着密切联系，社会发生阶级分化并产生国家的历史过程正是形成社会政治结构的过程。政治结构是政治学、法学、行政管理学等学科的研究对象。

再次是人口结构。社会的人口结构是指社会成员的出生、死亡、婚姻、教育程度、民族、职业、居住迁移等因素的结构。社会人口的再生产是社会自身的再生产的过程。当代社会出现的人口老龄化、城镇化等趋势已引起社会的普遍注意。人口结构是人类学、人口学、社会学等学科的研究对象。

3. 关于自然、文化、科学的研究

首先是自然研究。这里的自然是社会的自然前提，指与人类社会直接密切相关的生存环境，一般可以分为可地理环境和人口状况两个方面。其中，地理环境是指一定社会的地

理位置及其地形、土壤、气候、水域、动物、植物以及其他生态条件等。地理环境是人类生活的场地，同时又是社会物质生产的前提条件。现代社会由于社会生产力有了巨大发展，自然环境平衡遭到破坏，自然资源被无节制地消耗和污染，社会与自然的关系失调，明显影响人的生活质量和可持续发展。社会的自然前提是人文地理学、经济学、社会学、生态学等研究的对象。

其次是文化研究。文化是人类社会活动的特有方式，表现着人类社会所达到的历史发展水平。文化可分为物质文化和精神文化，物质文化与精神文化是统一的。文化是科学研究，尤其是社会科学研究的广泛并具有普遍性的综合课题。

最后是科学研究。科学对于人类社会的发展具有无比重要的作用，科学是社会进步的基本标志之一。科学的直接目的是基于科学所发现的客观规律去描述、解释并预测科学所研究的过程事实。科学不仅具有社会认识作用和社会教育作用，更重要的是它还能转化为社会的直接生产力。科学还要研究科学本身的发展规律与结构，科学这一重要的社会活动领域是科学学的研究对象。

（三）社会科学主干学科分类

社会科学是人类知识体系中的一个庞大的门类，是一个含有众多学科的知识群，它以不同的原则从不同的角度对复杂的社会现象加以研究。关于社会科学主干学科的分类，有以下观点。

《苏联大百科全书》中社会科学条目列举了十一个学科：历史学、考古学、民族学、经济地理学、社会经济统计学、政治经济学、国家与法科学、艺术史与艺术理论、语言学、心理学、教育学。

联合国教科文组织出版的三卷本著作《社会科学和人文科学研究中的主要趋势》中包含十个学科：社会学、政治学、心理学、经济学、人口学、语言学、人类学、艺术及艺术科学、法学、哲学。

我国的《中国图书馆图书分类法》中社会科学类包括：哲学、政治学、法学、军事学、经济学、文化学（包括新闻学、图书馆学等）、教育学、体育学、语言学、文学、艺术学、历史学、地理学。

从以上几种具有代表性的著作及其分类看，社会科学的学科范围不尽相同，但其主要部分是稳定和明确的。如哲学、政治学、法学、经济学、文学、艺术学、历史学、教育学等。

二、社会科学的发展

（一）萌芽时期

在远古时代，人们开始以原始的方式认识自然界、认识社会，是社会科学发展的萌芽时期。这一时期，人们对世界的认识表现为神话传说等。由于原始人对自然界和自然现象以及人类自身无法进行科学的理解和解释，他们只能凭借自己的生活体验加以想象和幻想,认为自然界也像人一样有意志、有性格、有感情,日、月、风、雨、雷、电,都由神在主宰着。这样,就在原始人头脑中形成了自然神的观念。如人们要解释宇宙万物的起源,就幻想出一位开辟大神女娲,女娲不仅是世界的创造者,而且是人类万物的始祖。人们要解释日月西行、江河东去的现象,就幻想出"共工头触不周山","天柱折,地维绝""天倾西北""地不满东南"的故事。从这些神话故事中,我们可以看到原始人对周围世界及其自身的原始而幼稚的认识。当然,原始神话传说也可以理解为原始人对其周围世界和他们自身奥秘的初级探索。

原始神话传说尽管只是人类社会自我认识和自我理解的原始形式,是人类认识能力,尤其是抽象思维能力发展得很不充分的产物,但这毕竟是人类认识和理性思维能力发展的产物,并且还是进一步刺激和发展人类认识和理性思维能力的积极因素,而人类的科学正是这种能力进一步发展的必然结果。

(二)奠基时期

随着生产力的发展和私有制的诞生,东西方都出现了历史上第一批非官非商的"知识分子"——"士"或"智者"。随着这些"知识分子"的出现,专门研究社会现象的社会科学逐步形成。像中国先秦时期的老子、孔子等,西方的苏格拉底、柏拉图、亚里士多德等,这些人可以说是社会科学的最早开拓者。他们探讨了许多社会问题,提出了第一批社会科学范畴,如礼、法、正义、民主等,也提出了理论研究的若干方法,如类比、归纳和推理。在这以后的数百年时间里出现了政治、法律、管理、伦理、军事、经济、历史、教育、文艺、美学等社会科学思想,使整个社会科学的发展有了一个比较确定的基础。在我国的春秋时期,诸子百家论辩争鸣,各种学说相继登台,出现了一个文史哲汇于一体的学术大繁荣景象,使当时的社会科学发展达到了一个高峰,当时产生的许多哲学、教育学的观点和思想至今仍闪耀着理性的光辉。

但总的来说,由于生产力水平低下,受当时社会历史条件的局限,这一时期的社会科学一般只是笼统的概括和浅显的分析,社会各方面的知识统一于哲学和神学之中,社会知识内部的各侧面各层次的内容也混杂在一起,没有严格的科学分类。这一阶段的研究方法,多半掺杂个人情感,如经学注释法,它主要对先哲经典进行无限制的正名、考据和注释,有些著作的注本达几十种甚至上百种之多。这种方法在我国的封建社会中一直占统治地位。从人文思想史看,在古希腊罗马,人文科学首先表现为一种课程体系,文法、修辞、音乐和建筑是教育的基本学科。中世纪后期,随着翻译工作的展开,又出现了诗歌、历史和哲学道德等学科,实际上就是今天我们所说的文史哲。

(三)学科分化、独立时期

从16世纪到19世纪中叶,随着资本主义生产关系的不断发展、自然科学的突飞猛进,以及文艺复兴以来"人"的不断解放,在中世纪里缓慢发展的社会科学终于获得了前所未有的释放。许多社会科学学科都继续从神学和哲学中分化、独立出来,并对近代社会的发展起了非常重要的指导作用。一方面,高扬人性的文艺复兴创立了与传统宗教神学和新兴自然科学完全不同的学科体系——人文科学(社会科学),并铸就了一种空前伟大的信念,即人自然是最高的价值,是一切事物的价值尺度,同时也培养了求知的精神、思辨的理性和"对象主体化"的思维方式。由于当时的人文主义者认为，人文主义教育的根本目的在于培养美德和热爱生活，因此伦理学，即道德哲学成为人文科学的思想核心。另一方面，随着资产阶级革命的蓬勃发展和资本主义制度的建立，迫切需要与之相适应的社会意识形态，同时由于技术革命的发生，打破了传统的生活模式，社会急需一种新的模式来代替。在这种形势下社会科学有了大发展的社会环境。经济学、政治学、法学、社会学等社会科学的基本学科逐渐分化、独立，各种学术思想流派不断产生演变。

（四）新发展繁荣时期

19世纪后半叶到20世纪初，社会科学因其方法论上的突破，获得了前所未有的发展，进入新的繁荣时期。

法国学者孔德将"实证"问题上升到哲学高度，创立了"实证哲学"，又强调以实证方法研究社会问题，创立了"社会学"。此后有了斯宾塞的社会有机体论、塔尔德的心理社会学派、迪尔凯姆的集体表象论、韦伯的社会行动理论、齐美尔的形式学派及帕森斯的结构功能主义等。史学领域兴起了以朗克为代表的"实证主义史学"，以斯宾格勒、汤因比为代表的"思辨的历史哲学"和以克罗齐、科林伍德为代表的"分析的历史哲学"。心理学领域出现了格式塔心理学、行为主义及精神分析心理学。美国管理学家泰罗成为"科学管理之父"。赫尔巴特的《普通教育学》的发表，为教育学的诞生提供了一个良好的开端。语言学由自然语言学向社会语言学、结构语言学转化，等等。整个社会科学呈现出一派繁荣景象。

自20世纪四五十年代以后，世界发生了巨大变化，深刻地影响着社会科学的发展。这个时期的发展变化，是以往任何时期都不能比拟的。一是科学发展出现了交叉融合的发展趋势，为社会科学提出了许多崭新的课题。如当代的社会科学与自然科学、思维科学之间相互渗透，专业化研究与综合性研究相互结合，定量化研究方法不断加强，应用性比重不断增加。二是大量新的社会问题不断涌现，引起了社会科学界的广泛注意与重视。社会随机因素的增加，传统社会问题的加剧——种族歧视、经济贫困、家庭婚姻问题、吸毒、国际性走私活动的频繁、居住环境的恶化、种族区域骚动、生态环境的破坏等重大社会问题，都为社会科学研究提供了大量阐释机会和发展动因。

社会科学的发展趋势是，社会科学不再仅仅是课堂里的知识、书斋里的学问，而成为与人们的社会生活和各种实践活动息息相关、不可须臾离开的"工具"。社会科学研究已成为政府领导的，甚至在国际范围内合作的有组织、有计划的行为。随着科技的进步、社会的发展，社会科学也将进一步成熟和发展，也必将为人类社会作出自己的贡献。

第二节　社会生活与社会科学知识

社会科学知识是关于人们生活的伦理要求和具体规定，为人们物质生活和精神生活提供世界观和方法论，对人们现实生活的影响具有全面性、系统性和深入性。我们应认真学好社会科学知识，自觉地运用社会科学知识指导自己的工作和生活。

一、社会科学知识的功能

（一）社会科学对于社会发展的影响

"科学技术是第一生产力"的命题中的"科学"就包含社会科学。因为社会科学为解放和发展生产力、创造物质文明提供了的巨大动力，自然科学往往需要借助于社会科学的作用才能转化为现实的生产力。社会科学是推动经济发展的精神力量和智力支持，科学管理可以直接转化为生产力或提升生产力水平。

1. 社会科学促进经济发展的功能

（1）社会科学是推动社会生产力发展的重要因素。

社会科学为解放和发展生产力提供了巨大动力。人类历史上任何一场轰轰烈烈的社会实践活动，都有一场思想理论上的革命作为先导。例如，文艺复兴运动促进了人类思想的解放，推动了科学的巨大发展，为生产力的发展提供了前所未有的强劲动力。再如日本在战后短短二三十年间，实现了经济的迅速腾飞，其根本原因是人才的聚集和企业文化的形成，而社会科学文化的发展为其提供了必要的基础。

（2）社会科学为经济政策的制定提供理论基础。

社会科学理论会影响经济发展的方向和经济政策。任何一项政策和发展目标的制定，都必须有一定的理论基础。如中华人民共和国成立后实行高度集中的计划经济体制，对经济发展起到了应有的促进作用，但随着国家经济、政治的发展，这种体制造成了政企不分的问题，不能充分调动生产者的积极性。党的十一届三中全会后，通过计划与市场等理论上的大讨论，提出了改革开放政策，经济学界面对我国经济和社会发展的实践，就许多问题展开探讨，随着经济理论的突破，我国经济体制也经历了从计划经济到有计划的商品经济，再到计划调节和市场调节相结合，进而建立社会主义市场经济体制的转变。

2. 社会科学的政治功能

（1）社会科学是社会制度的存在、发展及变革的理论基础。

任何一种社会形态都必须依赖一定的制度体系才能得以维持。一个国家建立什么样的制度和体制，从根本上说，是由该国所处的具体历史条件决定的，是社会基本矛盾运动的结果。但这些社会制度的最终形成，又离不开社会科学的成就，离不开人文社会科学家的智慧。社会科学的每一次巨大进步，都会带来制度的重大变革或对制度演进产生重大影响。如18世纪法国启蒙运动就是理性主义对宗教神权思想的挑战，极大地动摇了封建专制的根基以及神学思想在人们心中的地位，为法国资产阶级大革命提供了思想武器，为资本主义生产关系的建立提供了理论保证，在法国大革命爆发时，给资产阶级和广大人民群众竖起一面理论旗帜。

（2）社会科学是社会治理的理论武器。

社会行为准则和规范维系社会正常秩序，并按照一定方向调节人们的社会关系，社会科学各学科以各自独特的方式，把人们的思想和行为限定在统治阶级所许可的范围内，从而维持了社会正常秩序，保持社会稳定。如中国古代孔子的"仁爱说"、墨子的"兼爱说"、范仲淹的"先天下之忧而忧，后天下之乐而乐"及顾炎武的"国家兴亡匹夫有责"的家国观等，对中华民族的生存繁衍、凝聚民族力量、维护民族的团结和统一、保持国家的社会稳定等发挥了巨大而不可或缺的精神力量。社会科学的决策咨询功能能为政府提供决策咨询。社会科学家要提出一些新思想、新观念、新理论为决策者接受，同时，他们又是政府决策的宣传家、鼓动家和评论家。

3. 社会科学的文化功能

在现代化的国际化进程中，无论是发达的工业化国家，还是经济相对落后的发展中国家，在亲历工业文明的经验和教训后，都充分认识到国家的经济发展，离不开社会科学的发展和文化建设的基础。特别是近十几年来，各国现代化建设所取得的经济进步和物质文明，无不包含着技术科学和社会科学的共同贡献，它们之间交叉互补，对经济发展和社会全面进步提供强大的精神动力和智力支持。

社会科学的基础理论研究是文化建设的基础与动力，其理论指导功能是在大量调研实践基础上的高度总结和概括，包括指导经济发展方略的制定，推动政治体制改革，弘扬民族精神，完善经济文化政策，协调经济社会的良好运行，坚持马列主义在意识形态领域的地位，因而在社会主义建设中发挥着重要作用。社会科学的文化建设功能，在精神文明建设的领域里，主要是思想教育和人才培训功能。中国特色社会主义文化建设的根本是要始终不渝地用邓小平理论教育干部和群众，在全社会形成共同理想和精神支柱，提高社会文明程度，推进改革开放和现代化建设。

随着社会主义精神文明建设的不断加强和思想道德建设的逐步深入，社会科学的作用和地位也会不断提高。许多重大的理论问题和实际问题都需要哲学社会科学工作者作出科学的说明和合理的解释。如为什么在当前市场经济的条件下，一些人把风险意识演化为暴富心理，把公平竞争演化为不择手段，把利益驱动演化为拜金主义，如此等等，导致思想道德水准下降，产生权钱交易、分配不公、贪污腐败、渎职犯罪、造假贩假等社会问题和恶行，都需要社会科学加以研究和解决。

二、社会科学对于个人成长的影响

（一）社会科学在确立人的价值观上发挥着重要作用

生命对于每一个人来说只有一次，在这短短的一生中，每一个人只有科学地认识自己、认识他人、认识世界，从而更好地塑造自己的人生，才能成为"一个高尚的人，一个纯粹的人，一个有道德的人，一个脱离了低级趣味的人，一个有益于人民的人"。

人的一生是一个改造和发展自身的生命历程。而人生观是关于人生的基本观点，即对人生一系列问题的基本看法，它是世界观在人生问题上的具体表现。由于人们的社会生活条件不同，生活经历不同，在阶级社会中特别是由于人们的阶级地位不同，因而形成了各种不同的人生观。

在社会主义社会中，要实现人生的价值，应以马克思主义为指导，要确立正确的共产主义人生价值目标。人生的价值目标对个人与社会都起着重要作用，崇高的价值目标是追求人生价值的精神动力,能鼓舞人们不屈不挠、奋勇前进,去实现人生价值。既然确立了共产主义的奋斗目标,那么我们就必须以共产主义价值观来指导自己的行为,就必须确立共产主义的价值目标。

人是以何种方式存在于世界上,在世界上又担负着什么样的使命呢?对这两个问题,不同的人有不同的见解。马克思将实践的观点引入哲学,从社会实践的角度出发,揭示了人类社会的本质和人与社会的真正关系。他认为,社会是人的活动本身,也是人有目的性活动的产物;人在历史性的活动中创造了社会,同时也创造了人本身。人创造了社会的物质财富和精神财富,也创造了社会的交往关系。由此不难看出,实践是人类所特有的存在方式。所谓实践是指人能动地改造客观世界和探索现实世界的一切社会性的客观物质活动,这是人所特有的,为实现某种主观目的而进行的(对象性)活动。实践不但是人类活动的主题,是人类认识世界、改造世界的最基本的方式,而且也是人类产生、存在和发展的基础,是人之所以为人、区别于其他动物的根本标志。人的存在得益于实践,人的发展更依赖实践。总之,实践是人类最基本的存在方式,在人类的活动中具有根本的地位,是人类产生、存在和发展的重要前提,是人类生存赖以维系的物质生产和生活资料的基本来源,是社会生命的特殊运动形式,也是人类活动的核心内容。

人在世界中的使命究竟是什么呢?马克思认为:人来到这个世界上,其最重要的使命就是认识世界,进而改造世界,为他人、为世界谋福利。在这里,认识世界是前提,改造世界,为他人、为世界谋福利便是最终目的。简言之,就是寻求真理、追求真理、实现真理的过程。而实现这一过程的具体途径,一是通过实践发现真理;二是以真理的认识为指导,在改造世界的过程中实现价值并创造价值;三是将真理和价值实现有机统一,实现崇高理想。

(二)社会科学与人格培养

人格从哲学意义上讲,是指具有自我意识和自我控制能力,即具有感觉、情感、意志等技能的主体。社会需要人格美,人类需要人格美。人格美就是健全人格表现出的魅力,其表现在以下三个方面:一是有较高的认识判断能力,娴熟的语言表达能力,丰富的想象力以及创造性思维,有正确的人生观、价值观,能明辨是非;二是情感丰富,爱憎鲜明,有亲情、友情,有道德感、正义感、美感,有对国家、民族、人类的发展和进步的强烈责任感;三是意志坚强,能根据一定的价值目标和行为规范有效地调控自己的行为,表现出较强的自制力和适应能力。人格美的内涵,是以个体的发展为核心的,是在社会科学与社会文化的熏染下逐步形成的。

1. 自信、独立

自信是成功的起点,只有自信的人才会坚定地沿着自己选择的道路走下去,最终实现自己的人生目标,有所作为。自信包括三层意思:一是相信的自己肯定具有某种才能;二是相信自己一定能找到实现这种才能的途径;三是坚信通过发挥自己的能力可以改变客观事物和环境,即俗话说的"事在人为""天下无难事,只怕有心人"。孟子能成为继孔子之后的儒家代表人物,伟大的思想家、教育家,一个重要的原因是他非常自信。他曾自信地说:"如欲平治天下,当今之世,舍我其谁也!""舜何人也;予,何人也,有为者亦若是。"

他相信，舜那样的圣人也是可以学到的，关键在于你是否下决心去做。

自信是人进入良性发展的关键，也是开启潜在能力大门的钥匙。每个人的潜在能力都是惊人的，好像一个埋在地下深处的富矿。自信者的大脑常常处于兴奋状态，其潜能的大门敞开着，创造的灵感时时涌现，所以往往能在人生的各个方面不断获得成功。而成功反过来又刺激、强化了自信心。即自信—成功—更自信—更成功。所以说，自信是健全人格的根本标志，也是人格美的首要内容。每个人都有自己的个性，都有自己的才能，自信可以使人尽可能地发挥才能，展示个性，实现人生的价值。

养成独立人格，是人发展的目标，也是个体走向成熟完善的标志之一。独立自尊是人格美的又一重要内涵。用现代人的眼光看，独立人格应有以下特点：一是有坚定的道德信念和明确的是非标准，不附和他人说长道短；二是有强烈的自我意识，自己主宰自己，不依附任何人；三是不因环境的变化而改变做人的基本原则，"富贵"时不得意忘形、胡作非为，"贫困"时不自轻自贱；四是不屈服于权势的压力，能经得住困难、挫折的考验；五是不受世俗观念和时尚潮流的影响，不为外在的名利枷锁束缚，不做庄子说的"丧己于物，失性于俗"的那种"倒置之民""蔽蒙之民""风波之民"。具有独立人格才能成为孟子所谓的"富贵不能淫，威武不能屈，贫贱不能移"的大丈夫。

（二）进取心与意志力

创新是一个民族的灵魂，是一个国家发展的不竭动力。作为人格特点的创造与进取，其潜在动力是人永无止境的求知欲和表现才能的欲望。创造是不满足于已知和已有的东西；进取是不停留在现有的状态。缺乏创造与进取，人格是不完善的。创造力枯竭，预示着生命的衰退。一个缺少创造与进取精神的民族或国家，必然走向没落。比如，美国的"氢弹之父"泰勒，几乎每天都有十个新想法，其中有九个半是错的，但他不在乎把"每天半个对的新想法"积累起来，这使他最终获得了巨大成功。

宋代著名文学家苏轼曾说过，"立大事者，不惟有超世之才，亦必有坚忍不拔之志"。意志是人格构成的一个重要方面。健全的人格要求有顽强的意志。意志表现为持久力和忍耐力两个方面。意志的持久力表现为实现目标所需的长时间坚持的力量，如精卫填海、愚公移山的故事就突出地体现了这一点。因此，短时间坚持干一件事，普通人也能做到，而长时间坚持，10年、20年或更长时间，乃至毕生奋斗，就必须有超常的意志才能做到。意志的忍耐力，即承受打击、挫折、忍辱负重的能力。打击可能来自自然界，如自然灾害、疾病等，也可能来自社会。历史上不乏忍耐力极强、最终成就大业的例子。汉代司马迁因替李陵辩解，被汉武帝处以宫刑。这对于常人来说是难以忍受的奇耻大辱，司马迁却以极大的毅力忍受了这一不公平的惩罚。他在《报任安书》中写道："盖西伯（文王）拘而演《周易》；仲尼厄而作《春秋》；屈原放逐，乃赋《离骚》；左丘失明，厥有《国语》；孙子膑脚，《兵法》修列；不韦迁蜀，世传《吕览》；韩非囚秦，《说难》《孤愤》；《诗》三百篇，大底圣贤发愤之所为作也。"他以古代圣贤为榜样，于艰困羞辱中奋起，以毕生精力完成了他的历史巨著，即被鲁迅称为"史家之绝唱，无韵之离骚"的《史记》。

（三）宽容与自我调控

每一个人都有一个心理空间，健全人格的一个特点，就是心理空间大，心怀坦荡，胸襟博大，遇人遇事能宽容，心胸豁达，富有幽默感，善于排遣化解因外界刺激造成的消极情绪，保持心理健康。每个人都处在各种矛盾之中，不如意的事经常发生，同一社会应激事件在不同人身上有可能引起不同的反应。如没考上大学、失恋、受人恶语中伤等，心理空间小的人，会悲观失望、情绪低落，随之而来的是精神创伤、身心疾病；心理空间大的人则能保持冷静、泰然处之，一时的忧伤、气愤会很快化解，甚至能变消极因素为积极因素，使自己事业成功，人生更潇洒。

据说，古希腊著名的哲学家苏格拉底是个有幽默感的人，他的妻子却是个悍妇。有一次，苏格拉底和几个学生讨论学术问题时，他的妻子闯进来，大吵大闹，恶语怒骂还不解气，又端来一盆水浇在苏格拉底的头上，令在场的人非常尴尬。然而苏格拉底却不紧不慢地笑着说："我知道电闪雷鸣之后一定有倾盆大雨。"这句话惹得大家哈哈大笑。一场家庭冲突引起的不快，在苏格拉底的幽默中烟消云散了，放在别人身上会觉得难以忍受的事，豁达的哲人毫不费力就化解了。

宽容、豁达的人格特点，在当代这样一个竞争激烈、生活节奏加快、人际关系复杂、外部刺激和压力与日俱增的社会尤为重要，如果没有较大的心理空间和较强的承受能力，缺乏排遣化解消极情绪的有效心理机制，就会导致心理障碍甚至精神崩溃。只有养成健全的人格，才不致心为物役，超然应对种种人生难题。

人格健全的标志之一，就是能根据环境的变化调节心理状态，寻求恰当的发展方式。换句话说，人对环境要有较强的适应能力，既要有刚的一面，又要有柔的一面。自我调控能力强的人，为人处世显得灵活而富于弹性，不僵化，不呆板，能调整自己，适应环境。当一种压力突然降临时，脆弱者可能心理变态，甚至精神崩溃，而心理弹性好的人，能够避其锋芒，蓄势待发，一旦压力减弱、消失，马上恢复原状，个性就更为鲜明。所以说，人的一生中，不可能事事如意，环境条件也不可能一点不变。在多数情况下，主观愿望和客观条件之间总有差距，需要人先适应环境，再通过努力逐渐改造环境。一个人格健全者，可以及时调整自己的心理状态，适应变化了的环境，能屈能伸，进退自如。

（四）社会责任感

一个人格健全者，对个人与他人、个人与社会的关系有明确的认识。孔子说："己欲立而立人，己欲达而达人。"在谋求自身发展的同时，也要为周围人的发展着想，这就表现为强烈的社会责任感，以及为追求真理、正义和人类进步事业而奋斗的精神。

在人类历史上，曾有过许多为真理和正义而献身的英雄。自古以来，"以天下为己任""天下兴亡，匹夫有责"的强烈社会责任感使我国仁人志士为国家、为民族、为人类的利益而前赴后继，英勇奋斗，写下了惊天动地、慷慨激昂、感人肺腑的英雄史诗。

强烈的社会责任感与自我价值的实现并不矛盾，在为真理、正义和人类进步事业奋斗的过程中，个人的才能与个性也能得以充分展示。尽管有时需要牺牲一些个人利益，甚至献出生命，但总的说来，为社会发展所做出的努力与自我价值的实现是统一的，强烈的社会责任感是个性才能发展的巨大推动力量。献身人类进步事业的伟大目标，可以激发起人的全部潜能和坚强的意志力，让生命燃起熊熊大火，放出所有的光和热。有时候，在正义感和伟大目标的促使下，人可以创造出奇迹，让人生充满绚丽的色彩。

那么，时代赋予 21 世纪青年一代什么样的历史使命呢？

第一，加强自身思想道德方面的修养，成为一个道德高尚的人。无论是古代还是当代社会，都把思想道德修养放在人才培养的首位。古今中外的事实表明，人才所创造的社会价值的大小与他的思想道德、理想信念以及社会价值观有着密切关系。作为 21 世纪的学生，只有树立科学的人生观、价值观，以造福人类为自己的道德理想和社会理想，才能创造出卓越的成就，才能肩负起中华民族伟大复兴的神圣使命。

第二，努力学习科学文化知识，用人类创造的一切优秀文明成果武装自己。21 世纪是人才竞争的世纪，而人才竞争的实质则是人的素质的竞争。作为未来社会的建设者，今天我们应该珍惜时间，学而不厌，努力从人类创造的一切优秀文明成果中，从不断发展的社会实践中汲取知识，并通过消化、吸收使其转化为源源不断的智慧能源，在实践中释放出来，使其推动经济的发展和社会的进步。同时，还要树立终身学习的理念，不断更新知识结构，有效地提高自身素质，跟上时代的潮流。

第三，要在学习和实践中不断提高自己的能力和水平，使自己具有探索精神、创新意识和创造能力。创新是一个国家、一个民族发展的不竭动力和源泉。21 世纪的学生一定要努力培养自己的探索精神、创新意识和创造能力。在平时的学习中不仅要刻苦学习本专业以及专业以外的广博知识，还要大力发展自己的创新才能，掌握创造性的思维方式和技能，用这些知识和技能来探索未知，解决新问题，创造知识、机会和财富，使自己成为一个对人类、对社会有用的人。

第三节　学前教育专业与社会科学知识

学前教育专业的学生是未来的幼儿教师，肩负着培养祖国下一代人才的重任，掌握一定的社会科学基础知识是社会对学前教育专业学生的基本要求。因此，学前教育专业的学生应加强学习，提高社会科学修养。

一、社会科学知识对于幼儿园教师素养的意义

在幼儿园教师的专业知识结构中，社会科学知识是指支撑和保障其有效开展幼儿园教育保育工作、促进其专业持续发展的广博的普通文化知识。《幼儿园教师专业标准》（2012）明确指出，幼儿园教师应"具有一定的自然科学和人文社会科学知识；了解中国教育的基本情况；具有相应的艺术欣赏与表现知识；掌握幼儿园各领域教育的特点与基本知识；具有一定的现代信息技术知识"。这说明了包括社会科学知识的通识知识对于幼儿园教师素养的重要性。这些知识对促进幼儿园教师自身文化素养持续发展、提升幼儿园教师保教工作质量起着基础性作用。

首先，从幼儿园教育对象和培养目标的独特性来看，幼儿园教师接触的是 3~6 岁的孩子，随着年龄的增长，他们与外部世界联系的范围逐步扩大，学习的渠道也开始多元化，

同时他们的求知欲十分旺盛，所提问题不仅十分奇特，甚至还具有前沿性和深刻性，广泛涉及天文、地理、文化、数学、宇宙、艺术、生活等方方面面，所以教师不仅是知识的传授者，更应为幼儿创设丰富的环境与材料，支持幼儿广泛的探索。这就要求教师必须拥有广博的社会科学知识，积淀丰厚的文化底蕴，掌握支持、引导、促进幼儿成长和发展的策略与方法，并能在保教实践中融会贯通、有机结合、灵活运用。

其次，从幼儿学习和发展的整体性来看，由于儿童的发展是一个整体，教师必须注重各个发展领域之间、不同发展目标之间的相互渗透和整合，而不应片面追求儿童某一方面或某几个方面的发展。这也决定了教师必须掌握广博的文化知识，能够整合不同领域的知识，为儿童各方面的协调发展提供良好的教育机会。

最后，从幼儿园教育内容的全面性和启蒙性来看，幼儿园教师必须广泛学习人类文化各个领域的社会科学及自然科学知识，才能在融会贯通的基础上，逐渐形成自己对生命、生活、历史、社会的独到理解、感悟和信念，并在幼儿园保教活动中加以实践。

因此，对幼儿园教师而言，社会科学知识的状况、文化底蕴的深厚程度，一方面决定了她们文化水平的高低和专业知识的多少，决定了其专业可持续发展的营养是否充足和将来专业持续发展的高度与持久度，另一方面也决定了幼儿对其提供的保教内容、保教方式的喜爱程度和其开展的保教活动的质量。只有根基深，才能枝繁叶茂，幼儿园教师的知识越广博、越丰富，文化素养越深厚，在保教工作中就会越有爱心、信心、耐心，越懂得信任和宽容儿童，保教实践越得心应手，不仅立足于幼儿现实的发展，更关注幼儿未来的发展。所以，幼儿园教师需要树立终身学习的理念，不断充实自己的社会科学知识，提升文化修养，历练师德境界。只有这样，才能逐渐从"教书匠"成长为卓越的教师，真正为幼儿一生的发展奠定良好的基础。

二、学习社会科学知识的要求

1. 明确目标

对于学前教育专业的学生来说，学习社会科学基础知识主要有两方面的目标。一方面是要积累知识，加强自身文化修养，提高道德品格；另一方面是为将来从事幼儿教师职业打下良好的基础。本教材所涉及的社会科学基础知识的内容是基于以上目的编写的。因此，学生在学习过程中，要能够把社会科学基础知识与幼儿园教育教学活动实际与需要结合起来。

2. 联系实际

在学习本课程时，一方面，要联系历史与社会现状及未来发展趋势，与所学的其他各门学科联系起来，这样才能全面认识和深刻领会社会科学所涉及的知识；另一方面，要结合幼儿园幼儿学习内容，尤其是社会领域的学习发展内容和特点进行学习，使所学知识融会贯通、互为补裨，使自己站得更高，认识更具有前瞻性和全局性。

3. 自主学习

学习是现代人的第一需要，是每个人的人生必修课。教育部颁布的《教师教育课程标准》就明确指出:"教师是终身学习者,教师专业发展是一个不断完善的过程,需要教师进行终身的专业学习。"学前教育专业的学生如何在有限的时间内掌握支撑专业发展的广博的社会性知识,增强文化底蕴,最关键的就是学会自主读书,在广泛学习各领域知识时,要多选读相关的经典作品,因为经典作品可以为人们搭起走向人文、科学、艺术和美学知识的阶梯,增加人们生命的维度,让人们触摸到人性的高度,而这正是幼儿园教师专业知识、专业品质和教育智慧形成、发展的基础,也是幼儿园教师专业水平提升的必备条件。唯有如此,才能远离平庸和世俗,才能真正地成长起来。

4. 深入反思

在学习社会科学基础知识时,一要把社会科学基础知识和生活结合起来,重视与作品的对话和对作品的反思,并将其内化成自己对科学、生命、生活、艺术的独特理解、感悟和信念;二要将学习感悟和反思渗透、融合进日常生活和对幼儿园保教活动的思考中,以便深化理解。

5. 贵在实践

学习社会科学基础知识,贵在实践,特别是在道德修养和道德行为方面,注意从现在做起,从身边的小事做起,培养自身的完美人格。实践是检验真理的唯一标准,知道并不代表一定会做。对社会科学基础知识的学习,需要身体力行的实践,在实践中感悟,从实践中提升。

总之,幼儿园教师要重视对通识性知识的学习,在学习与反思中为专业发展储备文化,为心灵和思想增加营养,在知识、文化和素养的不断升华过程中,使精神境界不断提升,让专业获得更好的、持续的发展,以便将来能够为幼儿全面、和谐、幸福成长提供高质量的支持和服务,促进幼儿健康和谐发展。

思考与练习

1. 什么是社会科学?说说社会科学的发展历程。
2. 学习社会科学基础知识对于提高人文素养和专业素养有什么价值?
3. 怎样学习社会科学基础知识?

第二章 政治经济知识

学习目标

1. 掌握马克思主义、毛泽东思想及中国特色社会主义理论体系的主要内容。
2. 了解古代和近现代中国及欧美国家的政治制度。
3. 理解中国特色的社会主义道路,了解中国的"一带一路"倡议,增强民族自豪感和使命感,以实际行动推进中华民族的伟大复兴。

第一节 马克思主义及在中国的发展

马克思主义涵盖了马克思、恩格斯关于未来社会形态——科学社会主义的全部学说,是无产阶级政党指导思想的理论基础。马克思主义与中国革命和建设实践相结合形成了毛泽东思想和中国特色社会主义理论体系。

一、马克思主义概述

马克思主义及在中国的发展

马克思主义是马克思主义理论体系的简称,是由国际无产阶级的领袖和革命导师马克思、恩格斯创立的思想体系,包括马克思主义哲学、马克思主义政治经济学和科学社会主义三大部分。

(一)马克思主义哲学

马克思主义哲学是辩证唯物主义和历史唯物主义的统称,其理论来源是德国古典哲学,是其他科学的指导思想,是人们正确认识世界和改造世界的理论武器。其研究对象是包括自然界、社会和人类思维在内的整个世界的最一般规律,主要内容包括：辩证唯物论、唯物辩证法、辩证唯物主义认识论、唯物史观四个方面。

1. 辩证唯物论

辩证唯物论的基本观点是：世界的本原是物质，主张物质决定意识，意识是对物质的反映，意识对物质有能动的反作用。与之相对立的观点是唯心主义，认为世界的本原是意识，意识决定物质。承认世界是物质的，物质具有客观实在性，这是整个马克思主义哲学的基础。

辩证唯物论从物质与意识的辩证关系出发，要求我们想问题、办事情都要坚持一切从实际出发，做到主观和客观具体的历史的统一，要防止和反对主观主义。

2. 唯物辩证法

唯物辩证法的基本观点是：世界是普遍联系的有机整体，同时又是变化发展的；事物是矛盾的，矛盾即对立统一，承认事物的内部矛盾是事物发展的根本动力。由此揭示了万事万物发展所包含的三大规律：对立统一规律、质量互变规律、否定之否定规律。联系和发展的观点是辩证法的总特征。

唯物辩证法从承认矛盾、承认事物的内部矛盾是事物发展的根本动力出发，要求我们坚持用对立统一的观点看问题，用联系、发展、全面的观点看问题，反对用孤立、静止、片面的观点看问题，即反对形而上学。

3. 辩证唯物主义认识论

辩证唯物主义认识论的基本观点是：实践决定认识，实践是认识的基础、认识的来源、认识发展的动力，是检验认识真理性的唯一标准，是认识的目的；认识对实践具有反作用；真理是人们对客观事物及其规律的正确反映，是客观的、具体的、有条件的；认识具有反复性、无限性、上升性，追求真理是一个过程。

辩证唯物主义认识论要求我们坚持实践第一的观点，积极投身实践，重视认识的反作用，发挥科学理论对实践的指导作用，正确对待错误，在实践中不断丰富、发展和完善真理，要与时俱进、开拓创新，在实践中认识和发现真理，在实践中检验和发展真理。

4. 唯物史观

唯物史观即历史唯物主义，其基本观点是：社会存在决定社会意识，社会意识又反作用于社会存在；生产力与生产关系之间的矛盾、经济基础与上层建筑之间的矛盾，是推动一切社会发展的基本矛盾；在阶级社会中，社会基本矛盾表现为阶级斗争，阶级斗争是阶级社会发展的直接动力；阶级斗争的最高形式是进行社会革命，夺取国家政权；社会发展的历史是人民群众的实践活动的历史，人民群众是历史的创造者，但人民群众创造历史的活动和作用总是受到一定历史阶段的经济、政治和思想文化条件的制约。

唯物史观要求我们要尊重社会实践，树立实践第一的思想，要确立先进的正确的社会意识，反对落后的消极的社会意识，重视社会主义精神文明建设，加强社会主义政治文明建设；尊重社会发展的客观规律，认识和把握阶级社会的各种现象；树立改革创新的意识，不断调整生产关系和上层建筑中不适应生产力和经济基础发展的方面和环节，推进中国特色社会主义事业不断前进；树立群众观点和群众路线，坚持立党为公，执政为民，权为民所用，情为民所系，利为民所谋，实现好、维护好、发展好最广大人民的根本利益。

马克思主义哲学是科学的世界观和方法论，马克思主义哲学既是彻底的唯物论，又是彻底的辩证法，体现了唯物主义和辩证法的高度统一。

（二）马克思主义政治经济学

马克思主义政治经济学，是马克思主义的重要组成部分。其研究对象是社会生产关系及其发展规律，主要内容包括劳动价值论、剩余价值论、再生产理论和资本主义发展理论四个方面。这里只介绍劳动价值论。

劳动价值论强调商品的价值是由劳动决定的，而不是由商品的效用决定的。

1. 商品

商品即用于交换的劳动产品，包含两个因素：使用价值和价值。使用价值即商品能够满足人们的某种需要的属性，是商品的自然属性，具有多样性的特点，必须在消费中才能实现。价值是凝结在商品中的无差别的人类劳动，它是商品的社会属性。交换价值是一种比例关系，表现为一种使用价值同另一种使用价值相交换的量的关系或比例，是价值的表现形式。

价值由劳动决定。生产商品的劳动具有二重性：具体劳动和抽象劳动。具体劳动创造商品的使用价值，抽象劳动形成商品的价值，抽象劳动是商品价值的唯一源泉。

商品的价值量由社会必要劳动时间决定。社会必要劳动时间是指"在现有社会正常的生产条件下，在社会平均的劳动熟练程度和劳动强度下，制造某种使用价值所需要的劳动时间"，这里所说的"现有的正常的生产条件"，是指当时某一生产部门大多数产品生产已经达到的技术装备水平。

2. 货币

货币是在长期交换过程中形成的固定充当一般等价物的商品。其本质是一般等价物。

货币的产生经历了四个阶段，也是商品价值形式发展的四个阶段：简单的、个别的或偶然的价值形式，总和的或扩大的价值形式，一般价值形式，货币形式。货币产生后，由货币表现另外的商品的价值，便是严格意义上的商品价格形式。

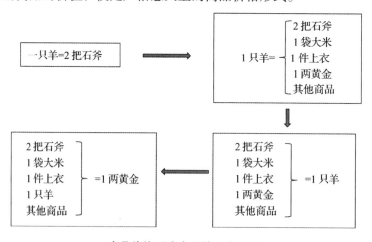

商品价值形式发展的四个阶段

货币的职能是指货币在社会经济生活中的作用，在发达的商品经济中，它具有价值尺度、流通手段、贮藏手段、支付手段和世界货币五种职能，其中最基本的职能是价值尺度和流通手段。

价值尺度就是货币以自己为尺度来表现和衡量其他一切商品的价值。货币在执行价值尺度的职能时，可以只是观念上的货币，商品价值的货币表现就是商品的价格。商品价值是价格的基础，价格是价值的货币表现形式。

流通手段是指货币充当商品交换媒介的职能。作为流通手段的货币，必须是现实的货币。

贮藏手段是指货币退出流通领域，被当作独立的价值形式和社会财富被人们储存起来。作为贮藏手段的货币，既不能像充当价值尺度时那样只是想象的货币，也不能像充当流通手段时那样用货币符号来代替，它必须既是实在的货币，又是足值的货币。因此，只有金银铸币或者金银条块等才能执行贮藏手段的职能。

支付手段是指货币作为独立的价值形式进行单方面运动时所执行的职能，如清偿债务、缴纳税款、支付工资和租金等。

世界货币是指货币在世界市场上执行一般等价物的职能，能够作为世界货币的只有黄金或白银，铸币和纸币是不能充当世界货币的。世界货币的作用是：第一，作为一般的支付手段，用来支付国际收支的差额；第二，作为一般的购买手段，用来购买外国的商品；第三，作为社会财富的代表由一国转移到另一国，如支付战争赔款、对外贷款以及转移财产，等等。

货币流通规律也叫货币需要量规律，它是指一定时期内一个国家的商品流通过程中客观需要的货币量的规律。货币流通规律的内容是：流通中需要的货币量与待实现商品价格总额成正比，与同一单位货币的平均流通速度成反比。用公式表示就是：

一定时间内流通中所需货币量 = 待实现商品价格总额 / 同一单位货币平均流通速度

知识拓展

通货膨胀与通货紧缩

货币的发展大致经历了金属货币、纸币、电子货币几个阶段。纸币的发行量必须与流通中所需要的货币量相一致，纸币的发行量超过流通中所需要的数量，从而引起纸币贬值、物价上涨，这种经济现象称为通货膨胀。其实质是社会总需求大于社会总供给，最直接的表现是纸币贬值、物价上涨、购买力降低。通货紧缩是与通货膨胀相反的一种经济现象，是指在经济相对萎缩时期，物价总水平较长时间内持续下降，货币不断升值的经济现象。其实质是社会总需求持续小于社会总供给，主要表现为物价低迷，大多数商品和劳务价格下跌。

3. 价值规律

价值规律是商品经济的基本规律，其内容是商品的价值量由生产商品的社会必要劳动时间决定，商品交换以价值量为基础实行等价交换。在实际商品交换过程中，由于受供求关系及其他因素的影响，商品的价格总是围绕价值上下波动，这正是价值规律的表现形式。价值规律有三大作用：一是调节劳动力和生产资料在社会生产各部门的分配；二是刺激商品生产者改进技术，改善经营管理，提高劳动生产率；三是导致商品生产的优胜劣汰。因此，我们必须自觉依据和运用价值规律，以促进社会主义经济的发展。

价值规律的作用

（三）科学社会主义

科学社会主义是关于社会主义的科学的理论体系、理论模型与实践模式，它的理论来源是空想社会主义，其主要内容包括：阐明了生产社会性和生产资料资本主义私人占有之间的矛盾的发展，必然导致社会主义取代资本主义，以生产资料公有制取代生产资料私有制，科学地论述了资本主义必然灭亡、社会主义必然胜利的客观规律；无产阶级和资产阶级的斗争是现代社会变革的巨大杠杆，无产阶级是作为资产阶级的掘墓人出现的；无产阶级专政是达到消灭一切阶级和进入无阶级社会的过渡。因此，在无产阶级专政条件下，要对整个社会进行改造，发展生产力，进行社会主义建设，逐步实现由社会主义社会向共产主义社会过渡的伟大目标。此外，科学社会主义科学地阐明了无产阶级政党在无产阶级革命和建设中的作用。

科学社会主义具有鲜明的实践性，与无产阶级革命运动联系最直接、最密切，是马克思主义理论体系的核心。

二、毛泽东思想

毛泽东思想是马克思主义普遍原理和中国革命及建设的具体实践相结合的产物。它是以毛泽东为主要代表的中国共产党人，运用马克思主义的立场、观点和方法，把中国长期革命和建设实践中的一系列独创性经验作了理论概括而形成的适合中国情况的科学的指导思想。它是马克思列宁主义在近代中国的运用和发展。

（一）毛泽东思想的形成和发展

毛泽东思想是近代中国社会和革命运动发展的客观需要和历史产物。20世纪前期和中期世界形势和中国政局的变动以及"战争与革命"的时代主题，是毛泽东思想形成的时代背景；新的社会生产力的增长和工人运动的发展，为毛泽东思想的形成提供了物质基础和阶级条件；新文化运动的兴起和马克思列宁主义的传入和传播，为毛泽东思想的形成准备了思想理论条件；中国共产党领导的人民革命，是毛泽东思想形成的实践基础。毛泽东思想是在中国共产党领导的中国革命与建设的实践中逐步形成和发展的。

（二）毛泽东思想的主要内容

毛泽东思想是以毛泽东同志为主要代表的中国共产党人对中国新民主主义革命、社会主义革命及社会主义建设经验的科学概括和总结。

关于新民主主义革命，根据中国革命的特点和发展规律，创立了无产阶级领导的、工农联盟为基础的、人民大众的、反帝反封建反官僚资本主义的新民主主义革命的理论，总结出统一战线、武装斗争、党的领导是革命的三大法宝，创造出一条以农村包围城市，最后夺取全国胜利的革命道路。

革命胜利后，确立了人民民主专政的国家政权，提出了社会主义工业化和社会主义改造同时并举的方针，实行逐步改造生产资料私有制的政策，对资产阶级实行和平赎买，把企业的改造和人的改造结合起来。在社会主义制度建立后，政治上分析了社会主义社会的基本矛盾和两类矛盾，提出了正确处理人民内部矛盾作为国家政治生活的主题；在经济建设中提出了农业为基础，正确处理农轻重的关系，正确处理国家、集体、个人三者利益之间的关系等一系列正确方针；文化上要发展科学的、民族的、大众的文化，实行百花齐放，推陈出新，古为今用，洋为中用的方针。

知识拓展

《沁园春·雪》毛泽东

北国风光，千里冰封，万里雪飘。
望长城内外，惟余莽莽；大河上下，顿失滔滔。
山舞银蛇，原驰蜡象，欲与天公试比高。
须晴日，看红装素裹，分外妖娆。
江山如此多娇，引无数英雄竞折腰。
惜秦皇汉武，略输文采；唐宗宋祖，稍逊风骚。
一代天骄，成吉思汗，只识弯弓射大雕。
俱往矣，数风流人物，还看今朝。

《七律·长征》毛泽东

红军不怕远征难，万水千山只等闲。
五岭逶迤腾细浪，乌蒙磅礴走泥丸。
金沙水拍云崖暖，大渡桥横铁索寒。
更喜岷山千里雪，三军过后尽开颜。

三、中国特色社会主义理论体系

中国特色社会主义理论体系是马克思主义与中国社会主义建设实践相结合的产物，是马克思主义中国化的第二次飞跃。

（一）中国特色社会主义理论体系的形成和发展

改革开放40多年来，中国共产党的一切理论和实践都是紧紧围绕中国特色社会主义这个主题进行的。改革开放伟大实践的推进过程，就是中国特色社会主义理论体系的形成和发展过程。

1. 理论体系的初步形成

1978年党的十一届三中全会召开，形成了以邓小平为核心的党的第二代中央领导集体，重新确立了党的正确的思想路线、政治路线和组织路线。从1978年到1992年，邓小平领导中国共产党把马克思主义基本原理同中国具体实际和时代特征结合起来，提出了一系列具有开创意义的思想，初步形成了中国特色社会主义理论体系。

2. 理论体系的新发展

十三届四中全会以来，以江泽民同志为主要代表的中国共产党人，形成了"三个代表"重要思想。"三个代表"重要思想是对马克思列宁主义、毛泽东思想、邓小平理论的继承和发展，是党必须长期坚持的指导思想。始终做到"三个代表"，是我们党的立党之本、执政之基、力量之源。

十六大以来，以胡锦涛同志为主要代表的中国共产党人，坚持以邓小平理论和"三个代表"重要思想为指导，形成了以人为本、全面协调可持续发展的科学发展观。科学发展观是同马克思列宁主义、毛泽东思想、邓小平理论、"三个代表"重要思想既一脉相承又与时俱进的科学理论，是马克思主义关于发展的世界观和方法论的集中体现，是马克思主义中国化重大成果，是中国共产党集体智慧的结晶，是发展中国特色社会主义必须长期坚持的指导思想。

3. 理论体系的新境界

十八大以来，以习近平同志为主要代表的中国共产党人，顺应时代发展，从理论和实践结合上系统回答了新时代坚持和发展什么样的中国特色社会主义、怎样坚持和发展中国特色社会主义这个重大时代课题，创立了习近平新时代中国特色社会主义思想。习近平新时代中国特色社会主义思想是对马克思列宁主义、毛泽东思想、邓小平理论、"三个代表"重要思想、科学发展观的继承和发展，是马克思主义中国化最新成果，是党和人民实践经验和集体智慧的结晶，是中国特色社会主义理论体系的重要组成部分，是全党全国人民为实现中华民族伟大复兴而奋斗的行动指南，必须长期坚持并不断发展。在习近平新时代中国特色社会主义思想指导下，中国共产党领导全国各族人民，统揽伟大斗争、伟大工程、伟大事业、伟大梦想，推动中国特色社会主义进入了新时代。

中国共产党第十九次全国代表大会，把习近平新时代中国特色社会主义思想确立为党必须长期坚持的指导思想并庄严地写入党章，实现了党的指导思想的与时俱进。第十三届全国人民代表大会第一次会议通过的宪法修正案，郑重地把习近平新时代中国特色社会主义思想载入宪法,实现了国家指导思想的与时俱进,反映了全国各族人民共同意志和全社会共同意愿。

中国共产党第二十次全国代表大会认为,党的十九大以来,以习近平同志为核心的党中央坚持把马克思主义基本原理同中国具体实际相结合、同中华优秀传统文化相结合,提出一系列治国理政新理念新思想新战略,不断丰富和发展习近平新时代中国特色社会主义思想,开辟了马克思主义中国化时代化新境界。习近平新时代中国特色社会主义思想是当代中国马克思主义、二十一世纪马克思主义,是中华文化和中国精神的时代精华。大会一致同意,把党的十九大以来习近平新时代中国特色社会主义思想新发展写入党章。大会要求全党深刻领悟"两个确立"的决定性意义,全面贯彻习近平新时代中国特色社会主义思想,把这一思想贯彻落实到党和国家工作各方面全过程。

(二)中国特色社会主义理论体系的主要内容

中国特色社会主义理论体系是包括邓小平理论、"三个代表"重要思想、科学发展观以及习近平新时代中国特色社会主义思想的科学理论体系。

1. 邓小平理论

邓小平理论是以建设中国特色社会主义为主题的理论,第一次比较系统地初步围绕"什么是社会主义,怎样建设社会主义"这个根本问题回答了中国社会主义的发展道路、发展阶段、根本任务、发展动力、外部条件、政治保证、战略步骤、党的领导和依靠力量以及祖国统一等一系列基本问题。

我国还处于社会主义初级阶段,社会主义的本质是解放生产力,发展生产力,消灭剥削,消除两极分化,最终达到共同富裕。中国的发展必须在中国共产党的领导下,走自己的路,坚持四项基本原则,坚持改革开放,依靠广大工人、农民、知识分子,依靠各民族人民的团结,依靠全体社会主义劳动者、拥护社会主义的爱国者和拥护祖国统一的爱国者的最广泛的统一战线。

在改革开放和现代化建设中,必须"一手抓经济建设,一手抓民主法制建设";"一手抓改革开放,一手抓惩治腐败";"一手抓精神文明,一手抓物质文明";"一手抓改革开放,一手抓打击各种犯罪活动"。

30多年的改革开放成功实践离不开"四个坚持":一是坚持党的领导,贯彻党的基本路线,不走封闭僵化的老路,不走改旗易帜的邪路,坚定走中国特色社会主义道路,始终确保改革的正确方向;二是坚持解放思想、实事求是、与时俱进、求真务实,一切从实际出发,总结国内成功做法,借鉴国外有益经验,勇于推进理论和实践创新;三是坚持以人为本,尊重人民主体地位,发挥群众首创精神,紧紧依靠人民推动改革,促进人的全面发展;四是坚持正确处理改革发展稳定的关系,胆子要大、步子要稳,加强顶层设计和"摸着石头过河"相结合,整体推进和重点突破相促进,提高改革决策科学性,广泛凝聚共识,形成改革合力。这"四个坚持",是我们党带领人民在改革开放实践中积累的宝贵财富,是在新的历史起点上全面深化改革的重要遵循。

2. "三个代表"重要思想

"三个代表"重要思想在邓小平理论的基础上进一步回答了"什么是社会主义、怎样建设社会主义"的问题,创造性地回答了"建设什么样的党、怎样建设党"的问题。其基本内容是：中国共产党要始终代表中国先进生产力的发展要求、要始终代表中国先进文化的前进方向、始终代表中国最广大人民的根本利益。

3. 科学发展观

科学发展观是以胡锦涛同志为总书记的党中央适应新的发展要求提出的重大战略思想。科学发展观，第一要义是发展，核心是以人为本，基本要求是全面协调可持续发展，根本方法是统筹兼顾。

4. 习近平新时代中国特色社会主义思想

习近平新时代中国特色社会主义思想从世界观和方法论的高度系统全面地回答了中国特色社会主义进入新时代后，中国共产党的"新目标""新使命"，面临的"新矛盾"等一系列带有根本性的问题。

其基本内涵是：经过长期努力，中国特色社会主义进入了新时代。坚持和发展新时代中国特色社会主义总任务是实现社会主义现代化和中华民族伟大复兴。在全面建成小康社会的基础上，通过分两步走在21世纪中叶把我国建成富强民主文明和谐美丽的社会主义现代化强国。新时代我国社会主要矛盾是人民日益增长的美好生活需要和不平衡不充分的发展之间的矛盾，必须坚持以人民为中心的发展思想。新时代中国特色社会主义事业总体布局是"五位一体""四个全面"，坚定道路自信、理论自信、制度自信、文化自信。新时代中国特色社会主义要坚持党对一切工作的领导。习近平新时代中国特色社会主义思想是全国人民为实现中华民族伟大复兴而奋斗的行动指南。

第二节　中国的政治制度

中国的政治制度

封建专制主义中央集权制是古代中国的基本政治制度。辛亥革命推翻了清朝的封建统治，建立了中华民国，但中国人民依旧在黑暗中徘徊。随着中国共产党领导的新民主主义革命取得胜利，建立了中华人民共和国，确立了社会主义民主政治制度，人民当家做主。中国共产党领导中国人民在社会主义建设中，成功地探索出中国特色社会主义道路。

一、古代中国的政治制度

（一）封建专制主义中央集权制

荆轲刺秦王

春秋战国时期，社会生产力的提高导致旧的生产关系解体，秦国商鞅变法确立了封建经济的统治地位。秦统一全国后，吸取周天子在诸侯割据局面下无能为力的教训，建立专制主义中央集权制度，以消除地方割据势力，维护国家统一，确立了皇权至高无上的皇帝制，中央实行三公九卿制，地方推行郡县制，标志着封建专制主义中央集权政体的初步形成。

第二章 政治经济知识

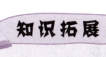

封建专制主义中央集权制的发展

西汉汉景帝"削藩"平定七国之乱；汉武帝颁布"推恩令"削夺王侯爵位，解决王国问题；实行"罢黜百家，独尊儒术"，加强思想专制，巩固了专制主义中央集权制度。隋唐实行三省六部制、科举制，进一步完善了专制主义中央集权制度。北宋宋太祖采取"杯酒释兵权"将地方的行政、军事、财政权力收归中央，防止了地方割据局面的出现，加强了中央集权。元朝在中央设中书省，是全国最高行政机构，保证了中央统一政令的实行，在地方设"行省"，实行行省制度，发展了中央集权制。明朝皇帝大权独揽，废丞相，后仿宋殿阁制设内阁；在地方废行省，设三司，削弱地方势力；还遍设厂卫特务组织，实行八股取士，专制主义中央集权制度进一步强化。清朝设六部，后增设军机处，政治权力全部掌握在皇帝手中；同时大兴文字狱，使君权空前加强，形成极端的君主专制统治，封建专制主义中央集权制达到顶峰。

封建专制主义中央集权制度在不同的时期有各自具体的表现，但存在共同的特点：一是皇权至上原则；二是帝位终身制和皇位世袭制；三是从中央到地方的各级官吏一律由皇帝直接任免；四是皇帝从决策到行使立法、司法、行政等独断权力；五是宣扬"君权神授"；六是思想文化的专制统治。

封建专制主义中央集权制度促进了统一的多民族国家的形成和发展，巩固了国家统一，为封建经济的发展创造了条件，也有利于民族融合，使中国产生了高于同一时期世界上其他国家的物质文明和精神文明。但皇权专制极易形成暴政、腐败现象，助长了官僚作风和贪污腐败之风，在思想上独尊一家，钳制了人的思想，压抑了创造力；在封建社会末期，阻碍了新兴的资本主义生产关系萌芽的产生，束缚了社会生产力的发展，妨碍了社会进步。

（二）中央与地方行政制度

封建专制主义中央集权制度，是我国封建社会的基本政治制度，由中央行政制度、地方行政制度及其他制度构成。

1. 中央行政制度

中央行政制度主要有三公九卿制和三省六部制。

秦灭六国统一中国后，在确立皇权至上的基础上，建立起三公九卿制。在中央设立丞相、御史大夫和太尉，即三公。丞相辅佐皇帝治理天下；御史大夫是副丞相，负责监察百官；太尉主持军事。三公下面设置九卿，即奉常、郎中令、卫尉、太仆、廷尉、典客、宗正、治粟内史和少府这九个部门的长官。汉朝继续沿用，只是在某些官职的名称上有所变化。三公九卿制的确立，使君主专制主义的中央集权制度得以建立并趋向巩固。

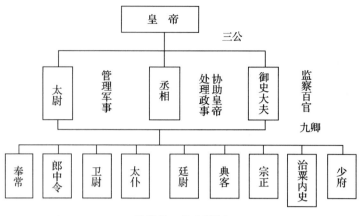

秦朝的三公九卿制

隋文帝即位后，为加强中央集权，综合前代各种制度，确立了三省六部制。在中央设置尚书、门下、内史三省，内史省是决策机构，门下省是审议机构，尚书省是执行机构，处理全国行政事务。尚书省下设吏、户、礼、兵、刑、工六部，分别掌管官吏的考核任免、户口和赋税、礼仪制度、军政、法律、刑狱、水陆工程等。三省的长官等于秦汉的丞相，把丞相之职一分为三，避免了权臣专权，中央集权进一步加强。唐朝在隋朝的基础上加以调整和补充，三省为中书、门下和尚书省。三省六部制的确立使君主专制主义中央集权制度进一步完善。

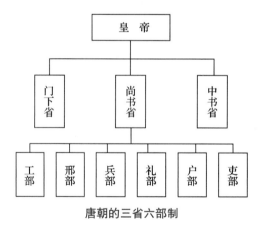

唐朝的三省六部制

2.地方行政制度

地方行政制度主要有分封制、郡县制、行省制和八旗制度等。

（1）分封制。周朝建立以后，为巩固奴隶主国家政权，周天子把王族、功臣和先代的贵族分封到各地做诸侯，分给一定的土地和人民，建立诸侯国。诸侯要服从周王的命令，按期向周王进贡财物，并随从作战。分封使周朝的势力扩大到沿边地区，从而发展了疆域，使西周成为地域空前广大的奴隶制国家。由于分封制维持了地方诸侯国相对独立的地位，从而导致了春秋战国时期诸侯割据称雄的局面。

（2）郡县制。春秋后期，郡县制开始出现；战国时期，郡县在各诸侯国普遍推行；秦统一六国后，在全国推行郡县制度；秦以后各朝代，在地方行政机构的设置上一直沿用郡县制。郡守和县令都由皇帝直接任命，他们负责管理人民，收取赋税，征发兵役和徭役等。郡县制的实行标志着中国古代地方行政制度发生了划时代的变革，有效地加强了中央集权，有利于政治安定和经济的发展，加强了对全国的统治，有力地维护了国家的统一。

（3）行省制。元朝地域空前辽阔，为了对各地实行有效的管辖和统治，元政府建立了行省制度，在中央设中书省，在地方"行中书省"，行中书省简称"行省"或"省"，各行省都是中书省的派出机构，直接对中书省负责。它的确立，巩固了国家统一，使中央集权在体制上得以保障，是继秦朝郡县制后，我国政治制度史上的一项重大变革。

（4）八旗制。八旗制度是明朝后期女真首领努尔哈赤创建的一种制度，八旗制度按军事组织形式把女真人编制起来，由贵族控制，具有军事征伐、行政管理、组织生产三项职能，是一种兵民合一的社会组织，既是军事组织又是行政管理制度，促进了女真社会的发展，巩固了努尔哈赤的统治地位。

此外，还有土司制、僧官制等地方行政制度；科举制、察举制等选官制度；禅让制、世袭制、宗法制等政治制度。

中国古代的政治制度是与中国封建生产方式相适应的，是建立在封建经济基础之上的，随着新的生产方式的出现，它必然被新的政治制度所代替。

二、近现代中国的政治建设

（一）近代中国民主革命

鸦片战争后，中国逐步沦为半殖民地半封建社会，中国人民饱受外国资本主义和本国封建势力的剥削、压迫。为了挽救民族危亡，中国人民不屈不挠、前仆后继，不断寻求救国救民的真理，掀起了一系列的革命和斗争。最具代表性的有农民阶级领导的太平天国运动，资产阶级领导的辛亥革命和无产阶级领导的新民主主义革命。

1. 太平天国运动

鸦片战争后，中国开始沦为半殖民地半封建社会，清朝国内阶级矛盾空前激化，农民起义风起云涌。

1851年，洪秀全发动了金田起义，建号太平天国。1853年，太平天国定都天京，颁布了《天朝田亩制度》，宣布"凡天下田，天下人同耕"，实行土地平均使用制。1856年，太平天国军事上达到了全盛时期。1859年，太平天国颁布了《资政新编》，主张向西方学习，以法治国，发展工商业，开设新式学堂等。《资政新编》是先进的中国人首次提出的在中国发展资本主义的设想，但迫于当时形势，未能实行。在军事胜利面前，太平天国内部的各种矛盾和弱点日益暴露，领导集团之间争权夺利的斗争日益尖锐，天京事变大伤了太平天国的元气。1864年，在清政府和列强联合镇压下，湘军攻陷天京，太平天国运动失败。

太平天国运动是中国历史上规模最大的农民革命，从1851年起共坚持了14年，势力扩展到17省,有力地打击了清王朝的封建统治和外国的侵略,促进了封建社会的崩溃,阻止了中国殖民化的进程。

2. 辛亥革命

甲午中日战争和八国联军侵华战争都因清政府的腐败无能、妥协退让而失败,清政府分别签订了丧权辱国的《马关条约》和《辛丑条约》。《辛丑条约》的签订标志着中国完全陷入了半殖民地半封建社会。清政府的腐败无能激起了中国人民的不满,新兴的资产阶级掀起了轰轰烈烈的革命运动。

1911年10月10日,武昌城内新军的革命党人发动起义,攻占楚望台机械库。经过一夜激战,革命军占领武昌,12日占领武汉三镇。之后,成立了湖北军政府,宣布废除宣统年号,改为黄帝纪元,国号为中华民国。

1911年年底,孙中山从海外回国,被推为中华民国临时大总统。1912年元旦,孙中山宣誓就职,宣告中华民国成立,定都南京。不久,颁布了《中华民国临时约法》。这是中国近代史上第一部资产阶级性质的宪法,具有反对封建专制主义的进步意义。但由于列强威胁施压,孙中山被迫妥协,革命果实被袁世凯窃取。

辛亥革命中的孙中山　　　《中华民国临时约法》

资料链接

《中华民国临时约法》

《中华民国临时约法》规定:中华民国的主权属于国民全体;国内各个民族一律平等;国民有人身、居住、财产、言论、出版、集会、结社、宗教信仰等自由;国民有选举权和被选举权;确立行政、立法、司法三权分立;实行责任内阁制,内阁总理由议会的多数党产生;总理对总统要办的事项如不同意,可以驳回;总统颁布命令须由内阁总理签署才能生效。

辛亥革命是中国近代史上一次伟大的资产阶级民主革命。它推翻了清王朝，结束了中国2 000多年的封建君主专制制度，建立了资产阶级共和国，使人民获得了一些民主自由权利，也为中国民族资本主义的发展创造了条件。

3. 新民主主义革命

在十月革命的影响下，1919年五四运动之后，中国无产阶级开始作为独立的政治力量登上历史舞台。随着马克思主义在中国的广泛传播，马克思主义逐步成为中国革命的指导思想。近代中国革命以五四运动为开端，进入新民主主义革命阶段。1921年7月中国共产党的成立使新民主主义革命拥有了坚强的领导核心。此后，经过"大革命""土地革命""抗日战争"和"解放战争"，1949年10月1日，中华人民共和国中央人民政府成立，标志着新民主主义革命的基本胜利。

新民主主义革命的胜利，结束了帝国主义、封建主义和官僚资本主义在中国的统治，建立了人民民主专政的国家。从此，劳动人民成了国家的主人。这是中国历史上的伟大转折点，标志着中国社会进入了新的时期。它改变了世界政治格局，鼓舞了世界被压迫民族和人民的解放斗争，壮大了世界和平、民主和社会主义力量。

（二）社会主义民主政治制度的确立

随着人民解放战争的胜利发展，中国共产党团结各民主党派和无党派人士，开始筹建中华人民共和国中央人民政府。

1949年9月，中国人民政治协商会议第一次全体会议在北平隆重举行，出席大会的有中国共产党、各民主党派、无党派爱国民主人士、人民解放军、各人民团体、各地区、各民族以及海外华侨的代表。大会通过了《中国人民政治协商会议共同纲领》（以下简称《共同纲领》）。《共同纲领》确立了中国历史上一个新型国家的框架，

中国人民政治协商会议第一次全体会议

具有临时宪法的性质。大会选举产生了中央人民政府委员会，毛泽东当选为主席。会议决定改"北平"为"北京"，定为中华人民共和国首都，还确定了国旗、国徽和国歌。1949年10月1日，中华人民共和国宣告成立。

知识拓展

《中国人民政治协商会议共同纲领》

《中国人民政治协商会议共同纲领》规定：中华人民共和国为新民主主义即人民民主主义的国家，实行工人阶级领导的、以工农联盟为基础的、团结各民主阶

级和国内各民族的人民民主专政,反对帝国主义、封建主义和官僚资本主义;规定人民代表大会制为我国的政权组织形式;宣布取消帝国主义在华的一切特权;没收官僚资本,进行土地改革;并且规定了各项基本政策和公民的基本权利及义务。

中国人民政治协商会议的成功召开,初步确立了中国共产党领导的多党合作和政治协商制度。1956年,中国共产党提出与民主党派"长期共存、互相监督"的方针,受到各民主党派的拥护。中国共产党广泛吸收各民主党派和各界爱国人士参政议政,组成最广泛的爱国统一战线。中国共产党领导的多党合作和政治协商制度发展到一个新阶段。

第一届全国人民代表大会第一次会议

1954年9月,第一届全国人民代表大会在北京隆重召开。大会通过了《中华人民共和国宪法》(以下简称《宪法》),选举毛泽东为中华人民共和国主席,朱德为副主席,刘少奇为全国人大常委会委员长,决定任命周恩来为国务院总理。

知识拓展

《中华人民共和国宪法》

《中华人民共和国宪法》规定:中华人民共和国是工人阶级领导的、以工农联盟为基础的人民民主国家;中华人民共和国的一切权力属于人民,人民行使权力的机关是全国人民代表大会和地方各级人民代表大会,中华人民共和国全国代表大会是最高国家权力机关。这就以国家根本大法的形式确定了人民代表大会制度。

《宪法》还规定:中华人民共和国是统一的多民族的国家。各少数民族聚居的地方实行区域自治。各民族自治地方都是中华人民共和国不可分离的部分。

第一届全国人民代表大会的召开,基本形成了中国的根本政治制度——人民代表大会制度,为民主政治建设奠定了基础。通过的《宪法》正式确认民族区域自治制度为中国的一项基本政治制度,这实现了少数民族当家作主的愿望和民族平等,保证了民族团结和祖国统一。

三、中国特色的社会主义政治制度

"文化大革命"期间中国的民主政治建设遭遇重大挫折,党的十一届三中全会以后,中国的民主政治制度得以重建并不断发展完善，成功地探索出中国特色的社会主义道路和政治制度。

（一）中国特色的社会主义道路

中国特色社会主义道路是在总结社会主义建设经验以及当代人类社会发展经验的基础上发展起来的，既坚持了科学社会主义的基本原则，又结合了中国政治经济文化的基本国情。一方面坚持马克思主义的基本原理，走社会主义道路；另一方面从中国的实际出发，不照抄照搬别国经验、模式，而是走自己的路，具有中国特色。

中国特色社会主义道路，就是在中国共产党领导下，立足基本国情，以经济建设为中心，坚持四项基本原则，坚持改革开放，解放和发展社会生产力，巩固和完善社会主义制度，全面推进中国特色社会主义经济、政治、文化、社会、生态文明建设，在21世纪中叶建成富强民主文明和谐美丽的社会主义现代化强国。

（二）中国特色的社会主义政治制度

中国特色社会主义政治制度，包括人民民主专政、人民代表大会制度、中国共产党领导的多党合作和政治协商制度、民族区域自治制度以及基层民主制度。

1. 人民民主专政

我国宪法规定："中华人民共和国是工人阶级领导的，以工农联盟为基础的人民民主专政的社会主义国家。"这是国家根本大法对我国国家性质的明确规定。

我国人民民主专政的最大特点是：对占全国人口大多数的人民实行民主，对少数敌视和破坏社会主义事业的敌人实行专政。因此，人民民主专政的本质是人民当家做主。我国的人民民主具有广泛性和真实性的特点。

知识拓展

我国人民民主的广泛性和真实性

我国民主的广泛性表现在以下两方面：第一，民主主体的广泛性。在我国，包括工人、农民、知识分子和其他社会主义劳动者、拥护社会主义的爱国者、拥护祖国统一的爱国者在内的全体人民都是国家和社会的主人。他们平等享有管理国家和社会事务的权利。第二，人民享有民主权利的广泛性。我国宪法第二章确认我国公民享有政治、经济、文化等社会生活各方面的广泛的民主自由权利。

民主的真实性表现在：人民当家做主的权利有制度、法律和物质的保障。

坚持人民民主专政是四项基本原则之一，是社会主义现代化建设的政治保证。在新的历史时期，坚持人民民主专政有了新的要求：扩大社会主义民主；实行依法治国；强化政府服务职能；发展和繁荣社会主义文化；改善民生，推进公平正义，构建社会主义和谐社会，等等。

2. 人民代表大会制度

人民代表大会制度是我国的根本政治制度，是我国的政体，即政权组织形式，是由人民民主专政的国家性质决定的。我国人民代表大会制度的组织和活动原则是民主集中制，即在民主基础上的集中和集中指导下的民主相结合的制度。

我国宪法规定："中华人民共和国一切权力属于人民""人民行使国家权力的机关是全国人民代表大会和地方各级人民代表大会"。

全国人民代表大会是我国最高国家权力机关，在我国国家机构体系中处于最高地位，其他中央国家机关都由它产生，对它负责，受它监督。全国人民代表大会及其常务委员会行使立法权、决定权、任免权、监督权。全国人大常委会是全国人大的常设机关，在全国人大闭会期间，代替全国人大行使部分职权。

地方各级人大是地方各级权力机关，行使地方各级权力，决定本行政区内一切重大问题。

人民代表大会代表是国家权力机关的组成人员，由民主选举产生，代表人民的利益和意志，依照宪法和法律规定的各项职权，参与行使国家权力，对人民负责，受人民监督。

3. 中国共产党领导的多党合作和政治协商制度

中国共产党领导的多党合作和政治协商制度是中国特色的政党制度，是我国的一项基本政治制度。

中国共产党的领导和执政地位是中国人民经过长期实践作出的历史性选择，是由中国共产党的性质和宗旨决定的。中国共产党是无产阶级政党，其宗旨是全心全意为人民服务。

中国共产党是我国的执政党，各民主党派是参政党，它们之间是通力合作的友党关系。中国共产党坚持科学执政、民主执政、依法执政，不断完善党的领导方式和执政方式，充分发挥共产党员的先锋模范作用，以人为本，执政为民。

知识拓展

我国各民主党派参政的基本点

我国各民主党派参政的基本点包括"一个参加，三个参与"：参加国家政权，这是民主党派参政的基础；参与国家大政方针协商；参与国家事务管理；参与国家方针、政策、法律的制定和执行。

多党合作的基本方针是"长期共存、互相监督、肝胆相照、荣辱与共"；多党合作的根本活动准则是遵守宪法和法律；多党合作的重要机构是中国人民政治协商会议。政协会议和人大会议即为每年的"两会"。

中国共产党领导的多党合作和政治协商制度是中国共产党执政，各党派参政，中国共产党领导，各党派合作的政党制度，它适合我国国情，绝不是西方的一党制，也根本区别于西方的多党制。

4. 民族区域自治制度

我国有 56 个民族，是一个统一的多民族国家。虽然已经形成了平等团结互助和谐的社会主义民族关系，但历史遗留下来的各民族间的经济、文化等发展不平衡的状态依然存在，而且难以在短期内消除。处理民族关系，我国坚持民族平等、民族团结和各民族共同繁荣的原则。

民族区域自治制度，是在国家统一领导下，各少数民族聚居的地方实行区域自治，设立自治机关，行使自治权的制度。这是针对我国是一个多民族国家，各民族分布呈现大杂居、小聚居，交错杂居的特点制定的一项民族政策。

我国民族自治地方分为自治区、自治州、自治县（旗）三级。民族自治地方设立自治机关，自治机关是自治地方的人民代表大会和人民政府，在行使一般地方国家机关职权的同时，依法行使自治权。

实践证明，实行民族区域自治既符合历史的发展，又符合现实情况，有很大的优越性。实行民族区域自治有助于把国家统一和少数民族自治结合起来，既维护了国家主权统一，又保障了少数民族管理本民族地区事务的权利；有助于把国家的方针政策和少数民族地区的具体特点结合起来，做到因民族制宜，因地区制宜，从而有利于民族自治地区经济和社会各项事业的发展；有助于把国家富强和民族繁荣结合起来；有助于把各民族热爱祖国的感情和热爱本民族的感情结合起来。

5. 基层民主制度

基层民主制度主要是指我国的基层群众性自治制度，是基层群众性自治组织形式及其运作方式，它是基层群众性自治组织自我教育、自我管理、自我服务、自我监督的方式、方法、程序的总和，是人民参与管理国家事务和社会事务的一种形式，是社会主义民主制度的一个重要方面。

我国宪法规定："城市和农村按居民居住地区设立的居民委员会或者村民委员会是基层群众性自治组织。"

基层群众性自治是非政权型的，即非国家性质的自治，它是一种社会自治。

第三节　西方政治制度

古希腊和罗马的政治制度是西方政治文明的源头，对后世政治制度产生了重要影响。英国君主立宪制、美国联邦共和政体、法国共和政体以及德国政体体现了近现代欧美资本主义政治制度的基本类型。

一、古代西方政治制度

古希腊和罗马的政治制度是西方政治文明的源头，是古代世界留给后人的一笔弥足珍贵的政治文化遗产，对后世政治文明产生了重要影响。

（一）古希腊的政治制度

古希腊文明的兴起以海洋为依托。古希腊地处地中海东部的巴尔干半岛，东邻爱琴海，天然良港多。此外，希腊半岛上重峦叠嶂。由于特殊的地理环境，希腊出现了200多个奴隶制小国，史称"城邦"。城邦的基本特征是小国寡民、独立自治。海外贸易兴盛，殖民及其他经济和文化交往活动，使古希腊形成了宽松自由的社会环境，并较早地接受了平等互利的观念，这一切都有助于古希腊民主政治的建立。

公元前6世纪初，执政官梭伦推行改革：根据财产的多少，把公民分为四个等级，财产越多者等级越高，权力越大；公民大会成为最高权力机关，各等级公民均可参加；建立四百人议事会，前三等级公民均可入选；建立公民陪审法庭；废除债权制等。改革动摇了旧氏族贵族世袭特权，保障了公民的民主权利，为雅典民主政治奠定了基础。

公元前6世纪末，执政官克利斯提尼继续进行改革。他建立了十个地区部落，以部落为单位推行选举；设立五百人议事会，由各部落轮流执政；每部落各选一名将军组成十将军委员会；继续扩大公民大会的权力等。这次改革基本铲除了旧氏族贵族的政治特权，公民的参政权空前扩大，雅典的民主政治确立起来。

公元前5世纪，在伯利克里担任首席将军期间，雅典民主政治发展到顶峰，被称为雅典民主的"黄金时代"。当时一切官职向所有等级的男性公民开放，执政官用抽签法产生；年满20岁的男性公民都可以参加公民大会，并有发言权和表决权；五百人议事会的职权进一步扩大；陪审法庭是国家最高司法和监察机关，由10个部落从30岁以上的男性公民中选举组成；扩大十将军委员会的权力；制定"公职津贴"制度，为参政公民发放工资和津贴；鼓励公民接受政治教育和文化熏陶，向公民发放"观剧津贴"，等等。

雅典民主的理论与实践，为近现代西方政治制度奠定了最初的基础。民主氛围创造的空间，使雅典在精神文化领域取得了辉煌成就。但是雅典民主只是少数"成年男性公民当家做主"的政治制度，对妇女、外邦人、广大奴隶而言，民主是遥不可及的。

（二）罗马法

公元前509年，罗马共和国在意大利半岛上建立起来，当时罗马只有习惯法。公元前5世纪中期，罗马制定了《十二铜表法》，标志着罗马成文法的诞生。从此，审判、量刑皆有法可依，贵族对法律的随意解释受到了限制，平民利益得到了保障，但也保留了一些习惯法。

公元前27年，罗马帝国建立。到1世纪后期，罗马帝国控制欧、亚、非三大洲的广阔疆域，建立了30多个海外行省，统治了许多不同的民族。因此，民族之间的矛盾非常突出。为加强统治，罗马帝国的皇帝高度重视法律的制定，把法政大权掌握在自己手中。他们颁布的法令成为罗马法的组成部分。法学家们也积极编纂法典，进行法律解释，充实了罗马法。6世纪，东罗马帝国皇帝查士丁尼组织法学家，把历代的罗马法加以系统化和法典化，汇编成《民法大全》，罗马法体系最终完成。

罗马法是罗马统治的有力支柱。它为国家权力提供了法律依据，稳定了社会秩序，保护了统治阶级的利益。罗马法是欧洲历史上第一部比较系统完备的法典，对近代欧美国家的立法和司法产生了重大影响，是欧美法律体系的渊源。

二、近现代欧美资产阶级议会制度

（一）欧美资产阶级议会制度的确立

欧美资产阶级议会制度的确立以英国君主立宪制的建立和美国联邦制共和政体的建立为标志。

1. 英国君主立宪制的建立

17世纪初，英国资本主义已经有了较大的发展，出现了新兴资产阶级和新贵族，他们不仅经济上日益强大，在议会中发挥的作用也越来越大。对于当时斯图亚特王朝的专制统治，他们不断开展斗争，争取权益。

1688年，英国资产阶级和新贵族发动了推翻詹姆斯二世的统治、防止天主教复辟的非暴力政变。这场革命没有流血，历史上称之为"光荣革命"。之后，议会权力大增。1689年，为了限制国王的权力，英国颁布了《权利法案》，规定了国王的权力范围，保证了议会的立法权，以法律的形式确定了国王必须依法而治的基本原则。这样，君主立宪制的资产阶级统治在英国开始建立起来。

为了获取议会中的多数席位，资产阶级政党之间展开了激烈的竞争，这样资产阶级议会政党制度逐渐形成和发展起来。

资料链接

代议制

议会由选举产生的议员组成，代表选民行使国家权力，这就所谓的代议制。资本主义国家的代议机关是议会，主要行使立法职能，其权力受到行政机关的制约，所以资本主义代议制又称议会制。

2. 美国联邦制共和政体的建立

1776年，英属北美13个殖民地宣布独立，美国诞生。经过几年艰苦斗争，英国承认美国独立，但13个州的美国政局松散，社会动荡，经济发展受到严重影响。对美国人而言，建立一个统一而强大的国家势在必行。

美国的政治制度

1787年，各州代表在费城召开制宪会议。经过几个月的激烈争论，通过了一部联邦宪法，即"1787宪法"。该宪法规定美国实行联邦制，立法权属于美国国会，行政权属于美国总统，司法权属于美国联邦最高法院，肯定了以立法、行政、司法三权分立、相互制衡为原则的资产阶级民主共和政体。这部宪法表明，美国在世界上第一次创造出不同于英国君主立宪制的总统制民主共和制。1789年，华盛顿当选为美国第一任总统，不久，第一届国会也经选举产生，美国的联邦制共和政体开始建立起来。

美国国会也是不同政党角逐的政治舞台。19世纪50年代中期，民主党和共和党两大资产阶级政党的对峙格局,即两党制最终形成。从此,两党对垒,交替执政。

(二)欧美资产阶级议会制度的发展

英国、美国资产阶级的议会制度确立后,欧美其他国家纷纷效仿,进一步发展了资产阶级议会制度。

1. 法国共和政体的确立和发展

18世纪时,法国还是欧洲典型的君主专制国家,封建势力与资产阶级的矛盾异常尖锐。1789年,法国爆发了资产阶级革命,封建势力遭受沉重打击。1792年,法国废除君主制,建立共和国。但共和制和君主制之间的斗争还持续了70多年。

1870年,法国与普鲁士战争爆发后,法兰西第三共和国建立,各派政治力量围绕政治体制的斗争依然不断。1875年年初,国民议会通过了《法兰西第三共和国宪法》,从法律上正式确立了共和政体。1879年,资产阶级共和派赢得了法国总统选举,资产阶级共和制最终在法兰西确立,这为法国资本主义的进一步发展奠定了基础。

资料链接

《法兰西第三共和国宪法》

《法兰西第三共和国宪法》规定立法权属于议会,议会由参议院和众议院组成;总统由参议院和众议院联席会议选出,任期7年,可连选连任;国家行政大权由总统掌握,总统是国家元首和军队最高统帅。

"二战"后,1945年9月,法国全民公决,摒弃第三共和国,法兰西第四共和国成立。10月,议会通过新宪法,宣告第四共和国正式成立。由于各党派间的争权斗争,1958年9月通过新宪法,第四共和国宣告结束,第五共和国成立。第五共和国宪法规定表明总统为国家权力中心,议会的地位和作用下降,政府的权力得到加强,地位更稳定。

2. 德国政体的演变

19世纪六七十年代,在俾斯麦的领导下,邦国普鲁士通过三次王朝战争,完成了德国的统一,结束了德意志四分五裂的状态。

1871年年初,德意志帝国建立。不久,颁布了德意志宪法,确立了德国君主立宪政体。该宪法规定德意志是个联邦制国家,帝国政府掌握军事、外交等大权,各邦则保留一些自治权。普鲁士在帝国中占统治地位。国家统一和君主立宪政体的确立,推动了德国进入新的历史发展时期。

"一战"后,1919年成立魏玛共和国,政体名义上是资产阶级议会民主制共和国。1933年纳粹执政,实行法西斯独裁统治。"二战"后,德国战败,被苏、美、英、法四国分区占领,1949年,美、英、法占领区成立德意志联邦共和国,苏联占领区成立德意志民主共和国。1990年10月两德统一,政体确定为议会制民主共和制。

第四节 经济全球化趋势

市场经济是市场在资源配置中起基础性作用的经济。党的十一届三中全会以来，我国逐步建立起了比较健全的社会主义市场经济。随着世界经济市场化的不断深入，各国间的经济联系日益紧密，经济全球化深入发展。

（一）市场经济概述

计划和市场是资源配置的两种基本手段。市场在资源配置中起基础性作用的经济就是市场经济。在市场经济中，生产什么、如何生产和为谁生产，主要是通过价格的涨落、供求的变化，即由市场调节。市场就是一只"看不见的手"指挥着商品生产者和经营者，调节人、财、物在全社会的配置。

市场调节不是万能的。市场解决不了国防、治安、消防等公共物品的供给问题，而枪支、弹药及危险品、麻醉品也不能让市场来调节。在市场调节的领域，市场调节也存在着自发性、盲目性、滞后性等局限性。

市场经济的有序运行需要市场规则。市场规则以法律法规、行业规则、市场道德规范等形式，对市场运行的各个方面做出具体规定。凡不符合市场准入规则的企业、商品均不允许进入市场。禁止各种形式的地方保护、非法垄断及其他非法竞争行为。这体现了市场经济具有平等性、法制性、开放性、竞争性的一般特征。市场交易必须遵循自愿、平等、公平、诚实守信的原则。

（二）社会主义市场经济

社会主义市场经济是同社会主义基本制度结合在一起的，市场在国家宏观调控下对资源配置起决定性作用。社会主义市场经济有自己的基本特征，体现了社会主义的优越性。

（1）坚持公有制的主体地位是社会主义市场经济的基本标志。而资本主义市场经济建立在资本主义生产资料私有制的基础上。

（2）社会主义市场经济以实现共同富裕为根本目标。在社会主义初级阶段，我国允许和鼓励一部分人通过诚实劳动、合法经营先富起来。先富带后富，最终实现共同富裕。资本主义市场经济由于以生产资料私有制为基础，人们在生产中所处的地位不同，必然导致收入分配的两极分化。

（3）在社会主义市场经济条件下，国家能够实行强有力的宏观调控。加强宏观调控是社会主义市场经济的内在要求。社会主义市场经济能够发挥国家集中人力、物力、财力办大事的优势，使国家对经济的宏观调控更有成效。

宏观调控，是指国家综合运用各种手段对国民经济进行调节和控制。我国宏观调控的目标是：促进经济增长，增加就业，稳定物价，保持国际收支平衡。我国以经济手段、法律手段为主，辅之以必要的行政手段，实现宏观调控目标。

知识拓展

我国宏观调控的手段

经济手段，是国家运用经济政策和计划，通过对经济利益的调整来影响和调节经济活动的措施。国家在宏观调控中最常用的经济手段是财政政策和货币政策。

法律手段，是国家通过经济立法和司法，运用经济法规来调节经济关系和经济活动，以达到宏观调控目标的一种手段。一方面，国家通过经济立法，规范经济活动参与者的行为，调整社会经济关系；另一方面，国家通过经济司法活动，保证各项经济政策的执行、经济合同的履行，打击各种经济违法犯罪行为。

行政手段，是国家通过行政机构、采取强制性的行政命令、指示、规定等措施，来调节和管理经济的手段。

（三）经济全球化

当今世界是开放的世界，世界各地都能买到中国货，中国市场上"洋货"到处可见。各国间的经济联系日益紧密，经济全球化深入发展。

经济全球化，指商品、劳务、技术、资金在全球范围内流动和配置，使各国经济日益相互联系、相互依赖的趋势加强。其表现是多方面的，其中主要是生产全球化、贸易全球化和资本全球化。

经济全球化

知识拓展

经济全球化的表现

生产全球化。随着科学技术的发展，生产领域的国际分工与合作不断深化、加强，世界各国的生产相互联系、相互协作，各国的生产活动成为世界生产链条中的一个环节，多个国家共同完成一件商品的生产。

贸易全球化。随着各国对外开放程度的提高，世界各国都参与到国际商品交换之中，国际贸易规模迅速扩大，参与交换的商品种类越来越多，有一般商品，还有各类服务。

资本全球化。伴随着生产和贸易全球化，资本在国际的流动速度不断加快，投资者通过计算机、手机操作，大量资金就可以在短时间内从世界一个市场转移到另一个市场。

跨国公司的迅速发展为经济全球化提供了强有力的载体。跨国公司是指在本国拥有一个总部，在其他国家或地区拥有子公司的国际性企业。跨国公司在全球范围内利用各地的优势组织生产以实现自己的最大利益，也大大促进了资金、技术、商品、劳动力在全球范围内的流动。

经济全球化是生产力发展的产物，它又推动了生产力的发展，促进了生产要素在全球范围内的流动，推动了世界范围内资源配置效率的提高，为各国经济提供了更加广阔的发展空间。但是，由于现阶段经济全球化是由发达资本主义国家主导的，它们左右了国际经济的游戏规则，因此这种经济全球化使世界经济发展更不平衡，两极分化更加严重，全球经济的不稳定性加剧，对发展中国家的经济发展构成极大的威胁。

对于广大发展中国家来说，经济全球化是一把"双刃剑"，既是机遇，也是挑战。我们应该抓住机遇，积极参与，趋利避害，防范风险，勇敢地应对挑战。

（四）世界贸易组织

世界贸易组织（WTO），是世界上最大的多边贸易组织。它与世界银行、国际货币基金组织并称为世界三大经济组织。

世界贸易组织的基本原则包括：非歧视原则、市场准入原则、互惠原则、公平竞争与公平贸易原则、贸易政策法规透明原则等，其中最重要的是非歧视原则。

知识拓展

非歧视原则

非歧视原则，指世界贸易组织的管辖领域内，各成员应一视同仁对待其他成员的与贸易有关的主体和客体。非歧视原则包括最惠国待遇原则与国民待遇原则。

最惠国待遇，指缔约双方在通商、航海、关税、公民法律地位等方面相互给予的不低于现时或将来给予任何第三国的优惠、特权或豁免待遇。

国民待遇是指所在国应给予外国人与本国公民享有同等民事权利的地位。其适用范围通常包括：国内税，运输、转口过境，船舶在港口的待遇，船舶遇难施救，商标注册，申请发明权、专利权、著作权，民事诉讼等；不包括领海捕鱼、购买土地、零售贸易等。

我国于2001年12月11日正式加入世界贸易组织。加入世贸组织，是我国应对经济全球化的重要战略，标志着我国对外开放进入了一个新阶段。我国紧紧抓住入世带来的机遇，积极应对新的挑战和冲击，为我国经济发展赢得了良好的国际环境，促进了社会主义市场经济体制的建立和健全，推动了开放型经济水平的提高，带动了国内产业结构的优化升级，创造了大量的就业机会，提高了人民的收入和生活水平。实践证明，我国入世的战略决策是完全正确的。

二、中国"一带一路"倡议

（一）"一带一路"倡议的提出及意义

"一带一路"是"丝绸之路经济带"和"21世纪海上丝绸之路"的简称，是2013年习近平主席访问中亚和印尼的时候提出来的。"一带一路"倡议的提出意味着我国对外开放实现战略转变，是中国全球战略的创新，具有极其深远的重要意义。

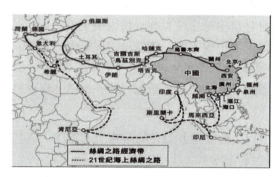

中国"一带一路"的覆盖区域

首先，"一带一路"倡议顺应了我国对外开放区域结构转型的需要。"一带"起始于西部，也主要经过西部通往西亚和欧洲，这必将使得我国对外开放的地理格局发生重大调整，由中西部地区作为新的牵动者，承担开发与振兴占国土面积三分之二广大中西部区域的重任，与东部地区一起承担中国"走出去"的重任。

其次，"一带一路"倡议顺应了中国要素流动转型和国际产业转移的需要。"一带一路"倡议通过政策沟通、道路联通、贸易畅通、货币流通、民心相通这"五通"，将中国的生产要素，尤其是优质的过剩产能输送出去，让沿"带"沿"路"的发展中国家和地区共享中国发展的成果。

再次，"一带一路"倡议顺应了中国与其他经济合作国家结构转变的需要。通过"一带一路"建设，中国帮助发展中国家和地区进行道路、桥梁、港口等基础设施建设，帮助它们发展一些产业，如纺织服装、家电，甚至汽车制造、钢铁、电力等，提高它们经济发展的水平和生产能力，顺应了中国产业技术升级的需要。

最后，"一带一路"倡议顺应了国际经贸合作与经贸机制转型的需要。"一带一路"倡议与中国自由贸易区战略是紧密联系的。我国在建的自由贸易区中，大部分是处于"一带一路"沿线上。因此，中国的自由贸易区战略必将随着"一带一路"倡议的实施而得到落实和发展。

"一带一路"旨在借用古代丝绸之路的历史符号，高举和平发展的旗帜，积极发展与沿线国家的经济合作伙伴关系，共同打造政治互信、经济融合、文化包容的利益共同体、命运共同体和责任共同体。

（二）"一带一路"倡议的内涵及实施

资料链接

"一带一路"共建原则

恪守《联合国宪章》的宗旨和原则。遵守和平共处五项原则，即尊重各国主权和领土完整、互不侵犯、互不干涉内政、和平共处、平等互利。

坚持开放合作。"一带一路"相关的国家基于但不限于古代丝绸之路的范围，各国和国际、地区组织均可参与，让共建成果惠及更广泛的区域。

坚持和谐包容。倡导文明宽容，尊重各国发展道路和模式的选择，加强不同文明之间的对话，求同存异、兼容并蓄、和平共处、共生共荣。

坚持市场运作。遵循市场规律和国际通行规则，充分发挥市场在资源配置中的决定性作用和各类企业的主体作用，同时发挥好政府的作用。

坚持互利共赢。兼顾各方利益和关系，寻求利益契合点和合作最大公约数，体现各方智慧和创意，各施所长，各尽所能，把各方优势和潜力充分发挥出来。

1. "一带一路"倡议的内涵

"一带"，指的是"丝绸之路经济带"，是在陆地。它有三个走向，从中国出发，一是经中亚、俄罗斯到达欧洲；二是经中亚、西亚至波斯湾、地中海；三是中国到东南亚、南亚、印度洋。"一路"，指的是"21世纪海上丝绸之路"，重点方向是两个，一是从中国沿海港口过南海到印度洋，延伸至欧洲；二是从中国沿海港口过南海到南太平洋。

"一带一路"倡议顺应时代潮流，适应发展规律，符合各国人民利益，具有广阔前景。将"一带一路"建成和平之路：要构建以合作共赢为核心的新型国际关系，打造对话不对抗、结伴不结盟的伙伴关系；将"一带一路"建成繁荣之路：要聚焦发展这个根本性问题，释放各国发展潜力，实现经济大融合、发展大联动、成果大共享；将"一带一路"建成开放之路：要打造开放型合作平台，维护和发展开放型世界经济，共同创造有利于开放发展的环境，推动构建公正、合理、透明的国际经贸投资规则体系；将"一带一路"建成创新之路：要坚持创新驱动发展，建设21世纪的数字丝绸之路，要促进科技同产业、科技同金融深度融合，为互联网时代的各国青年打造创业空间、创业工场，践行绿色发展新理念，共同实现2030年可持续发展目标；将"一带一路"建成文明之路：要以文明交流超越文明隔阂、文明互鉴超越文明冲突、文明共存超越文明优越，推动各国相互理解、相互尊重、相互信任。

2."一带一路"倡议的实施

"一带一路"倡议提出4年来,已有100多个国家和地区组织参与其中,成果越来越丰硕。一是国际沟通不断深化。中国同越来越多的国家和国际组织签署了合作协议,同30多个国家开展机制化产能合作。二是设施联通不断加强。以中巴、中俄蒙、新亚欧大陆桥等经济走廊为引领,以陆海空通道和信息高速路为骨架,以铁路、港口、管网等重大工程为依托,一个复合型的基础设施网络正在形成。三是贸易畅通不断提升。2014—2016年中国同"一带一路"沿线国家贸易总额超过3万亿美元,中国对"一带一路"沿线国家投资累计超过500亿美元,中国企业已在20多个国家建设了56个经贸合作区,为有关国家创造了近11亿美元税收和18万个就业岗位。四是资金融通不断扩大。中国同参与国和组织开展了多种形式的金融合作,这些新型金融机制同世界银行等传统多边金融机构各有侧重、互为补充,形成层次清晰、初具规模的"一带一路"金融合作网络。五是民心相通不断促进。参与国开展智力丝绸之路、健康丝绸之路等建设,在科学、教育、文化、卫生、民间交往等各领域广泛开展合作。

2017年5月14日,"一带一路"国际合作高峰论坛在北京成功举行,是中国继2016年杭州G20峰会之后,隆重举办的又一次外交盛会,国家主席习近平发表题为《携手推进"一带一路"建设》的主旨演讲,中国敞开大门,拥抱世界。

"一带一路"是一条互尊互信之路,一条合作共赢之路,一条文明互鉴之路。只要沿线各国和衷共济、相向而行,就一定能够谱写建设"丝绸之路经济带"和"21世纪海上丝绸之路"的新篇章,让沿线各国人民共享"一带一路"共建成果。

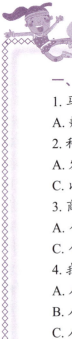

思考与练习

一、选择题

1.马克思主义哲学的基础是(　　)
A.辩证唯物论　　B.唯物辩证法　　C.唯物史观　　D.唯物主义认识论

2.科学发展观的核心是(　　)
A.发展　　　　　　　　　　B.全面协调可持续发展
C.以人为本　　　　　　　　D.统筹兼顾

3.商品的价值量由生产商品的(　　)决定。
A.个别劳动时间　　　　　　B.社会必要劳动时间
C.个别劳动生存率　　　　　D.劳动时间

4.我国的根本政治制度是(　　)。
A.人民民主专政
B.人民代表大会制度
C.人民代表大会

D. 中国共产党领导的多党合作和政治协商制度

5. 一只"看不见的手"指挥着商品生产者和经营者，调节人、财、物在全社会的配置。这只"看不见的手"是（　　）。

A. 市场　　　　B. 计划　　　　C. 国家　　　　D. 宏观调控

二、问答题

1. 简述习近平新时代中国特色社会主义思想的内涵。

2. 中国特色社会主义政治制度有哪些？

3. "一带一路"的全称是什么？

三、探究题

2017年4月1日，设立河北雄安新区的重磅新闻打破了清明节假日的宁静，同时也给当地楼市烧了一把火。各路房地产投资客连夜涌向雄安新区，雄县在4月1日晚上每平方米还叫价6 000元的房子，在3日下午就涨到25 000元。

面对疯狂的炒房客，雄安新区三县政府严阵以待。4月2日，三县冻结全部房产过户，本地人外地人都不能买卖。商品房一律停售，二手房中介全部关停。在建的房子一律停工，农民也不允许自建房。县政府将严厉打击各类违法违规交易行为，严厉打击违规建设，严厉打击黑中介非法销售、夸大宣传、哄抬价格等非法宣传经营活动。

4月7日上午，河北省委召开常委会（扩大）会议，河北省委书记赵克志强调，要坚决严禁大规模开发房地产，严禁违规建设，严控周边规划，严控入区产业，严控周边人口，严控周边房价，严加防范和打击炒地炒房投机行为。

运用市场经济和我国宏观调控的相关知识分析上述现象。

第三章 中外教育名家思想

学习目标

1. 掌握中外教育名家的主要教育思想。
2. 学习教育家研究儿童、献身教育、服务社会的精神。
3. 思考教育名家的教育思想对学前教育的启示。

第一节 中国古代教育家思想

在中国古代社会，许多教育家从他们的时代环境、社会问题及其人的学习规律出发，从教育目的、教育内容、教育方式方法等角度对教育进行了深刻的阐述，他们的教育思想对当前教育仍然有着重要的启示。

一、孔子的教育思想

（一）孔子生平

中国古代教育家思想

孔子（公元前551—前479），姓孔，名丘，字仲尼，出生于鲁国陬邑（今山东曲阜）。孔子是中国古代伟大的思想家、教育家，儒家思想的创始人。从孔子一生的贡献而言，其首创私人讲学之风，创立儒家学派，形成启发诱导、因材施教等教学思想，提出言行一致、改过迁善、温良恭俭让的道德原则，整理编写了《诗》《书》《礼》《乐》《易》《春秋》等古代文化典籍并作为教学内容，有三千弟子，培养了大批有用之才。特别是他学而不厌、诲人不倦教师精神，在中国教育发展史上，光照千秋，代代相传。

孔子

（二）孔子教育思想

1."性相近，习相远"的人性论

孔子在中国哲学史上首次提出了人性论的命题，他说的"性相近，习相远"，即人与人出生时的本性并没有太大差别，后来之所以有较大的差别，是学习或环境影响的结果。这充分说明了人与人之间的平等特性，同时，强调了教育及环境影响对于人发展的重要性。孔子的"性相近，习相远"的命题，虽然没有直言人性的善恶，但是开启了儒家对人性认识的先河。"性相近"开了孟子的性善论之端；"习相远"开了荀子的性恶论之端。

2."庶、富、教"的教育地位观

庶、富、教在孔子看来是立国治国的三大要素。其中教育事业的发展即建立在人口发展和经济发展的基础之上，同时，反过来又是提升人精神境界、促进社会和谐的必然途径。

孔子认为治理好一个国家，要有三个条件：首先要有较多的劳动力；其次，发展生产，解决人民的物质生活中的吃喝穿住的问题；最后，在先富的基础上进行教化，发展教育事业。

3."有教无类"的教育对象观

"有教无类"出自《论语·卫灵公》，原句为："子曰：'有教无类。'"意思是不分贵族与平民，不分国界与华夷，只要有心向学，都可以入学受教。孔子自称："自行束脩以上，吾未尝无诲焉。"孔子所说的这段话，表明了他诲人不倦的精神，也反映了他"有教无类"的教育思想。

孔子生活的时代是由"学在官府"向"学在四夷"转变的时期，孔子的"有教无类"的教育方针适应了社会发展的需要，把受教育对象的范围扩大到了一般平民，彻底打破了贵族对学校教育的垄断，为私学教育和中华民族文化的发展做出了重要贡献。

4."学而优则仕"的教育培养目标

《论语·子张》："子夏曰：'仕而优则学，学而优则仕。'"意思是说："事情做好了，可以总结经验，从中学习，取得进步；学习学好了，就可以把这些知识应用到日常做事中。"因此，后世也将孔子的培养目标概括为"学而优则仕"。这段话是孔子教育方针和办学目的的集中体现。做官之余，如果还有精力和时间，那他就可以去学习礼乐等治国安邦的知识；学习之余，如果还有精力和时间，他就可以去做官从政。

5."文、行、忠、信"的教育内容

《论语·述而》载："子以四教：文、行、忠、信。"也就是夫子以四项内容教育弟子。"文"指文献典籍，即《诗》《书》《礼》《易》《乐》《春秋》"六书"；"行"指"六艺"，即中国古代儒家要求学生掌握的六种基本才能，包括礼、乐、射、御、书、数；"忠"即忠诚，"信"即诚信，忠、信是孔子所倡导的重要道德标准。

6. 教育方法

启发诱导。孔子强调："不愤不启，不悱不发。举一隅不以三隅反，则不复也。"孔子此句意思是不到学生主动求知的时候，不去启发学生；不到学生想表达而又困难的时候不去指导学生。教学要注意培养学生求知的主动性和积极性，激发学生的求知欲望，而不是盲目灌输。

因材施教。因材施教强调教师根据不同学生的现有经验、认知水平、学习能力，选择适合每个学生特点的方法进行有针对性的教学，以发挥学生的长处，弥补学生的不足。孔子虽然没有直接提出因材施教原则，但是在其教学中却充分体现了这一点。

学思并重。"学而不思则罔，思而不学则殆"是孔子"学思结合"教学原则的经典概括。孔子认为，只是学习却不思考，就会因为不能深入理解作者意图而迷惑无所得；只是思考却不学习，就会精神疲倦而无所得。因此，孔子既反对学而不思，同时也反对思而不学。

知行结合。在社会生活中，孔子主张知行并重、知行一致。后世儒者所强调的"博学之，审问之，慎思之，明辨之，笃行之"正是对孔子知行观的恰当解释。广博的学习最后要落实到身体力行才算达成目的。

教学相长。《论语》记载了孔子师徒之间相互切磋、共同讨论、教学相长的故事。"教学相长"是出自《礼记·学记》："是故学然后知不足，教然后知困。知不足然后能自反也，知困然后能自强也。故曰教学相长也。"即：所以学习之后才知道自己有所不足，教人之后才知道自己也有不通之处。知道自己有所不足，然后才能严格要求自己；知道自己有不通之处，然后才能勉励自己奋发上进。所以说教人和学习是相互促进的。由于《学记》主要是记载和总结孔子创立的儒家学派教学经验的，因此也可以说教学相长是孔子与弟子之间真实情况的写照。

趣味故事

孔子的教育故事一则

子夏是孔子的学生。有一年，子夏被派到莒（mù）父（现在的山东省莒县境内）去做地方官。临走之前，他专门去拜望老师，向孔子请教说："请问老师，怎样才能治理好一个地方呢？"孔子十分热情地对子夏说："治理地方，是一件十分复杂的事。可是，只要抓住了根本，也就很简单了。"孔子向子夏交代了应注意的一些事后，又再三嘱咐说："无欲速，无见小利。欲速，则不达；见小利，则大事不成。"这段话的意思是：做事不要单纯追求速度，不要贪图小利。单纯追求速度，不讲效果，反而达不到目的；只顾眼前小利，不讲长远利益，那就什么大事也做不成。子夏表示一定要按照老师的教导去做，就告别孔子上任去了。后来，"欲速则不达"作为谚语流传下来，被人们经常用来说明过于性急图快，反而适得其反，不能达到目的。

二、老子的教育思想

（一）老子生平

老子，姓李，名耳，字聃，一字或曰谥伯阳，华夏族，楚国苦县厉乡曲仁里人（今河南鹿邑地区），约生活于公元前571年至前471年，曾做过周朝"守藏室之官"（管理藏书的官员）。老子是我国春秋晚期的哲学家和思想家、道家学派创始人，存世有《道德经》

（又名《老子》），是道家学派的经典著作。《道德经》分为上下两册，共81章，前37章为上篇道经，第38章以下属下篇德经，全书的思想结构是：道是德的"体"，德是道的"用"。上下篇共5 000字左右。他的学说后被庄周发展。他的哲学思想和由他创立的道家学派，不但对中国古代思想文化的发展作出了重要贡献，而且对中国2 000多年来思想文化的发展产生了深远影响。

老子

（二）老子教育思想

1. 人性论

老子的人性论立基于"道法自然"的宇宙观，人的本性是由"道"产生和赋予的。"道"自生自发、无私无欲，人性也应当这样。他认为婴儿状态最符合人的本性，婴儿状态正好是淳朴自然、自由自在的本真状态。

2. 教育目的

老子以"道"为核心的思想，体现在教育目的上，就是要求人们把"道"当作认识、追求的总目标，一切教育思想和活动都围绕它而展开。实现这种崇高的目标，那就是能够使人悟"道"、体"道"、弘"道"，成为唯"道"是从的"圣人"。培养"圣人"是老子教育的最高目的。老子将人分为"上士""中士""下士"三个级别，"上士闻道，勤而行之"，具有这种理想人格的人被称为"圣人"。此外，老子认为"圣人"必须无私。

3. 教育作用

老子认为初生婴儿是美好的，教育的作用是消除各种欲望和私心杂念，恢复到原始的质朴之性。天地万物纷纷纭纭，最后都要恢复到其原本的样子。人原本就是婴儿状态。老子多次提到婴儿，认为婴儿状态就是人的最佳状态，而人一旦成长了，人性就为了物质利益而使自己的德行受损。这里，老子并不是要求人要回归婴儿时代，而是希望人们不丧失自我，保持"朴"的状态。

4. 教育内容

老子的教育内容，是在其对天道和自然的运行规律的观察中得出来的，必须顺应"道常无为，而无不为"。老子认为，"道"因"无为"而"无不为"，所以，老子的教育内容以"道常无为"为出发点，主要涵盖了"无为""不争""知足""贵柔""无私"等方面。此外，老子还对圣人提出了"三宝"的要求：一曰慈，二曰俭，三曰不敢为天下先。老子认为，由慈而柔，由柔而勇；由俭而无欲，无欲而广大；不敢为天下先，故能成为万物的首长。

5. 教育方法

老子主张"圣人无为"，就是要"行不言之教"。所谓"不言之教"是指用"无为"去处事，用"不言"去"教导"人，任凭万物生长而不去横加干涉，排除人为因素。"不言之教"：一是不通过或尽量少采用口头语言来对学生进行教训；二是指不以现有的文献典籍为教材。其基本做法是通过学习者的直观和直觉的方法进行学习。

三、朱熹的教育思想

（一）朱熹生平

朱熹（1130—1200），小名沈郎，小字季延，字元晦，一字仲晦，号晦庵，晚称晦翁，又称紫阳先生、考亭先生、沧州病叟、云谷老人、逆翁，谥文，又称朱文公。朱熹祖籍婺源，出生于福建省尤溪县，是南宋著名的理学家、思想家、哲学家、教育家、诗人，闽学派的代表人物，宋代集理学之大成者，世称朱子，是孔子、孟子以来最杰出的弘扬儒学的大师。朱熹一生专心于儒学，主要进行讲学和著书的工作。主持重修庐山白鹿洞书院和修复岳麓书院，并利用闲暇，亲自到场讲学。在

朱熹

教育方面的主要著作有《大学章句》《中庸章句》《论语集注》《孟子集注》《资治通鉴纲目》《伊洛渊源录》《白鹿洞书院揭示》《学校贡举私议》《读书之要》《小学》《童蒙须知》《近思录》，其中与儿童教育有关的著述便有近10种，其中最著名的是《小学》和《童蒙须知》。

（二）朱熹的儿童教育思想

1. 儿童教育的目的

朱熹把儿童教育称为"小子之学"，他在总结前人教育经验以及自己教育实践的基础上，把一个人的教育分成"小学"和"大学"，15岁之前为小学教育，15岁以后为大学教育。朱熹主张教育的目的在于"明人伦"。他严厉抨击了当时以科举为目的的学校教育，认为这是忘本逐末，他主张先引导人"明天理灭人欲"，再思入仕为官。朱熹主张"明天理"，进行"五伦"的家庭教育，通过重整伦理纲常、道德规范，加强家庭和社会凝聚力，以达到齐家治国平天下。

2. 儿童教育的内容

朱熹主张将传统封建礼教作为儿童教育的主要内容。"三纲五常"是儿童教育最主要的内容，"三纲"中对儿童教育影响最深的即"父为子纲"，而"五常"则是儿童教育的最主要的组成部分。朱熹在《白鹿洞书院揭示》中说："父子有亲，君臣有义，夫妇有别，长幼有序，朋友有信。"朱熹制定的《童蒙须知》按照"三纲五常"的封建道德要求，对儿童生活、学习的各个方面，做了极为详细的规定，比较全面地反映了童蒙教育的内容。

3. 儿童教育的方法

朱熹在儿童教育的方法上，主张先入为主，及早施教。儿童在幼年时期，知识和思想

还处于萌芽阶段，还未定型，很容易受到各种思想的影响。他首创以"须知""学则"的形式来培养儿童道德行为习惯，使儿童的一切言行都有能够遵循的标准，做到有章可循、有规可依。在此思想的指导下，他制定了《童蒙须知》以及《训蒙斋规》来规范儿童的道德行为习惯，以期使儿童从小养成良好的生活和学习习惯。朱熹还认为，对儿童进行教育，应力求生动、形象，激发儿童的兴趣，使儿童乐于接受和学习新知识，同时还指出，要将认知和实践结合起来，不可割裂，要做到"知行相须"。

（三）朱子读书法

朱熹在其一生的教育实践中，总结出了一套行之有效的读书方法，对后世产生了重大影响。

1. 循序渐进

一是说读书要按先后和首尾篇章顺序，按部就班地来，不可颠倒；二是说要按自己的情况和能力，制订计划，切实遵守；三是读书切忌急躁，须打好基础，"字求其训，句索其旨"，不可囫囵吞枣。

2. 熟读精思

朱熹指出，读书须把熟读与精思结合起来。朱熹强调读书的遍数越多越好。首先，"熟读"要准确。其次，"熟读"须三到，即"心到、眼到、口到"，"三到之中，心到最急"。最后，"精思"要求贯通，读书时要善于思考，熟读与精思相互促进才能融会贯通。

3. 虚心涵泳

一是读书时要虚怀而迎，读书不先带框框，不先下结论，不固执己见，要尊重原著，探明原意。二是读书不先带偏见，不执着旧见，要持公正态度，坚持独立思考。三是读书时要"涵泳"，反复咀嚼，细心玩味，体会出书中含义的真谛。

4. 切己体察

即要求学习者不能拘泥于书面意义的理解，而应当结合自己的经验、认识和生活实际去探究思考书中暗含的意义，推陈出新，并躬身实践。

5. 著紧用力

强调读书必须抓紧时间，振作精神，发愤忘食，需有吃苦耐劳、废寝忘食的精神。

6. 居敬持志

"居敬"，是读书时要精神专一，注意力集中；"持志"，就是要树立远大的目标和志向，以顽强的毅力长期坚持。

第二节 外国古代教育家思想

苏格拉底、柏拉图、夸美纽斯是外国古代教育家中的著名代表，他们从时代要求和自身对社会的认识出发，提出各具特色的教育思想。

一、苏格拉底的教育思想

（一）苏格拉底生平

苏格拉底（Socrates，公元前469—前399），古希腊著名的哲学家、教育家。他出生于雅典的一位平民家庭，父亲是雕刻匠，母亲是助产士。他继承了父亲的职业，从事雕刻活动，以后又从事教育活动。他"被公认为是一个有全面教养的人，受过当时所需要的一切教育"。苏格拉底从30岁开始从事教育活动，以培养有德行、有智慧的治国人才为己任。苏格拉底一生从没有创办过有固定校舍的学校，雅典的广场、体育馆、商店、街道等，都是他的课堂。他随时随地会跟人们探讨哲学、道德、艺术、社会等问题。苏格拉底的教学没有固定的教育对象。只要愿意，谁都可以成为他的教育对象。苏格拉底虽然长期从事教育工作，但他没有任何著作，他的思想是都在与别人的对话中体现。后人对其思想及生平的了解，主要靠他的学生色诺芬和柏拉图的著作的记载。

苏格拉底

（二）苏格拉底的教育思想

1. 教育的作用及意义

人的品德是天生的，还是由教育得来的？天赋和教育在人的发展中起什么作用？苏格拉底说："人的一切天生的气质，在胆量方面，都是可以通过学习和锻炼而得到提高的。"苏格拉底一方面肯定了人的天赋存在差异，有的人生来聪明，有的人生来鲁钝；有的人秉性大胆，有的人秉性怯懦；但无论是谁，都必须接受良好的教育，才能真正成为一个有德行、有善性的人。

既然人的天赋存在差异，那么他们接受的教育应该是什么样的？苏格拉底认为，天赋差的人固然要受教育，天赋好的人更应该受教育。这好比烈性而桀骜不驯的良种马，在小的时候加以驯服，长大后就会成为千里马，如果不加以驯服，则可能成为难以驾驭的烈马。人亦如此。

苏格拉底对教育充满了信心，认为人间的美德是可以通过教育来增进的。并且他用他自己的行动践行了他的信念，甚至不惜牺牲自己的生命。

第三章　中外教育名家思想

2. 教育的目的

苏格拉底认为，教育的目的是培养治国人才。这个治国人才是有才有德、深明事理、具有各种实际知识的人。一个好的治国人才的首要条件是具备广博的知识，只有掌握广博的知识，才能达到治理好城邦的目的。

3. 美德可教

苏格拉底提出了"美德即知识"的观点。"美德即知识"是苏格拉底道德哲学的基本主张。苏格拉底把美德归结为知识，认为没有知识的人，只能听任自己的主观判断，或被道听途说、似是而非的意见所左右，其行为也就不符合道德。相反，有了知识，明白了道德的本性，掌握了善的概念，就一定会做出善的事情。同时他也肯定了美德是可教的。在苏格拉底的体系中，所谓知识是那些具有永恒性、普遍性的概念体系，知识之所以是可教的，是因为这种概念体系具有确定的、不变的真理性、永恒性。

4. 教育的内容

苏格拉底认为，治国者要具备广博的知识，为此，他孜孜不倦地教人以各种知识。在苏格拉底看来，只有人的理性才能掌握知识，只有确定的知识才能促进人对真理的认识，辨别真理和谬误。在苏格拉底的教学实践中，他除教授政治、伦理、辩证法等和人生需要的各种实际知识外，第一次将几何、天文、算术列为必须学习的学科。

5. 苏格拉底教学法

苏格拉底教学法也被称为苏格拉底精神助产术或产婆术，这是苏格拉底在与人讨论真理的过程中形成的独特教学方法。苏格拉底为了追寻真理，到处找人谈话，并在谈话的过程中运用这一方法。他认为，真理以潜在的形式存在于人的内心，教师的任务不是传授现成的知识，而是通过师生对话，消除一切错误或模糊的认识，唤醒学生的内心，从而发现真理。

苏格拉底教学法由讥讽、"助产术"、归纳、定义四个环节组成。讥讽，是指教师以无知的身份出现，依据对方的回答不断追问，迫使对方前后的回答自相矛盾，无言以对，承认自己的无知。"助产术"，即帮助对方自己找出问题的答案。归纳，即从具体事物中找出事物的共性、本质，寻求事物的一般。定义，是把个别事物归入一般概念，得出事物的普遍属性。

趣味故事

最大的麦穗

希腊有一位大学者，名叫苏格拉底。一天，他带领几个弟子来到一块麦地边。那正是成熟的季节，地里满是沉甸甸的麦穗。苏格拉底对弟子们说："你们去麦地里摘一个最大的麦穗，只许进不许退。我在麦地的尽头等你们。"弟子们听懂了老师的要求后，就陆续走进了麦地。

地里到处都是大麦穗，哪一个才是最大的呢？弟子们埋头向前走。看看这一株，摇了摇头；看看那一株，又摇了摇头。他们总以为最大的麦穗还在前面。虽然弟子们也试着摘了几穗，但并不满意，便随手扔掉了。他们总以为机会还很多，完全没有必要过早地定夺。弟子们一边低着头往前走，一边用心地挑挑拣拣，经过很长一段时间。突然，大家听到苏格拉底苍老的、如同洪钟一般的声音："你们已经到头了。"这时两手空空的弟子们才如梦初醒。

苏格拉底对弟子们说："这块麦地里肯定有一穗是最大的，但你们未必能碰见它；即使碰见了，也未必能做出准确的判断。因此最大的一穗就是你们刚刚摘下的。"苏格拉底的弟子们听了老师的话，悟出了这样一个道理：人的一生仿佛也是在麦地中行走，也在寻找那一颗最大的麦穗。有的人见了那颗粒饱满的"麦穗"，就不失时机地摘下它；有的人则东张西望，一再错失良机。当然，追求应该是最大的，但把眼前的麦穗拿在手中，才是实实在在的。

二、柏拉图的教育思想

（一）柏拉图生平

柏拉图（Plato，公元前427—前347），原名亚里斯托克利斯（Aristokles），后因强壮的身躯和宽广的前额，改名为柏拉图（在希腊语中，Platus一词是"平坦、宽阔"等意思）。他是古希腊伟大的思想家、哲学家、教育家，也是西方教育史上第一个提出比较完整的学前教育思想体系的人。他曾到过埃及、小亚细亚和意大利南部从事政治活动，企图实现他的贵族政治理想。公元前387年在阿加德米体育馆附近设立了一所学园，此后执教40年，直至逝世。他一生著述颇丰，其教学思想主要集中在《理想国》和《法律篇》中。代表作《理想国》构筑了一个从优生、优育到成人教育的系统教育体系，学前教育是其中的重要组成部分。他的学前教育思想吸收了斯巴达和雅典的经验。

柏拉图

（二）柏拉图的学前教育思想

1. 优生优育

柏拉图是西方历史上最早论述优生优育问题的思想家。在《理想国》一书中，柏拉图提出了一些大胆的甚至可视为惊世骇俗的思想。他主张人们没有私人家庭生活，一定年龄内，男女集体生活在一起，用一种现代看起来不可思议的方式——由官方分配或抽签决定的方式进行婚配：好男配好女，同时必须遵守优生优育原则；男、女婚龄分别限定为25~55岁及20~40岁；妇女怀孕期间要注重精神因素对胎儿的影响；婴儿生下后由指定官员进行审视，不良的孱弱的婴儿则予以抛弃。理想国内所有出生的子女，都属于国家。所以子女不识父母，父母不知子女是很正常的事情。

柏拉图还主张一个国家的人口应当适当，国家应注意调节人口的数量。为了调节人口数量，国家在干预国民的婚配时，要考虑每次结婚的人数，以人口的多少为准则。

2. 早期教育目的和意义

从柏拉图优生优育的观点中，我们可以隐约看到其教育目的是从国家层面上保证儿童长大后成为国民中的优秀分子，确保国民身体素质良好。柏拉图非常重视儿童的早期教育。他的这些主张，都是阐明学前教育对人的一生以及国家都有根本性的积极意义。

知识拓展

《理想国》选段

1. 凡事开头最重要。特别是生物，在幼小柔嫩的阶段，最容易接受陶冶，你要把它塑成什么型式，就能塑成什么型式。

2. 先入为主，早年接受的见解总是根深蒂固不容易更改的。一个人从小所受的教育把他往哪里引导，就能决定他后来往哪里走。

3. 我所谓教育就是指对儿童适当的习惯所给予善端的培养。

3. 学前教育阶段的划分及教育内容

柏拉图认为婴儿一出生，不分男女都应送到养育院，从出生到3岁由国家挑选的"优秀"保姆加以照顾，同时由最优秀的女公民对儿童的培养及教育情况进行监督。3~6岁的儿童要送到附设在神庙的儿童游戏场，由那里的教师给儿童讲故事，带领他们做游戏、唱歌等。

4. 教育的内容

柏拉图对于做游戏、讲故事、体育和音乐非常重视。他认为儿童的天性是需要游戏的，游戏不仅仅是玩耍和娱乐，同时也是一种道德教育过程。他甚至认为儿童的游戏关系到政体的稳定，因此必须对儿童游戏的内容进行很好的安排，使游戏的内容与法律和社会秩序一致。柏拉图认为通过讲故事可以发展儿童的想象力，但故事本身一定要精选。柏拉图吸取了雅典教育经验，倡导和谐发展。所谓和谐的教育应当是"用体操来训练身体，用音乐来陶冶心灵"。柏拉图强调体育锻炼一定要使儿童的身体得到和谐平衡的发展。他认为应通过身体锻炼来使四肢都健全发达。这里的"音乐"的含义较为宽泛，不仅指弹琴奏乐、节奏旋律，也包括诗歌、文学等富有陶冶功能的内容。柏拉图指出体育与音乐教育必须结合，一生专门从事体育运动而忽略音乐文艺对于心灵影响的人，往往四肢发达、头脑简单，变得粗野暴虐；反之，又不免失之过度软弱柔顺、精神萎靡。另外，体育和音乐能使人情绪中的爱智和激情两部分张弛得宜，配合适当，达到和谐，故应予重视。

三、夸美纽斯的教育思想

（一）夸美纽斯生平

扬·阿姆司·夸美纽斯（Johann Aoms Comenius，1592—1670）是17世纪捷克著名的教育家，是西方近代教育理论的重要奠基者之一。他从幼年起就受到父亲的影响和爱国主义及新教思想的熏陶。后被选为捷克兄弟会的牧师，并主持兄弟会学校。他用业余时间攻读了很多哲学和教育学著作，全身心地投入教育事业中。三十年战争（1618—1648）爆发后被迫流亡国外数十年，继续从事教育活动和社会活动。1641年，夸美纽斯应邀赴英国讨论泛智工作并建立一所泛智学校。1650年，他又应邀去匈牙利担任常年教育顾问，办起了一所泛智学校。其主要著作有《母育学校》《大教学论》《语言和科学入门》《世界图解》等。其中，《大教学论》是夸美纽斯教育思想的代表作，是近代第一部教育学著作，《世界图解》是世界上第一本图文并茂的书籍。在晚年，夸美纽斯继续坚持他的教育研究工作及教育论著的整理。1670年11月15日，夸美纽斯在阿姆斯特丹逝世，享年78岁。

夸美纽斯

（二）夸美纽斯的教育思想

1."泛智"思想

"泛智"思想是夸美纽斯教育理论的核心，是他从事教育实践和研究教育理论的出发点和归宿。所谓"泛智"，是指所有的人通过教育而获得广泛、全面的认识，并使智慧得到普遍的发展。夸美纽斯主张将一切事物教给一切人，它包括两方面含义：一是要求人们必须掌握现实生活所必需的有用知识；二是主张所有的人都应该掌握知识。

2. 教育的作用

夸美纽斯十分重视教育的作用，认为教育的最终目的是为永生做准备，教育的现实目的是给人以知识、德行和虔信，培养具有广博知识以及献身祖国的人。首先，夸美纽斯十分重视教育对社会改良的作用，把教育看成改造社会、建设国家的手段。其次，他高度评价教育对人的发展的作用，他认为，假设要形成一个人，那便是由教育去形成，人的天赋的发展情况关键在于教育。教育的直接目的就是为现世的人生服务，培养具有完全知识、完美德行和坚定信仰的人。

3. 教育对象

泛智教育要求将知识教给"一切人"。在夸美纽斯看来，人人都应该有接受教育的机会，学习一切最重要的知识，并且这种教育应该在学校里面进行。因此他要求学校必须向所有人开放，不管阶级、性别、富贵贫贱，不分男女，一切儿童都应该进学校读书。

4. 教育内容

夸美纽斯把教学称为"周全的教育"，通过这种"周全的教育"，使学习者在"博学""德行""虔信"三方面得到发展。夸美纽斯认为泛智教育有以下三方面内容：认识事物、行动训练和语言优美。"周全"并不是各门知识的凌乱的堆积，而是指包括一切最重要的事物的原则、原因与用途。夸美纽斯认为"泛智"就是从所有个别科学中能形成一种统一的、包罗万象的科学的科学和艺术的艺术。

5. 教育的主导原则

"教育适应自然"的原则是就是夸美纽斯和谐教育思想的集中及经典体现，也是夸美纽斯教育思想中根本性的指导原则。夸美纽斯的"教育适应自然"原则至少有以下几层含义：

首先，教育适应自然意味着教育的严谨秩序应当以自然为借鉴，并且必须是没有任何障碍的。其次，教育适应自然意味着一个人在自然的领导下能够钻研万物的知识，意味着教育工作有规律可循，意味着教育须以自然为师。他主张教育环境自然化，教育方法适应儿童身心自然发展，教学工作遵从自然秩序。最后，教育适应自然意味着教育要顺应儿童的天性，这就要求教育要以自然为方向，步自然的后尘，向自然学习，向实际事物学习。因此夸美纽斯十分强调关注儿童的现实生活，强调实践在教学中的重要作用。

从教育的自然适应性以及普及教育的思想出发，夸美纽斯提出了前后衔接的单一的学校制度体系。他根据人的身心发展特点和理解能力的发展，划分了人受教育的年龄阶段，在教育领域中首次引进"胎儿教育""终生教育"和"公立学校"的概念，打破了从前传统学校体系的封闭性和终极性，并建立了统一的学校制度。

6. 学前教育思想

夸美纽斯认为儿童生而具有发展的根基，提倡尊敬儿童；父母要以教育去滋补、抚爱和照管儿童的心智，施以包括信任、德行、知识和体育在内的全面的训练，以将其培养成忠实的能够智慧地管理自己各种事务的有才能的人，真正做到既养又教。夸美纽斯从国家和社会的角度指出，要把儿童不仅看作是世界的未来的居民，而且他们中的大多数将成为最聪慧的各种人才，所以应把儿童看作国家和社会的未来和希望，给予关怀、爱护与教养。

在夸美纽斯所倡导的学制系统中，第一所学校是"母育学校"。母育学校是夸美纽斯构筑的前后衔接而统一的学制系统的第一阶段。在这个阶段，他把奠定儿童体力、道德和智慧发展的基础作为主要任务，即培养儿童体力、智力和道德的初步基础，通过感觉器官的训练和发展，使幼儿获得有关自然界、社会生活和家庭生活的初步认识。母育学校的教育内容包括胎教、体育、德育、智育各方面。夸美纽斯在《母育学校》里详尽阐述了幼儿父母的教育指导和儿童读物问题。他认为，要想帮助父母或保姆有效地教育好孩子，必须为他们编写一部手册，手册应包括以下内容：父母及保姆的教育责任；儿童所学各科教学大纲；教学方法，主要是指出教授每一科目的最佳时间以及所应采用的最佳言语和姿态。

夸美纽斯认为，应当为儿童编写一本可直接供其观赏的图画书。他已意识到，在幼儿阶段，教育的主要手段是感官的知觉，而视觉又是感觉里面最主要的一种，所以应当把各门学问中最重要的事物以图像形式传授给儿童。夸美纽斯的《世界图解》这本学前儿童读物，共有150课，每课都有一幅插图，序言和结束语各有一幅，共有插图187幅。图画书中的内容正好和《母育学校》中提出的广泛的教学大纲的内容相对应，可以配套使用。

> **夸美纽斯名言**
> 1. 教师的职业是太阳底下最光辉的职业。
> 2. 教师自己越是热忱，他的学生便越会表现热心。
> 3. 一株树在最初的几年中就从自己的树干中发出了它以后要有的一切主要的枝芽，而以后它仅仅是繁茂起来而已。同样，我们想赋予一个人一生所有的那些东西，也应当在这个最初的学校中赋予他。

第三节　中国近现代教育思想家

蔡元培、陶行知、陈鹤琴等是中国近现代极有影响的教育家，他们在教育理论和实践方面均对中国教育的改革和发展做出了巨大贡献。他们的教育思想对当前教育工作仍然具有重要价值。

一、蔡元培的教育思想

（一）蔡元培生平

中国近现教育思想家

蔡元培（1868—1940），字鹤卿，号子民，浙江绍兴人，原籍浙江诸暨，是革命家、教育家、政治家。1912年以前，蔡元培曾发起成立中国教育学会和光复会，参加了同盟会，成为资产阶级民主革命派的骨干。1917年至1923年担任北京大学校长，实行"思想自由、兼容并包"的办学方针，对学校进行全面改革，使北京大学成为新文化运动的中心。蔡元培撰写了大量教育论著。他的学前教育主张主要体现在《对于教育方针之意见》《新教育与旧教育之歧点》《贫儿院与贫儿教育的关系》《美育的实施方法》《美育》等篇章之中。1940年3月5日蔡元培在香港病逝。

蔡元培

（二）蔡元培的教育思想

1."五育并举"的教育方针

1912年2月，蔡元培撰文《对于教育方针之意见》，提出了"五育并举"的教育方针，这是蔡元培教育思想的一个显著特点。蔡元培是第一位提出"军国民教育、实利主义教育、公民道德教育、世界观教育、美感教育皆近日之教育所不可偏废"的教育思想家。

"五育"，即体育、智育、德育、世界观教育、美育。"五育"的作用各不相同，但是在蔡元培看来，都是培养健全人格所必需的，是统一的整体，缺一不可。

1912年9月，中华民国政府在这一思想的基础上，正式公布了"注重道德教育，以实利主义教育、军国民教育辅之，更以美感教育完成其道德"的教育方针。"五育并举"的思想对近代中国学前教育具有指导意义。

2. 高等教育思想

"研究高深学问"是蔡元培的大学观，也是他的大学办学理念。1917年1月9日，他在就任北京大学校长之演说中要求学生明确大学的性质，即"大学者，研究高深学问者也"。大学的培养目标是培养研究型人才，以服务国家民族的发展。

蔡元培根据"研究高深学问"的大学定位和大学性质的确定，提出了"思想自由""兼容并包"的办学方针。这一办学方针是蔡元培革新北京大学的根本指导思想，也是他的高等教育思想的重要组成部分。它包含四层意思：其一，思想自由。蔡元培主张，大学以思想自由为原则。其二，兼容并包。要能平等地对待各种学术观点和学术派别，即使它们不同甚至相反，也应允许其自由发展。其三，"思想自由""兼容并包"的一个重要目的就是"令学生有自由选择的余地"，培养学生的独立研究之能力和自由发展之精神。其四，"思想自由""兼容并包"还体现在融汇和兼收并蓄中西文化。

3. 儿童教育思想

儿童教育原则。1918年，蔡元培在《新教育与旧教育之歧点》的演说词中提出了"尚自然""展个性"的儿童教育原则。他认为，封建旧教育的这些做法压抑了儿童的禀性，摧残了儿童的身心健康。他主张新教育应该遵循儿童的身心发展规律，选择适宜儿童学习生长的条件，让儿童自然生长。蔡元培的"尚自然""展个性"的儿童教育原则，是针对封建传统教育严重忽视儿童心理的做法而提出的。这些原则为中国教育事业的科学化奠定了思想基础，成为批判封建儿童教育观的思想武器。

学前儿童公育的理想。1919年3月，蔡元培应北京青年会的邀请，在《贫儿院与贫儿教育的关系》的演讲中提出了公育的主张。他首先指出，家庭教育不利于培养学前儿童。第一，作为专门的事业，教育需要专人承担；第二，家长没有充分的时间实行教育。他还指出封建家庭教育的弊病，比如家庭关系的不和谐、成人的不良示范等对儿童产生的种种不良影响，因此，蔡元培提出学前教育应采取公育的形式。其措施是各地方设立胎儿院、乳儿院和蒙养院，聘请专人管理。无论是胎儿院还是乳儿院，都应陈列令人心旷神怡的设备。

学前儿童美育。蔡元培1922年6月在其《美育实施的办法》演讲中论述了学前教育美育的问题。他说，面向学前儿童开展美育，应以胎教作为起点，从公立的胎教院、育婴院和幼稚园等方面着手。

二、陶行知的教育思想

（一）陶行知生平

陶行知（1891—1946），安徽歙县人，原名文浚。陶行知秉持"捧着一颗心来，不带半根草去"的精神，先后参与发动了平民教育运动、乡村教育运动、普及教育运动、战时教育运动、民主教育运动，极大地推动了民国时期教育实践的进步，并创造性地构建了"生活教育理论"体系，被公认为"人民教育家"。

陶行知1923年发起"平民教育"运动，关注面向农村和工厂办教育；1926年倡导开展乡村教育运动；1927年3月在南京北郊晓庄创办乡村幼儿师范学校晓庄学校，并创办中国第一个"中国的、平民的、省钱的"乡村幼稚园——南京燕子矶幼稚园；1931年开展"普及教育"工作；1932年在上海创建山海工学团，开创"小先生制"和"传递先生制"；1939年7月，在四川重庆创办育才学校。其著作有：《中国教育改造》《古庙敲钟录》《斋夫自由谈》《行知书信》《行知诗歌集》。1946年7月25日，陶行知因长期劳累过度，突发脑溢血，不幸逝世于上海，享年55岁。

陶行知

（二）陶行知的生活教育理论

生活教育理论主要包括三个基本命题，即"生活即教育""社会即学校""教学做合一"。这三个命题通常被视作陶行知生活教育理论的三大基本原理或"三大基石"。

1."生活即教育"

"生活即教育"是陶行知受杜威"教育即生活"观点的启发而提出的，是对生活教育的本质内涵的表述，主要有三层含义：一是生活决定教育，教育源于生活；二是教育作用于生活；三是教育与生活不可分离，要在生活中教育，在教育中生活。陶行知为"生活教育"提出了六项特质："生活的""行动的""大众的""前进的""世界的"及"有历史联系的"。

2."社会即学校"

"社会即学校"是陶行知受杜威"学校即社会"观点的启发而提出的，是对生活教育的组织形式的表述，主要也有三层含义：一是生活教育的范畴不仅仅局限于学校生活，而应当包含所有的社会生活；二是在真实社会生活中进行的教育才是真正有效的教育；三是受教育不再是少数人的特权，而是普通大众的基本权利。

3."教学做合一"

"教学做合一"是陶行知对杜威的"做中学"观点的批判性吸收和发展的成果，是对生活教育的方法论的表述，有三项要旨：一是"教学做"是一件事，以"做"为中心，立足于实际生活；二是强调"在劳力上劳心"和"行是知之始"；三是有力地克服注入式教学。

（三）陶行知的学前教育理论

1. 学前教育的服务方向

陶行知认为学前教育有两重重要意义：一是学前教育为个人终身发展奠定重要基础；二是学前教育为国家进步和社会发展提供重要支持。陶行知痛斥陈旧的中国学前教育，指出当时国内的幼稚园普遍存在"三大弊病"：一是外国病，即幼稚园的一切都照搬外国的东西，从物质到精神，幼稚园成了外国货的倾销场地；二是花钱病，幼稚园一切都仰仗外国，因此代价高昂，花钱太多，在贫困落后的中国很难普及；三是富贵病，幼稚园收费很高，只有富贵子弟才上得起，一般平民子弟望尘莫及，因而也就失去了接受学前教育的机会。因此，陶行知针对"三大弊病"提出治疗方案，要求建设"中国化、平民化、省钱的幼稚园"，指明了学前教育的服务方向，即学前教育应服务广大劳苦大众，要面向工厂和农村开办幼稚园。

2. 创造的儿童教育

陶行知十分重视创造教育，他提出要培养全面发展的身心和谐的儿童，就包括为国家和社会的进步与发展做出贡献的创造教育思想。创造教育思想的内容包括"六大解放""三个需要"和"一大条件"。

陶行知提出要对儿童实施"六大解放"：①解放儿童的眼睛，使学生能多观察现实社会，了解社会生活，独立发现问题。②解放儿童的头脑，使学生从迷信、盲从、成见、曲解、幻想中摆脱出来，大胆探索，独立思考。③解放儿童的双手，使学生能够亲自动手操作实践，而不像传统教育那样"非礼勿动"，动手则打手心。主张成人应向爱迪生的母亲学习，让孩子有充分动手的机会。④解放儿童的嘴巴。⑤解放儿童的空间，扩大学生学习的空间，使他们能到大自然、大社会里去获取更丰富的知识。⑥解放儿童的时间，使他们有时间去玩、去想、去做。这样，才可能遇到生活中实际的问题和困难，才可能有所创造。

实施创造教育还必须具备"三个需要"和"一大条件"。"三个需要"是：第一，"需要充分的营养"。小孩的体力与心理只有得到适当的营养，才能产生高度的创造力。第二，"需要建立下层的良好习惯，以解放上层的性能，俾能从事于高级的思虑追求"。第三，"需要因材施教"。"一大条件"是民主，"创造力最能发挥的条件是民主"，民主是解放创造力的根本条件。

陶行知明确提到了"教学做合一"是实施创造教育的必要方法。因此，要实施创造教育，必须以实施生活教育为基础。

3. 艺友制幼儿师范教育理论

艺友制实际上就是学生（艺友）在幼稚园（而非师范学校）中通过学习成长为一名教师。具体说来，学生（艺友）与幼稚园有实践经验的教师（导师）交朋友，在导师的指导下，以在幼稚园的实践为基础，在实践中学习和领悟对有关教育理论的认识，掌握有关幼儿园工作的技能，形成保教和管理工作能力。陶行知在办晓庄学校时，各中心幼稚园便采用了艺友制的方法培养了一批幼儿教师。艺友制师范教育最大的优点是能有效地克服理论与实践脱节的现象。同时，在缺乏大量幼儿教师而又无法在短期内通过师范院校培养的情况下，艺友制不失为一种有效的策略。此外，艺友制只需要一年半到两年时间就能培养出有质量的幼儿教师，也大大缩减了培养幼儿教师的时间成本。因而，艺友制是对中国"幼稚师范必须根本改造"而"探得的一条新途径"。

趣味故事

陶行知的"儿童自动学校"

1930年，国民党政府查封了南京晓庄师范学校，师范附属小学被迫停课。附小的同学们自发办起了"儿童自动学校"，由学习好的学生当老师，校长、工友也由学生担任。整个学校秩序井然，书声琅琅。

消息传出，教育家陶行知写了一首诗称赞说：有个学校真奇怪，大孩自动教小孩；七十二行皆先生，先生不在学生在。

受到赞扬，同学们都很高兴。可是有个年仅八九岁的小同学却找到陶行知，毫不客气地提意见："照先生的写法，我们学校算不上'真奇怪'。"陶行知和颜悦色地问："小朋友你只管说，我的诗错在哪里呀？"那孩子指着第二行说："小孩就不能教大孩吗？我们学校里，就有年小的成绩好，做大龄同学老师的。要是像先生写的只是'大孩自动教小孩'，有什么'真奇怪？'。""说得对，说得对。"陶行知诚恳地认错检讨说："小朋友，非常感谢你的指正，我马上就改。"说完，把"大"字改作"小"字，成了"小孩自动教小孩"。然后又问："这样改行不行？"

小孩咧嘴笑了："先生改得真快真好！"

三、陈鹤琴的教育思想

（一）陈鹤琴生平

陈鹤琴（1892—1982），浙江上虞人，中国著名儿童教育家。1923年春，陈鹤琴创办南京鼓楼幼稚园，不久又以该园作为东南大学教育科的学前教育实验园地，建立了我国第一个学前教育实验中心，开创了学前教育科学研究之先河。此后，他还发起组织幼稚教育研究会，创办我国最早的幼稚教育研究刊物《幼稚教育》《儿童教育》。1940年10月1日，江西省立实验幼稚师范学校——我国第一所公立幼稚师范学校便诞生于江西省泰和县文江村。陈鹤琴出任校长，全面进行"活教育"实验，并创办《活教育》月刊，任主编。1945年9月，陈鹤琴任上海市立幼稚师范学校校长，继续实验"活教育"，建立了"活教育"的理论体系。他一生主要从事一系列开创性的幼儿教育研究与实践。中华人民共和国成立后，陈鹤琴先后担任南京大学师范学院和南京师范学院院长兼学前教育系主任，1982年逝世。

陈鹤琴

（二）陈鹤琴的"活教育"理论

1940年，陈鹤琴在江西省立实验幼稚师范学校时提出"活教育"思想，经过几年的教育实验，到1947年，逐步整理出"活教育"的理论体系。陈鹤琴的"活教育"理论体系主要包括三大纲领，即目的论、课程论、方法论等。

1. 目的论

陈鹤琴明确指出，"活教育"的目的，是教育幼儿"做人，做中国人，做现代中国人"，第一要有强健的身体，第二要有建设的能力，第三要有创造的能力，第四要有合作的态度，第五要有服务的精神。他又进一步提出了"做人，做中国人，做世界人"及"爱国家，爱人类，爱真理"的要求。这说明陈鹤琴的"活教育"的目的论不仅体现了他的爱国主义精神，并且反映了他具有放眼世界的胸怀。

2. 课程论

陈鹤琴指出："大自然、大社会，都是活教材。"针对传统教育的书本万能的旧观念所形成的课程固定、教材呆板的死教育现象，陈鹤琴认为大自然、大社会才是活的书、直接的书，应该向大自然、大社会学习。陈鹤琴认为，传统学前教育是书本主义的教育，是有违幼儿心理特征的，有损其身体健康的。"活教育"课程编制有两个原则：一是根据颁布的课程标准；二是根据当地实际环境的情形。

3. 方法论

"活教育"的方法，既是生活法，也是学习法，还是教学法。陈鹤琴将此概括为"做中教、做中学、做中求进步"。"活教育"重视直接经验，强调以"做"为中心，主张在学校里的一切活动，"凡儿童自己能够做的，应当让他自己做"。

（三）陈鹤琴的儿童教育思想

1. 幼儿的心理特点

陈鹤琴认为在儿童期的学习最迅速，养成最易，发展也最快。应当把幼稚期的教育当作整个教育的基础。陈鹤琴通过揭示儿童的心理特点来提出教育教学原则。他总结出儿童具有以下的八个心理特点：好动、好模仿、易受暗示、好奇、好游戏、喜欢成功、喜欢合群、喜欢生活。

2. 幼儿园课程与教学

陈鹤琴的幼稚园课程与教学思想主要体现为其所提倡的"整个教学法"和"五指活动"。

1925—1928年，陈鹤琴在南京鼓楼幼稚园开展以课程实验为主导的全面学前教育实验。实验最后总结出"单元教学法"，即"整个教学法"。其核心精神，便是改变分科教学形式，以自然和社会为中心，以幼儿日常生活所见、所闻、所感、所经历的事物或事件为主题，以幼儿活动为线索，综合进行课程组织。陈鹤琴认为，儿童的生活本来是连成一体的，过去按学科形式来设置课程，"是不合教学原理的，是四分五裂的，是违反儿童的生活的，是违反儿童的心理的"。

陈鹤琴提出以"五指活动"作为课程组织的依据：其一为儿童健康活动；其二为儿童社会活动；其三为儿童科学活动；其四为儿童艺术活动；其五为儿童文学活动。

教育故事

陈鹤琴家庭教育故事——到"大自然""大社会"中学习

陈鹤琴的儿子一鸣很小的时候,只要一听说到外面去,马上就高兴得笑逐颜开、手舞足蹈。他喜欢到野外去,喜欢看路上的行人和动物。陈鹤琴同家人每天总忘不了抱他出去看看。

到了一鸣年龄稍大一点,略能了解人事的时候,陈鹤琴常常牵着一鸣的手到街上去散步。凡是一鸣喜欢看的东西,陈鹤琴就停下脚步陪他看看。比如驴子磨豆,机匠织布,衣庄里卖衣,市场里卖菜,煎油条做烧饼,耍拳头变把戏,等等。看的时候,一鸣有不懂的地方,陈鹤琴就告诉他,使他的知识渐渐丰富起来。

在天气晴和的日子里,陈鹤琴经常带一鸣到野外去,让他抬头看蓝天飞鸟,低头看草木昆虫,尽情地玩沙玩水,在旷野里奔跑撒欢。陈鹤琴还教一鸣采集野花、草叶,捕捉蝴蝶、昆虫,搜寻石子、贝壳等作为研究标本。

后来,陈鹤琴又带一鸣去各地旅游写生。一鸣6岁时就同父亲一起攀登过黄山的险峰。在父亲的鼓励下,他沿途写生,将祖国山川、大海及农人、小贩等各种劳动人民的形象,都收到了自己的小小画板上。

第四节 外国近现代教育思想家

卢梭、福禄培尔、杜威、蒙台梭利等是外国近现代教育思想的巨匠,他们的教育思想和教育实践对于世界教育,包括世界学前教育的进程产生了里程碑式的影响。他们的教育思想对当前的教育仍然发挥着重要指导作用。

一、卢梭的教育思想

(一)卢梭生平

让-雅克·卢梭(Jean-Jacques Rousseau,1712—1778),法国18世纪伟大的启蒙思想家、哲学家、教育家、文学家,法国大革命的思想先驱,杰出的民主政论家和浪漫主义文学流派的开创者,启蒙运动最卓越的代表人物之一。主要著作有《论人类不平等的起源和基础》《社会契约论》《爱弥儿》《忏悔录》《新爱洛漪丝》《植物学通信》等。从性善论的观点出发,卢梭提出了自然教育、教育年龄分期思想,并指出了各

卢梭

阶段人的身心发展的特点及相应的教育任务，对世界近现代教育产生了很大的影响。

（二）卢梭的自然教育理论

从性善论的观点出发，卢梭崇尚自然，主张"回归自然"，并提出了自然教育理论。自然教育是卢梭教育理论的根本思想，是《爱弥儿》一书的主线。

1. 自然教育的实质

自然即儿童的天性。卢梭认为，儿童在成长发展过程中，有其节律性、阶段性、教育的自然适应性，即要求教育遵循儿童发展的自然进程，应考虑其年龄特征适应其本性施教。自然教育的核心，是教育必须顺应儿童天性发展的自然进程。

为什么教育要适应自然呢？首先，卢梭认为自然是善的，自然即儿童的天性，那么儿童天性就是善的，教育就应该把儿童这种善性引发出来。其次，卢梭认为教育来自三个方面，即"自然""人"和"事物"。在这三种不同的教育中，"自然的教育完全是不能由我们决定的；事物的教育只是在有些方面才能够由我们决定；只有人的教育才是我们能够真正地加以控制的"。所以，正确的教育工作必然是以自然的教育为中心，使事物的教育和人的教育顺应自然教育。

教育怎样适应自然呢？首先，教育要顺应儿童天性发展的自然历程，就是教育必须遵循儿童身心发展的特征。他要求教育内容、方法以及儿童生活和学习的环境，都必须适合儿童自然发展的进程，教师应当成为自然的有理性的助手，为儿童自然发展创造条件。其次，自然教育还要适应儿童的个性差异。

2. 自然教育的目的及原则

卢梭认为，自然教育的目的即培养"自然人"。他反对封建主义教育把天真善良的儿童培养成为封建权贵或是封建权贵的附庸。因此，卢梭呼吁要培养自然人，即一个真正的人。"自然人"实质上就是资产阶级新人的形象。

卢梭指出，自然教育的原则就是自由。自由是天赋人权的第一条，是世界上最可贵的东西。因而，自然的教育必然是自由的教育。卢梭解释说："真正自由的人，只想他能够得到的东西，只做他喜欢做的事情，这就是我的第一个基本原则。只要把这个原则应用于儿童，就可以源源得出各种教育法则。"

（三）卢梭的儿童教育思想

论早期儿童的自然教育。为了实施自然教育，卢梭根据儿童身心发展的过程，将人的发展分为四个时期：婴儿期（0~2岁）、儿童期（2~12岁）、少年期（12~15岁）、青年期（15~20岁）。

卢梭认为婴儿期是人生的第一个时期，就是缺乏和软弱的时期。这一时期教育的基本任务是身体的保健和养护，使儿童身体健康发展。其次是发展儿童的感觉及语言。

卢梭称将儿童期称为"理智睡眠期"。他指出，这一时期儿童不懂得也无法理解有关社会意识和社会关系的各种观念，因此，他反对用理性教育儿童，主张实行"消极教育"。他反对在这一时期让儿童学习文化知识。他从反对封建文化出发，认为这个时期的儿童不应该读书。这一时期教育的主要任务是：继续增强体质，发展感觉能力；感觉教育包括触觉、视觉、听觉、味觉和嗅觉五种教育。

关于道德教育的方法,他主张采用"自然后果法",也就是让孩子从经验中去吸取教训,让孩子通过亲身体验自己的错误行为所产生的不良后果,从中受到教育,并改正错误。这在一定程度上是符合儿童的心理特点的,但也有一定的局限性。

知识拓展

《爱弥儿——论教育》简介

全书共分五卷。卢梭根据儿童的年龄提出了对不同年龄阶段的儿童进行教育的原则、内容和方法。在第一卷中,着重论述对2岁以前的婴儿如何进行体育教育,使儿童能自然发展。在第二卷中,他认为2岁至12岁的儿童在智力方面还处于睡眠时期,缺乏思维能力,因此主张对这一时期的儿童进行感官教育。在第三卷中,他认为12岁至15岁的少年由于通过感官的感受,已经具有一些经验,所以主要论述对他们的智育教育。在第四卷中,他认为15岁至20岁的青年开始进入社会,所以主要论述对他们的德育教育。在第五卷中,他根据男女青年自然发展的需要,主要论述对女子的教育以及男女青年的爱情教育。

二、福禄培尔的教育思想

(一)福禄培尔生平

福禄培尔(Fredrich Froebel,1782—1852),德国教育家,幼儿园运动的创始人,被世人被称为"幼儿园之父"。他创制了一套专为3~7岁儿童使用的教学用品——"恩物",创办了第一所称为"幼儿园"的学前教育机构。1826年,福禄培尔发表了《人的教育》。此书集中反映了他的教育哲学、教育分期以及有关各时期教育任务的思想。1837年,福禄培尔回到故乡勃兰根堡,开办了一个名曰"发展幼儿和青少年活动本能和自我活动"的机构。在这里他开始设计儿童游戏材料,并创制了闻名于世的"恩物"。1840年,福禄培尔将此机构正式命名为"幼儿园"(kindergarten),随后在德国引发了幼儿园运动。他的好友为他出版了幼儿教育论文《幼儿园教育学》。福禄培尔的幼儿教育理论和实践对世界学前教育的发展产生了广泛而深刻的影响。

福禄培尔

恩物

（二）福禄培尔的教育思想

1. 教育的基本原则

福禄培尔认为，教育的第一原则是发展的原则。福禄培尔在教育史上最早把自然哲学中的"进化"概念引入人的生命和教育。在他看来人生的各个阶段之间是有关联的。在发展历程中，前一阶段不但不阻碍后一阶段的实现，反而可以说是后一阶段的基础，因此在教育工作中，只能按照儿童生命发展的阶段，去帮助和指导儿童的发展。第二是顺应自然的原则。人的发展与自然的发展法则一样，因此，教育要顺应自然、遵循自然的法则。福禄培尔把教育适应自然的原则理解为追随儿童的天性。他认为，人的教育必须顺应儿童的天性特点行事，方为正途。福禄培尔认为儿童天性善良，并表现为四种本能，即活动的本能、认识的本能、艺术的本能及宗教的本能。

2. 儿童年龄分期

福禄培尔根据发展理论，把受教育者划分为婴儿、幼儿、少年、青年四个时期。他特别论述了前三个时期儿童身心发展的特点及教育任务。

第一是婴儿期。福禄培尔认为，婴儿期的心理特点是"吸收"，婴儿借助于感官从外界吸取富有多样性的事物的印象，所以这时期的活动应以感官的发展（如快乐和痛苦的感觉、听觉和视觉等）为主。

第二是幼儿期。福禄培尔认为，幼儿期是"真正的人的教育"开始的时期。这一时期应较多注意其心智的发展，教育的主要任务要从身体的保育转向智力的培育和保护。教育的主要任务在于变内因为外因，其途径是让儿童通过参与人和物的外部世界的活动，展现自己的天性。福禄培尔强调，幼儿期的教育对正在发展中的人来说至关重要。

第三是少年期。这一时期也称学习期，教育的主要任务是通过对生活实际的理解使外部的东西内化。在教育上，感情让位于思维，游戏让位于教诲。此时期当以后天的环境为重，以课程为中心。幼儿时期活动的本能，到这时发展成为一种创造的本能。

（三）福禄培尔的幼儿园教育理论

1. 幼儿园的目的

关于幼儿园的目的，福禄培尔认为，首先，幼儿园是以"发展幼儿活动本能和自我活动能力"为目的；其次，创办幼儿园还有一个目的，就是给学前儿童的家庭教育提供一些帮助，补救家庭中养护的缺欠，减轻母亲的负担。

2. 幼儿园的任务

福禄培尔认为幼儿园的任务有三个方面：一是保护儿童身体和精神的健康成长，主要是为儿童进入小学和迎接未来的生活做好准备。二是培养训练有素的幼儿教师，为幼儿教育者提供与幼儿接触的机会，训练他们掌握合理的教育方法，精于照顾与指导幼儿的生活和发展。三是推广幼儿教育经验，向家长推广幼儿游戏和活动的教育经验，介绍合适的幼儿游戏和活动的手段与方法。

3. 幼儿园教学原则

福禄培尔所倡导的教育原则及方法受到德国哲学家费希特、瑞士教育家裴斯泰洛齐以及自身教育实践经验的影响。他认为，幼儿园的教学活动应遵循儿童的天赋兴趣和性情，幼儿园的教学应以自我活动为基础，并以表达在活动过程中所获的知识或观点作为教学的最终目的。根据上述观念，福禄培尔提出两条重要教学原则：一是实物教学原则。教育者需要做的是将那些有关联的事物呈现在儿童面前，使儿童能容易而正确地知觉这些事物，并由此而形成关于这些事物的正确观念。二是游戏教学原则。该原则以自我活动为基础，以对儿童游戏活动的观察为依据。个体由此认识自然、认识自我，最终认识神性的统一。如果顺其自然，以游戏为教育的方法，引导儿童自我活动、自我发展和社会参与，就易于增加教育工作的效率。他主张幼儿园应成为儿童游戏的乐园。

4. 幼儿园课程

福禄培尔将幼儿园课程分为了以下六大类。

游戏。福禄培尔制定的幼儿游戏体系将游戏分为两大类：第一类是运动性游戏，可以使幼儿了解运动的本质、目的，亲身去感受力量的作用，并从中掌握自我意识和自我决定。第二类是精神性游戏，主要帮助幼儿认识世界的基本特征，如重量、形态、弹性等，并且形成对外部世界的思考与判断，发展幼儿的智力和道德品质。福禄培尔专门为这类精神性游戏设计了玩具——"恩物"。

恩物。福禄培尔受裴斯泰洛奇直观教学的影响，为幼儿设计了一系列教玩具——恩物，供幼儿游戏时使用。"恩物"（gifts），意为成人（或上帝）送给儿童的宝贵礼物。这是福禄培尔对于幼儿教育工作的具体贡献。福禄培尔力图用"恩物"来发展儿童的认识能力和创造性，训练他们手的活动技能。创制的这套"恩物"的基本形状是圆球形、立方体和圆柱体，大多仿照大自然事物的性质、形状和法则，帮助儿童认识自然及其内在规律，并体现出从简单到复杂、从统一到多样的原则。除以上几种"恩物"之外，福禄培尔和他的追随者又开发了其他"恩物"，如可摆成字母的木块、可摆成图形或模型的木棍，等等，其目的是使幼儿有更多练习机会，训练他们的建造能力，为将来学习数学打下基础。

作业。作业（occupations）活动是促进儿童体力、智力和道德品质和谐发展的重要方法，主要体现了福禄培尔关于"创造"的理念。作业种类很多，有纸工、绘画、拼图、串连小珠、镶嵌、泥塑等。作业与"恩物"关系十分密切，要求将"恩物"的知识运用于实践。如与"恩物"中立体相对应的作业活动有泥塑、纸工等。福禄培尔指出，幼儿只有掌握"恩物"的使用，才能进行作业活动。因此，"恩物"在先，作业在后，"恩物"的作用在于吸收或接受，作业的作用在于表现或建造。

歌谣。在福禄培尔的著作《慈母游戏和儿歌》中，专门设计了一套精选的歌谣及其图画的表示和游戏方式的说明。编写该书的目的，是帮助母亲教育自己的孩子，使儿童活动他们的肢体，发展他们的感觉。

语言。福禄培尔还提到，无论是在游戏还是在作业的过程中，成年人要注意结合使用各种材料以发展幼儿的语言。福禄培尔在《幼儿园教育学》中还通过对一名6岁幼儿学习读写的事例的描述，阐述了他对幼儿读写教学的观点。由于此时幼儿还未接受正规的学校教育，因此一种宽松、温暖的氛围有利于幼儿的主动学习。但是，父母或教师必须善于发现并积极引导他们对学习的兴趣，给他们提供学习的条件并鼓励他们将这种兴趣付诸实践；同时，幼儿家长、身边的亲戚也应该多关注他们的学习，并不时给以鼓励，从而极大地促进其学习热情。

自然研究。即观察自然，观察苗圃，喂养小动物。这些活动能满足儿童的好奇心、培养自制力，促进知识及智力的发展；还有助于激发儿童热爱各种自然现象，培养儿童对自然科学的兴趣。

三、杜威的教育思想

（一）杜威生平

约翰·杜威（John Dewey，1859—1952）是美国实用主义教育思想家。1859年，杜威出生于美国佛蒙特州伯灵顿（Burlington）小镇的一个商人家庭。16岁时，他进入佛蒙特州州立大学，并于1884年荣获哲学博士学位。

1894年到1904年，杜威出任芝加哥大学哲学、心理学和教育学系主任，并于1896年创办芝加哥实验学校，进行新教育实验。根据教育实践，此期间撰写了许多重要的教育理论著作，如《我的教育信条》（1897）、《学校和社会》（1899）、《儿童与课程》（1902）。1904年杜威离开芝加哥大学，成为哥伦比亚大学教授。在哥伦比亚大学期间（1904—1930），杜威发表的教育论著有《我们怎么思维》（1910）、《明日之学校》（1915）、《民主主义与教育》（1916）和《进步教育与教育科学》（1928）等。杜威还先后到日本、中国、土耳其、墨西哥和苏联进行

杜威

访问，发表演讲，加上其追崇者的力推及其著作的传播，使他的思想影响遍及世界。

（二）杜威的教育思想

1. 儿童中心观

杜威深受卢梭的影响，倡导儿童中心论。杜威认为，心理学是教育过程的重要组成部分。他主张，教育必须建立在儿童的天性、本能之上，重视心理的因素。杜威批评传统教育只是自上而下地把成人的标准、成人所制定的教材与教法强加给正在成长的儿童，所强加给儿童的东西超出了儿童的经验范围。由此，杜威指出，应该把儿童放在教育的中心，让儿童成为教育的主宰。在倡导儿童中心的同时，杜威还把社会的需要、社会的目标放在教育的中心地位，倡导社会中心论，主张教育应把儿童的兴趣、需要和儿童的本能成长放在第一位，通过教育把儿童培养成社会的成员，以此推进一个可以保障个人自由、个性能够充分张扬的社会。

2. 教育本质论

杜威对教育的本质提出了自己独特的看法——"教育即生长""教育即生活""教育即经验的改造"。

杜威在批判传统教育的基础上，提出"教育即生长"的教育观。与教育联系在一起的所谓"生长"，就是指儿童原始的本能生长的过程，不仅包括身体方面，而且也包括智力和道德方面。"教育即生长"就是要使教育过程顾及儿童的需要和兴趣，使儿童在教育和生长过程中享受种种乐趣。

　　杜威从其经验论和心理学理论出发，提出"教育即生活"。他认为教育是生活的过程，一是学校生活与社会生活结合，适应现代社会变化的趋势并成为推动社会发展的重要力量，校园不应是世外桃源，学校应积极参与社会生活。二是学校生活与儿童生活结合。与此相应，杜威提出"学校即社会"，以克服学校与社会、与儿童生活的分离。

　　"教育即经验的改造"是杜威教育思想中的一个重要命题。"教育即改造"，是个体对在环境中参与活动所获得的经验持续不断的改造，而不是简单的先天活动的塑造。教育是经验的继续不断的改组和改造。教育的任务在于把儿童从复演过去和重蹈覆辙中解救出来，而不是引导他们去重演以往的事情。

3. 教学的基本原则

　　在教学方法上，杜威提出"从做中学"的基本原则。在杜威看来，儿童只有"从做中学"才能获得有意义的知识，才可能产生真正意义上的学习。因而，"从做中学"就要求儿童从经验中积累知识、从实际操作中学习，运用自己的手脑耳口等感觉器官亲自接触具体的事物，进行观察和推测、实验和分析、比较和判断，从而使感性认识上升到理性认识，最后亲自解决问题。在教学上，杜威提出"从做中学"的基本原则，强调儿童不能通过简单的听、呆板的读书获得知识，主张通过各种作业、活动，从活动中、经验中学习，获得各种知识和技能。为此，杜威认为，学校需要尊重儿童本能的发展，营造良好的材料和环境，提供各种实践性活动，促使儿童通过做事而学习。这种"从做中学"的学习途径，完全革除了传统教育知行脱节的弊端，将学校与社会、学习与生活密切联系起来，实现了知行合一。

（三）杜威的学前教育思想

1. 儿童观

　　杜威指出，一个人只能在他的未发展的某一点上发展。因此，生长的首要条件是未成熟状态。在杜威看来，儿童身上潜藏着探究、制造、社交和艺术的这四种本能。最初的几年，儿童学习的速度快、效果好，因为幼年期儿童的学习与其自身能力提升的需要、周围环境的激发密切相关。对于幼儿而言，学习是自我保存和成长的过程，是应对生活中种种现实情况的必需。

2. 学前教育内容及方法

　　杜威认为教育要尊重儿童的本能，通过做事情、活动来学习。对于年幼的儿童来说，最主要的学习方式就是游戏和作业。杜威指出，学校之所以采用游戏和主动的作业，并在课程中占有明确的位置，是由于理智方面和社会方面的原因。杜威教学方法论的核心是行动，他指出必须参照行动的方法来选择教材和安排课程。杜威把方法问题归结为儿童的能力和兴趣的发展顺序问题。根据儿童本性的发展进行教学，首先必须了解儿童的兴趣，了解儿童的兴趣是教学工作的起点。

四、蒙台梭利的教育思想

（一）蒙台梭利生平

玛利娅·蒙台梭利（Maria Montessori，1870—1952），意大利幼儿教育家，是继福禄培尔之后世界最杰出的幼儿教育家。1907年，蒙台梭利在罗马圣罗伦佐区贫民窟创办了第一所"儿童之家"，开始了正常儿童教育的实践。1909年，根据"儿童之家"的实验成果，发表了《运用于"儿童之家"的幼儿教育的科学教育方法》（英文译名为《蒙台梭利方法》），全面阐述了她的学前教育观点和方法。该书出版不久就被翻译成20多种文字，慕名前来"儿童之家"参观学习的国内外人士络绎不绝。从1911年开始，蒙台梭利开始向外界传播自己的教育思想和方法，在欧洲、美洲、亚洲多个国家举办讲座、开办教师培训班以及创办学校，推动了世界各国的学前教育改革。1929年在荷兰首都阿姆斯特丹成立了国际蒙台梭利协会，蒙台梭利亲自担任协会主席。她出版的教育学著作还有《童年的秘密》《新世界的教育》《开发人类的潜能》《有吸收力的心理》《和平与教育》《人的形成》《儿童的发现》

蒙台梭利

等。1952年5月，蒙台梭利逝世于荷兰阿姆斯特丹，享年82岁。

（二）蒙台梭利的儿童心理思想

1. 双重胚胎期

蒙台梭利认为人有两个胚胎期，一个为"生理胚胎期"，具体指的是个体在母体内生长发育的过程；另一个为"心理胚胎期"，具体指的是个体在与环境的交互作用中形成心理的过程。"心理胚胎期"是人类独有的，时间上对应的是出生后的前三年。

儿童之家

2. 吸收性心智

蒙台梭利认为儿童具有一种独特的能力使得其心理发展成为可能，她称之为"吸收性心智"。儿童可以自主地从周围环境中吸收一切信息，从而形成自己的心理。实际上，蒙台梭利提出的"吸收性心智"概念与"双重胚胎期"概念是紧密联系在一起的。

3. 敏感期

受荷兰生物学家胡戈·德·弗里斯（Hugo de Vries，1848—1935）的影响，蒙台梭利认为在儿童发展的过程中存在着针对特定环境刺激的敏感时期。特定的敏感期往往与特定的年龄阶段相联系，一旦儿童在特定敏感期内缺乏相关刺激，当敏感期结束后，儿童再学习与该刺激相关的活动技能往往非常困难，甚至无法学会。

4. 阶段性

基于敏感期理论，蒙台梭利认为教育者既要看到儿童发展的连续性，又要正确把握发展的阶段性。在不同的发展阶段，儿童有着明显不同的身心特征；前一阶段的发展是下一阶段发展的基础。

（三）蒙台梭利的幼儿教育思想

1. 教育环境观

蒙台梭利从"心理胚胎期"理论出发，提出了学前教育的环境观——"有准备的环境"。蒙台梭利认为，儿童的发展是在其内在生命力的驱动下，通过与环境进行相互作用实现的。因此，环境的构成与质量对儿童的发展十分重要。而成人世界的真实生活环境非常复杂，有许多对儿童的发展不利的因素，因此需要成人在童心世界与真实世界之间搭一座桥梁，这便是"有准备的环境"。

知识拓展

蒙台梭利的"有准备的环境"

蒙台梭利认为，教师的重要任务是为儿童提供"有准备的环境"。蒙台梭利提出了创设"有准备的环境"的具备标准，主要包括：保证儿童独立、充分活动的自由；必须是有秩序的生活环境；对儿童有纪律要求，以引导其形成一定的行为规范；能丰富儿童的生活经验，并提供丰富的感官训练材料；生活设备和一切用具美观、实用、对幼儿有吸引力，等等。

2. 自由与纪律

蒙台梭利认为，儿童的生命潜力是通过自发冲动表现出来的，这种冲动的外在表现就是儿童的自由活动。她指出，教育中的儿童自由才能使其个性得到"最有利的发展"，保证其个性得到发展的必要条件之一就是给儿童活动的自由。关于自由和纪律的关系，蒙台梭利认为自由是形成纪律的基础。首先，她明确指出，自由不等于放任。其次，蒙台梭利强调的纪律并非由成人靠命令、说教甚至惩罚得来，对于儿童来说应该是主动的，必须建立在其自由活动的基础之上。

3. 工作与材料

蒙台梭利所谓的"工作"，实际上就是儿童自由选择的有趣的活动；儿童的"工作"需要提供一些动手操作的材料来进行，因此，蒙台梭利发明了一系列与特定教育内容相匹配的教具作为"工作"的材料供儿童自由选择。蒙台梭利将学前教育的内容分为五个领域，每个领域具有相应的材料与之对应。

4. 教育内容

蒙台梭利教学法核心内容包括感觉教育、读写算练习及实际生活练习。

感觉教育。重视幼儿的感官、感觉训练和智力培养是蒙台梭利教学法的一大特征。其办法是用专门设计的教具材料来训练各种不同的感觉。

读写算练习。蒙台梭利的读写算教学是建立在感官教育的基础之上。蒙台梭利认为，3~7岁的儿童已具备学习文化知识的能力，教育者应当利用这种能力，为儿童准备适当的材料、教具，提供适当的学习途径。

实际生活练习。感觉训练、读写算练习属于蒙台梭利教育体系中"发展的练习"，另一类练习则为实际生活练习，又称为"肌肉教育"或"动作教育"。主要有五项：日常生活技能练习；园艺活动；手工作业；体操；节奏动作。

5. 教师观

在蒙台梭利看来，儿童是在"内在生命力"的驱动下，通过"吸收性心智"进行自主学习、自我成长的，因此教师的作用应当以"不教的教育"方式，在充分观察和研究基础上了解儿童，为儿童准备"工作"的环境条件，并根据儿童"工作"的实际情况进行必要的指导。为此，蒙台梭利认为教师应承担以下四种角色：观察者、研究者、环境创建者、指导者。正是在这个意义上，蒙台梭利把"儿童之家"的教师称为"导师"。

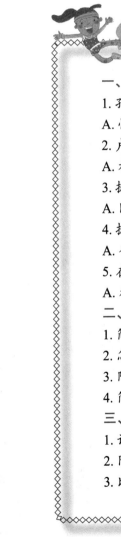

思考与练习

一、选择题

1. 孔子人性论的观点是（　　）。
A. 性近习远论　　B. 性善论　　C. 性恶论　　D. 无善无恶论

2. 卢梭自然教育的目的是培养（　　）。
A. 社会人　　B. 民主人　　C. 自由人　　D. 自然人

3. 提出了"尚自然""展个性"儿童教育原则的教育家是（　　）。
A. 陈鹤琴　　B. 蔡元培　　C. 张雪门　　D. 陶行知

4. 提出"做中学"观点的教育家是（　　）。
A. 夸美纽斯　　B. 卢梭　　C. 杜威　　D. 蒙台梭利

5. 在西方实施"产婆术"教育方法的教育家是（　　）。
A. 柏拉图　　B. 苏格拉底　　C. 亚里士多德　　D. 夸美纽斯

二、问答题

1. 简述孔子的教师观。
2. 怎样理解老子的"无言之教"？
3. 陶行知"六大解放"思想有什么现实意义？
4. 简述杜威的教育本质观。

三、探究题

1. 说说卢梭"消极教育"的现实意义。
2. 陈鹤琴的"活教育"理论有哪些现实启示？
3. 比较福禄培尔的"游戏"与蒙台梭利的"工作"的异同，并谈谈自己的看法。

第四章 历史知识

学习目标

1. 了解中国历史和世界历史发展的基础知识。
2. 了解人类历史留给我们的丰富的文化遗产和历史经验。
3. 初步学会运用历史唯物主义观点认识问题和分析问题。

第一节 中国历史

一、中国历史沿革

（一）中国古代历史概况

1. 奴隶社会时期

我国是人类文明发源地之一，远古人类文化遗迹非常丰富，是四大文明古国之一，从传说中的"三皇五帝"到现在，有5 000多年的文明史。

约公元前2070年夏王朝建立，标志着国家的产生。夏朝是我国第一个奴隶制王朝，从禹到桀，延续约500年。

约公元前1600年汤建立商王朝，定都于亳。约公元前1300年商王盘庚把都城迁到殷，迎来商朝发展的新时期，殷墟发现的甲骨文是我国已知最早的文字。商朝持续约500年，商纣王宠爱妲己，荒淫无道，在牧野之战中被周武王打败，商亡。

中国历史

知识拓展

甲骨文

甲骨文是指刻在龟甲或兽骨上的文字，刻有甲骨文的龟甲最初用于中药配制，清代大学者王国维发现它有考古价值，而后在河南殷墟被大量挖掘。甲骨文具有指事、象形、形声、会意、转注、假借的功能，是一种比较成熟的文字。据统计已发现的甲骨文有十几万片，大都流失海外，目前国家博物馆收藏有三四万片。

公元前1046年周朝建立，定都镐京，史称西周。周厉王时实行高压政策，公元前841年，国人暴动，攻入王宫，周厉王逃亡，朝政由周定公、召穆公共同执掌，史称"周召共和"。共和元年是中国历史有确切纪年的开始。到周幽王时由于宠爱褒姒，周被犬戎攻伐，西周灭亡。

自公元前770年之后的500多年，中国历史进入春秋战国时期。这是中国历史上大动荡大变革的时期，出现了政治经济的改革变法运动，有齐国管仲的"相地而衰征"、鲁国的"初税亩"、魏国李悝变法、楚国吴起变法、秦国商鞅变法。商鞅变法最为有名，主要措施有：废井田，开阡陌；重农抑商，奖励耕织；统一度量衡；奖励军功；推行县制；实行连坐法等。商

商鞅变法

鞅变法是一场比较彻底的地主阶级政治改革，使秦国逐渐强大起来，为后来统一六国打下了坚实的基础。

趣味故事

立木为信

《史记·商君列传》记载：秦孝公责成商鞅制定变法的命令，命令制定好后尚未公布，商鞅怕百姓对新法不信任，于是在都城市场南门立起一根三丈长的木头，昭示百姓有能搬到北门的给十镒黄金。百姓对此感到惊奇，没有人敢搬。商鞅又宣布说，"有能搬的给五十金"。有一人搬走木头，商鞅马上给这人五十金，以表明言而有信，在取得百姓信任后，商鞅便把新法公布了，这就是"立木为信"。

2. 封建制度时期

公元前221年，秦王嬴政统一全国，建立了我国历史上第一个统一的多民族的中央集权的封建国家。为加强皇权，巩固统一，秦朝制定了一系列典章制度；统一货币、文字、度量衡；还南征百越，北抗匈奴；修万里长城，建骊山陵墓。秦的暴政引发了陈胜、吴广农民起义，秦朝灭亡。

公元前206年刘邦打败项羽建立汉朝，史称西汉。汉初，统治者采取"休养生息"的政策，到文帝、景帝时期，进一步推行"轻徭薄赋""三十税一"，出现了"文景之治"。汉武帝刘彻即位后，政治上颁布推恩令，促进大一统；经济上统一币制，盐铁官营；思想上"罢黜百家，独尊儒术"，西汉王朝进入空前繁荣时期。西汉末年，土地兼并严重，王

莽篡权夺位，建国号"新"。公元25年刘秀废除王莽苛政，恢复汉制，建立东汉政权。光武帝刘秀采取了一系列恢复和发展生产的措施，连下九道释放奴婢和禁止残害奴婢的命令，恢复"三十税一"，社会出现繁荣安定局面，史称"光武中兴"。东汉在中后期由于外戚、宦官专权而日趋腐朽，黄巾起义爆发。

在镇压黄巾起义的过程中，出现地方豪强和军阀势力，220年曹丕废汉建魏，221年刘备称帝，史称蜀汉，222年孙权建东吴，我国历史出现三国鼎立局面。266年司马炎代魏称帝，国号晋，史称西晋。经过武力征讨，到280年西晋结束了分裂局面统一全国。我国历史进入魏晋南北朝时期，这一时期门阀士族势力兴起，社会矛盾尖锐，战乱频繁，少数民族入主中原。为促进少数民族进一步封建化，北魏孝文帝进行了一系列改革，主要内容有：改革官制，颁布均田令，迁都洛阳，实行汉化政策。这一改革促进了民族大融合，为结束分裂，使国家重新走向统一奠定了基础。

知识链接

门阀士族

门阀士族是指以家族为基础、以门第为标准在社会上形成的地主阶级中的特权阶层，享有很高的政治、经济特权。他们占有大量的土地和劳动力，建立起自给自足实力雄厚的庄园经济，不与庶族通婚，甚至坐不同席，世代占据高官职位。萌芽于东汉，形成于曹魏，鼎盛于两晋，到隋唐逐渐衰亡。

581年杨坚称帝，改国号为隋，定都长安，589年隋灭陈统一南北。隋文帝杨坚进行了一系列整顿和改革，确立三省六部制，开科取士，实行均田制和租庸调制，人民安居乐业，政治安定，出现"开皇之治"局面。隋炀帝杨广继位后相继开凿大运河，征高句丽，大修宫殿，多次巡游江南，强征暴敛，导致农民大规模起义，618年隋朝灭亡。

李渊于618年建立唐王朝，统一全国。"玄武门之变"后，李世民于626年继位，年号贞观。李世民吸取隋亡的教训，虚怀纳谏，注重人才的选拔，知人善任；以身作则注重法治；兴修水利，减免租税，发展生产；大办学校，大兴科举；对内开明，对外开放，政治稳定，经济发展，史称"贞观之治"。武则天理政时期国力进一步增强。唐玄宗在宰相姚崇、宋璟等人辅佐下大力改革，使唐王朝进入长达40余年的鼎盛期，史称"开元盛世"。唐玄宗后期宠爱杨贵妃，安于享乐不问政事，755年出现"安史之乱"。此后唐王朝由盛转衰，发生黄巢起义，907年朱温废唐自立，我国历史进入五代十国分裂时期。

960年赵匡胤建立宋王朝，结束分裂，使中原重归统一。到北宋中期逐渐出现了积贫积弱局面，宋神宗任用王安石变法，成效显著。与宋同时并存的政权还有辽、西夏、大理、金。在逐鹿中原的纷争中，金在1126年攻陷开封，俘虏徽钦二帝灭亡北宋，这就是历史上的"靖康耻"。1127年赵构在杭州建立南宋政权。

蒙古族在北方草原逐渐兴起强大，1206年铁木真统一蒙古，被推举为大汗，称"成吉思汗"。于1227年灭西夏，1234年灭金。1260年忽必烈继大汗位，1271年改国号为大元,建元朝,1279年元灭南宋。元朝管辖疆域辽阔,在三省六部外另设行省,后来省成为我国最大的地方机构。元时西藏正式纳入中央政府管辖范围。元朝把人分为四等:蒙古人,色目人,汉人,南人。元时民族矛盾尖锐,出现郭守敬领导的红巾军起义。

1368年朱元璋建立明朝,定都南京。他采取了一系列加强君主专制的措施。1403年燕王朱棣攻下南京,杀建文帝夺权称帝,迁都北京。明朝中后期,土地兼并日益严重,社会矛盾十分尖锐。万历初年,出现了张居正的改革,政治上"尊主权,课吏治,信赏罚,一号令";经济上推行"一条鞭法"。明朝末年,太监专横跋扈,魏忠贤号称"九千岁",政治腐败,社会动荡不安,李自成领导的农民起义推翻了明朝的统治,1628年崇祯皇帝在煤山上吊自杀。

努尔哈赤于1616年统一了东北的女真族,建立八旗制,自称汗。皇太极改汗为皇帝,改女真族为满,改国号为清。吴三桂勾结清兵入关,镇压了李自成农民起义,到1644年清王朝确立了在全国的统治地位。清朝通过平三藩、收复台湾、抗击沙俄,对西南"改土归流",实行"摊丁入亩",从康熙到乾隆的100多年里,经济繁荣,国家强盛,历史上称为"康乾盛世"。乾隆后期,清王朝由强盛转向衰落,卖官鬻爵,巧取豪夺,土地兼并,苛捐杂税,大兴文字狱,闭关锁国,军备废弛,封建社会走到了尽头。

(二)中国近代历史概况

1. 清末历史概况

1840年,英国发动了侵略中国的鸦片战争,标志中国近代史开端。1842年清政府战败,被迫签订《南京条约》。这是近代第一个不平等条约,中国社会进入了半封建半殖民地社会。

1856年英国炮轰广州挑起了第二次鸦片战争,法国也派军队加入侵华,俄国、美国分别派出公使策划谋求利益。1858年天津被攻占,清政府与俄、美、英、法相继签订《天津条约》。1859年战火重燃,1860年英法联军攻入北京,洗劫并焚毁了圆明园,强迫清政府签订《北京条约》。在此期间,沙俄趁火打劫,通过《瑷珲条约》和《北京条约》等一系列不平等条约,共侵占中国领土150多万平方公里。

在外国列强的侵略面前,中国人民进行了前仆后继的英勇斗争,1841年2月,广东水师提督关天培战死虎门;5月广州郊区三元里及附近103乡群众英勇抗英;1842年6月,江南提督陈化成在吴淞口炮台以身殉国;7月副都统海龄在镇江战死,等等。他们不畏强暴,赴汤蹈火,血染沙场,宁死不屈。

1851年1月洪秀全在广西桂平县(今桂平市)金田村起义,建号太平天国。1853年太平军攻克南京,定为都城,而后颁布《天朝田亩制度》,要求建立一个"有田同耕,有饭同食,有衣同穿,有钱同使,无处不均匀,无人不饱暖"的理想社会。洪仁玕还提出了具有资本主义色彩的改革方案——《资政新篇》。1864年在英法军队支援下,清兵攻下天京,太平天国失败。

为了挽救清王朝的统治危机,统治集团中的有识之士如奕䜣、曾国藩、李鸿章、左宗棠、张之洞等打着"求强""求富"旗号,掀起"洋务运动"。它对中国近代工业的兴起和民族资本主义的发展起到了促进作用。

1894年中日甲午战争爆发。清军爱国将领左宝贵、邓世昌、林永升等进行了英勇抵抗为国捐躯，清军失败。1895年《马关条约》签订，清政府割台湾及其附属岛屿、澎湖列岛和辽东半岛给日本，并赔偿日本军费2亿两白银等。中国社会民族危机空前加深。

　　1895年康有为发起"公车上书"，提出了资产阶级维新改良的思想主张。1898年6月11日，光绪帝颁布"明定国是"诏，推行变法维新，到9月21日慈禧太后发动政变，囚禁光绪帝，搜捕康有为等维新派，杀谭嗣同、杨锐、林旭、刘光第、杨深秀、康广仁六君子，变法失败，共103天，又称"百日维新"。戊戌变法是一次爱国救亡的资产阶级改良运动，对古老的中国具有一定的思想启蒙作用。

　　在山东、河南、直隶一带有一种叫义和拳的民间组织，在反洋教斗争中不断壮大，称义和团。1900年义和团提出"扶清灭洋"的口号，掀起一场轰轰烈烈的农民反帝爱国运动。1900年6月八国联军侵华，8月屠掠北京。在中外反动势力镇压下义和团失败。清王朝与八国联军签订《辛丑条约》，中国完全沦为半封建半殖民地社会。

签订丧权辱国的《辛丑条约》

　　1894年，孙中山在夏威夷的檀香山成立兴中会，这是中国第一个资产阶级革命团体。1905年8月，中国同盟会在东京成立，选举孙中山为总理，黄兴为执行部庶务，以"驱除鞑虏、恢复中华、创立民国、平均地权"为纲领，以《民报》为机关报，这是中国第一个资产阶级革命的全国性政党。孙中山在《民报》发刊词中将同盟会的纲领概括为三民主义，即民族主义、民权主义、民生主义。1911年10月10日武昌起义爆发并取得胜利，成立湖北军政府，全国13个省响应并宣布独立，脱离清政府统治。这次革命史称辛亥革命。

2. 中华民国历史概况

　　1912年1月1日孙中山就任临时大总统，宣布成立中华民国。不久，袁世凯窃取了辛亥革命的果实，建立北洋军阀统治。1915年9月陈独秀在上海创办《新青年》杂志（初名为《青年杂志》），发表《敬告青年》一文，掀起了新文化运动，打出"民主""科学"两面大旗，是我国历史上一次空前的思想大解放，启发人们探索救国救民的真理，为马克思主义在中国的传播创造了条件。

青年杂志

敬告青年

1919年5月4日,北京学生3 000多人举行游行示威,高呼"外争国权""内惩国贼"等口号,掀起了五四运动,全国响应,取得初步胜利。它是一次彻底的反帝反封建的群众性的爱国运动,是新民主主义革命的开端。

1921年7月23日,中国共产党在上海成立,参会代表13人。"一大"成立了党的领导机构,陈独秀当选为总书记。

1924年1月在广州召开了改组后的国民党的第一次全国代表大会,孙中山重新解释了三民主义,确定了"联俄、联共、扶助农工"的三大政策,把旧三民主义发展为新三民主义,标志第一次国共合作的革命统一战线正式建立。中国革命史上出现了轰轰烈烈的国民大革命。1927年4月12日蒋介石在上海发动了"四一二"反革命大屠杀。同年7月15日汪精卫在武汉制造了"七一五"反革命政变,国共合作破裂,轰轰烈烈的国民革命失败。

1927年8月1日,中国共产党在南昌举行起义,打响了武装反抗国民党反动派的第一枪。9月9日,毛泽东领导了湘赣边秋收起义,向井冈山进军,开创了井冈山革命根据地。12月11日,张太雷、叶挺、叶剑英发动广州起义。到1933年年底,共产党先后领导了100多次武装起义,创建了10多个革命根据地。1931年11月,在江西瑞金成立了中华苏维埃共和国临时中央政府,毛泽东当选为苏维埃主席。后由于王明"左"倾教条主义影响,第五次反"围剿"失败,红军被迫长征。长征途中,1935年1月召开遵义会议,确立了以毛泽东为代表的新的中央的领导。遵义会议挽救了党,挽救了红军。1935年10月中央红军到达陕北吴起镇。1936年10月三大主力红军在甘肃会宁会师,长征结束。

秋收起义

1931年9月18日,日本制造"九一八"事变,开始了侵华战争,东北沦陷,日本通过伪"满洲国"对东北实行殖民统治。共产党领导的东北抗日联军同日军进行了艰苦卓绝的斗争,中华民族漫长而艰苦的14年抗日战争就此开始。1936年12月12日,张学良、杨虎城发动"西安事变"。在共产党主导下,"西安事变"和平解决,国共两党第二次合作建立抗日民族统一战线,工农红军改编为八路军、新四军。1937年7月7日,日本挑起"卢沟桥事变",发动全面侵华战争,中国历史进入全民族的全面抗战时期。

战争期间,日本在其占领区制造了一系列惨绝人寰的大屠杀。1937年12月13日,侵华日军攻陷首都南京后,于南京及附近地区进行长达六周的有组织、有计划、有预谋的大屠杀和奸淫、放火、抢劫等血腥暴行,中国军民在南京大屠杀中遇难人数超过30万。与此同时,侵华日军疯狂掠夺中国的资源与财富,强制推行奴化教育,给中国人民带来深重的灾难。抗战开始,国民党正面战场组织了淞沪会战、太原会战、徐州会战、武汉会战,虽然最后战败,但粉碎了日军"三个月灭亡

南京大屠杀死难者国家公祭仪式

中国"和"速战速决"的战略。

中国共产党领导八路军、新四军和全国人民在敌后建立广大的根据地，成为抗战中后期的中坚力量，取得了平型关大捷、"百团大战"等重大胜利，回击了日军的多次"扫荡"。1941年12月，太平洋战争爆发，美英加入对日作战。1944年抗日战争进入反攻阶段。1945年8月15日，日本天皇宣布无条件投降，9月2日，日本政府签署投降书，抗日战争结束。抗日战争是百年来中国第一次取得完全胜利的反侵略战争，中国的国际地位得到提高。

在抗战胜利前后，1945年8月，蒋介石三次电邀毛泽东赴重庆谈判，毛泽东在周恩来、王若飞的陪同下从延安飞抵重庆参加谈判，签订了"双十协定"，确立和平民主建国的方针。根据"双十协定"，1946年1月，在重庆召开了各党派和无党派代表参加的政治协商会议，会议通过了和平建国等五项协议。但蒋介石积极准备内战，"双十协定"和政协协定成为一纸空文。1946年6月底，国民党军队凭借优势兵力向解放区发动进攻，内战全面爆发。中国共产党粉碎了国民党的全面进攻和重点进攻。1948年9月到1949年1月，人民解放军相继发动了辽沈战役、淮海战役、平津战役，歼灭国民党军队主力150多万人。1949年4月21日人民解放军百万雄师发起渡江战役，占领南京，统治中国达22年的国民政府覆灭。

（三）中国现代历史概况

1949年9月21日至30日中国人民政治协商会议第一届全体会议在北平举行，通过了《共同纲领》，它确定了中华人民共和国的国体和政体，选举了毛泽东为主席，朱德、刘少奇、宋庆龄、李济深、张澜、高岗为副主席，陈毅等56人为中央人民政府委员。1949年10月1日下午2时在天安门广场举行大典，宣告中华人民共和国成立，标志中国现代史的开端。

中华人民共和国为医治战争创伤进行了三年恢复建设。一是追歼残匪，歼灭国民党正规军130万，土匪武装200多万，1951年西藏和平解放。二是土地改革。1950年颁布《中华人民共和国土地改革法》，废除封建土地制度，使新解放区3亿多

中华人民共和国成立大典

农民分得了土地。三是镇压反革命。国民党遗留在大陆的反革命分子进行各种破坏活动，杀害革命干部和群众，1950年新解放区近4万名干部和群众被杀害，镇反运动镇压了一批罪大恶极、血债累累的匪首和反革命首要分子。四是开展"三反""五反"运动。"三反"，即在国家机构和国营企业内开展"反贪污""反浪费""反官僚主义"的斗争。"五反"，即在私营企业开展"反行贿""反偷税漏税""反偷工减料""反盗骗国家财产""反盗窃国家经济情报"的斗争。五是抗美援朝。中华人民共和国成立后，美国建立针对中国的包围圈，1950年6月朝鲜内战爆发，美国采取武装干涉政策，把战火燃烧到中朝边境，派第七舰队开到台湾海峡。10月，为保家卫国，以彭德怀为司令员的中国人民志愿军开赴朝鲜抗美援朝。1953年7月签订《朝鲜停战协定》，朝鲜战争结束。抗美援朝的胜利，

打破了美国不可战胜的神话，为我国的经济建设赢得了一个和平的环境。

1953年国家正式提出了被称为"一化三改"的过渡时期的总路线，开始了对农业、手工业和资本主义工商业的社会主义改造，到1956年底基本上完成了三大改造，实现了生产资料私有制到社会主义公有制的转变，我国进入社会主义阶段。1954年9月，第一届全国人民代表大会召开，制定了《中华人民共和国宪法》，它为国家的民主政治建设奠定了基础。

从1956年开始，以毛泽东为首的中国共产党人对中国社会主义建设道路进行艰苦探索。1956年4月毛泽东发表了《论十大关系》，明确了社会主义建设必须适合自己国情的思想。1956年9月中共八大提出了"既反保守又反冒进，在综合平衡中稳步前进"的经济建设方针。1958年党中央通过了"鼓足干劲、力争上游、多快好省地建设社会主义"的总路线。由于急于求成，我党错误地发动了"大跃进"和"人民公社化"运动，造成国民经济比例严重失调，工农业生产遭到极大的破坏，出现了三年困难局面。1960年党中央对国民经济实行"调整、巩固、充实、提高"的八字方针，对恢复和发展国民经济起到了重要作用。1962年中央召开了"七千人大会"，总结经验教训，采取有力措施，使国民经济形势有了明显好转，但因1966年"文化大革命"的发动而严重影响了国民经济的健康发展。

1965年11月10日，姚文元在上海《文汇报》发表《评新编历史剧〈海瑞罢官〉》的文章成为"文化大革命"的导火线。"文革"期间许多干部、知名学者被批斗、抄家，生产停顿，机关瘫痪，给党和国家带来一场严重的灾难。1976年10月，粉碎"四人帮"，标志"文化大革命"结束。

1978年12月18日，党的十一届三中全会胜利召开，确立了以经济建设为中心、改革开放的思想路线。农村经济体制改革率先展开，安徽、四川两省首先试行包产到组、包产到户，取得较好效果，而后全国农村实行以家庭联产承包责任制为主要内容的改革不断深入，农村经济向专业化、商品化、社会化发展。1985年城市经济体制改革全面启动，通过承包制、租赁制的探索，把单一的公有制经济发展为公有制经济为主体、多种所有制经济成分并存的经济。1992年党的十四大明确提出经济体制改革的目标是建立社会主义市场经济体制，接着商品市场、资本市场、人才劳务市场等不断建立和完善起来，形成了一条中国特色的社会主义发展道路。

为解决台湾问题完成祖国统一大业，邓小平提出了"一国两制"的伟大构想。"一国两制"构想首先在解决香港、澳门问题上得到成功运用。1997年7月1日中国正式对香港恢复行使主权，香港回到祖国怀抱。1999年12月20日，中葡两国在澳门举行政权交接仪式，澳门回到祖国怀抱。香港、澳门的回归洗刷了中国的百年耻辱。

对外开放在探索中稳步推进。第一步创办特区：1980年5月，中央决定在深圳、珠海、汕头、厦门试办经济特区；1983年海南岛、1990年上海浦东也成为特区。第二步开放沿海港口城市：1984年中央决定全部开放从北到南的大连、秦皇岛、天津、烟台、青岛、连云港、南通、上海、宁波、温州、福州、广州、湛江、北海14个港口城市。第三步建立沿海经济开放区：1985年中央决定将长江三角洲、珠江三角洲、闽南三角区划为沿海经济开放区。第四步开放沿江及内陆和沿边城市：共有武汉等沿江城市5个、长沙等内陆城市17

个,以及河口等一系列内陆边境的沿边城市开放。现在对外开放已遍布全国所有地区,对外开放是我国的一项基本国策。我国进入了改革开放的新时代。

二、中国古代的对外交往

(一)丝绸之路

为了联合西域各国抗击匈奴,汉武帝派张骞两次出使西域。第一次在公元前138年,张骞带领100多人从长安出发,中途被匈奴抓住拘禁了10多年,返回长安时只剩他和堂邑父两人,但了解到西域各国希望与汉往来的情况。公元前119年,卫青、霍去病打败匈奴,张骞率领300多人,携带金币巨万、牛羊万头,分别到西域各国访问,返回长安时西域多国派使团携带礼物到西汉答谢。此后,汉与西域往来日渐频繁,使臣、商人接踵而行,汉朝的丝织品和铁器等传到西域,西域的葡萄、苜蓿、核桃、胡萝卜等传到内地,中原同西域乃至更远地区之间的经济文化联系日益密切。这条沟通中西交通的陆上商道就是著名的"丝绸之路"。

古代陆上丝绸之路

(二)海上丝绸之路

古代中国与外国商贸和文化交往的海上通道称海上丝绸之路。它以广州为起点,以南海为中心,沿越南至泰国、马来西亚、印尼,过马六甲海峡到斯里兰卡、印度、阿拉伯地区、东非等地。它形成于秦汉时期,发展于三国和隋朝,繁荣于唐宋时期,明清时期发生转变,是已知最为古老的海上航线。通过海上丝绸之路,中国丝绸、瓷器等大量外销,南海、南亚、西亚、东非各国的珠宝、香料等纷纷传入中国。

(三)唐僧印度取经

629年,唐朝著名高僧玄奘从长安出发,途经20多个国家,历尽艰险到达天竺。他在天竺遍访有名的佛教寺院,在佛教中心那烂陀寺佛5年,成为佛学大师。645年玄奘携带大量佛经回到长安,专心翻译佛经,还以亲身经历见闻写成《大唐西域记》,为研究中亚、印度半岛以及我国新疆历史、地理提供了珍贵的资料。后来印度的医学、语言、天文历法、音乐、舞蹈、绘画及建筑艺术等传入我国,敦煌、云冈及龙门石窟的壁画和雕塑都受天竺艺术的影响。

(四)郑和下西洋

为了宣扬明朝的国威,进一步加强同海外各国的联系,明成祖朱棣派郑和下西洋。从1405年到1433年郑和七次下西洋,到过亚非30多个国家和地区,最远到达非洲东海岸和红海沿岸地区。郑和的船队规模宏大,第一次有27 000多人、200多艘海船,随船装载中国的丝绸、茶叶、瓷器、铁器、农具等物品,换取当地的香料、药材、珠宝等。郑和下西洋是航海史上的壮举,扩大了我国同亚非地区的经济文化交流,比欧洲新航路开辟早了半个多世纪。

（五）同朝鲜、日本的交往

朝鲜半岛的国家与我国是唇齿相依的邻邦。先秦"燕、赵、齐人往避地者数万人"；两汉时朝鲜半岛的马韩、辰韩、弁韩多次派人赴汉先后谨见汉武帝和光武帝等；隋唐时，新罗统一半岛，派遣使节和大批留学生到唐朝学习中国文化，仿唐制采用科举制选拔官吏，往来文书都是汉字用毛笔自右至左竖写，还引入中国的医学、天文、历算等科技成就，而高丽乐成为唐朝十乐的组成部分深受唐人喜爱。

中日两国一衣带水，友好往来的历史悠久。汉武帝时就有中日两国使节往来的记录；汉光武帝时倭奴国派使臣与汉通好，光武帝遂以"汉倭奴国王"金印相赠。隋唐时中日交往密切，日本派遣唐使、留学生、留学僧来中国学习各种专门知识和佛教文化，阿倍仲麻吕、吉备真备、空海就是其中的杰出代表。唐朝赴日本的使者和僧人也很多，最有影响的是扬州高僧鉴真。唐朝的官制、语言文字、诗歌、医学知识等陆续传到日本。

三、中国古代思想文化与科技成就

（一）哲学思想

1. 百家争鸣

春秋战国时期，诸侯争霸，社会动荡，代表各阶级利益的知识分子纷纷登上历史舞台，著书立说，提出解决社会现实问题的办法，形成百家争鸣的局面，影响较大的是儒家、道家、墨家、法家。它们奠定了我国传统文化思想的基础。

诸子百家简表

主要流派	代表人物	作品	思想主张
儒家	孔子 孟子 荀子	《春秋》 《孟子》 《荀子》	以"仁"为思想核心，主张以德治国 提出性善论，主张"仁政"思想 提出性恶论，认为"水能载舟，亦能覆舟"
道家	老子 庄子	《道德经》 《庄子》	提出"道"是世界的本源，道法自然，天道无为 痛恨"窃钩者诛，窃国者侯"的社会不公平现象
墨家	墨子	《墨子》	主张"兼爱""非攻""尚贤""节用""节葬"
法家	韩非子	《韩非子》	主张"法治""中央集权"
兵家	孙武 孙膑	《孙子兵法》 《孙膑兵法》	军事方面，如三十六计等谋略 军事方面，如"围魏救赵"等计策
名家	公孙龙	《公孙龙子》	因从事论辩名实为主要学术活动被称为名家
阴阳家	邹衍		提倡阴阳五行学说，创五德相生相胜说
杂家	吕不韦	《吕氏春秋》	综合学派，"兼儒墨，合名法"
纵横家	苏秦 张仪		提倡"合纵""连横"，古代政治外交家

2."罢黜百家,独尊儒术"

汉武帝采纳董仲舒的建议,以孔孟的儒家思想为正统思想,"罢黜百家,独尊儒术"。董仲舒的新儒学是糅合诸子百家思想后的儒家,在儒家礼治思想基础上提出"三纲五常"思想,即"君为臣纲,父为子纲,夫为妻纲"和"仁、义、礼、智、信"五种为人处世的道德标准,进一步强化封建君主专制政权。汉武帝确定儒学为官学,并创建太学,规定以儒家经典为教材,大力推行儒学教育;知识分子要做官,只能读儒家的书,按儒家思想观点写文章,此后历代封建王朝无不遵循,开创了2 000多年儒家学说独盛的局面。

董仲舒上书"罢黜百家,独尊儒术"

3. 宋明理学

理学也称道学,创始人是周敦颐;程颢、程颐提出天理论,基本完成了理学建构;南宋朱熹认为万物生成有理有气,理在气先,理是根本,是理学的集大成者。程朱理学,亦称为"程朱道学",是宋明理学的主要派别之一,也是理学各派中对后世影响最大的学派之一。以儒家的伦理纲常为核心,吸收融合了佛道思想,是儒家发展的新阶段。

理学代表人物及思想

人物	地位	著作	主要思想
周敦颐	北宋理学奠基人	《太极图说》	主张宇宙的本源是太极,是无形无极的
程颢 程颐	宋明理学建构者	《二程集》	认为天理是万物的本源,万物只是一个天理,先有理而后有物
朱熹	宋明理学集大成者	《朱子语类》《四书集注》	强调理在气先,"三纲五常"是永恒不变的天理,"存天理,灭人欲""格物致知"
陆九渊	主观唯心主义代表	《象山先生全集》	把"心"作为万物的本源,"心"即"理"
王守仁	明代心学集大成者	《王文成公全集》	提出"心外无物""心外无理"

理学是中国封建社会后期最为完备的思想理论体系,对纲常礼教极力维护,讲求以理统情,扼杀压制了人们的自然欲求,但强调人的社会责任感和历史使命感,强化了中华民族的气节和德操,对封建知识分子影响巨大。

4. 明清进步思想家

黄宗羲、顾炎武、王夫之是明清之际的三大进步思想家。黄宗羲在思想上反对程朱理学,认为"君主是天下之大害",主要著作有《宋元学案》《明儒学案》《明夷待访录》;顾炎武主张"经世致用",提出"天下兴亡,匹夫有责",著作有《日知录》等;王夫之批判宋明理学"理在气先"的思想,认为"理在气中",著作有《读四书大全说》等。在明清之际"天崩地裂解"的形势下,三大进步思想家敢于向程朱理学开战,抨击了君主专制,讲求经世致用,对后来的民主革命产生了一定影响。

(二)史学成就

1.《史记》

《史记》是西汉史学家司马迁父子编写的我国第一部纪传体通史,记载了从传说中的黄帝到汉武帝 3 000 多年的历史,以人物传记为主、编年记事为辅,包括政治、经济、军事、民族、学术等方面,具有极高的史学价值和文学价值。司马迁"究天人之际,通古今之变,成一家之言",为后世编写史书树立了良好的典范。

2.《汉书》

《汉书》是东汉史学家班固编写的我国第一部纪传体断代史书,记载了从汉高祖刘邦到汉献帝的历史。全书由纪、表、志、传四个部分组成,互相联系,互相补充,形成统一的整体。它的贡献在于扩大了历史研究的领域,为我国的政治制度史、经济史、水利工程史、艺术史、目录学等各方面的研究提供了很好的基础。

3.《资治通鉴》

《资治通鉴》是北宋史学家司马光编撰的我国第一部编年体通史,记述了上起战国、下至五代 1 300 多年的历史,取材重在历代政治兴衰,意在使君主借鉴其中的经验教训,全书材料丰富,考订缜密,记事周详。

(三)科技成就

1. 四大发明

中国古代最有代表意义的成就是造纸术、印刷术、火药、指南针四大发明。

我国是世界上最早发明纸的国家,西汉已经有了絮纸和麻纸。105 年东汉蔡伦改进造纸术,用树皮、麻头、破布、旧渔网等便宜易得的原料造出价廉好写的纸,人称"蔡侯纸",这是书写材料的一次大革命。

我国也是世界上最早发明印刷术的国家,隋唐已经有了雕版印刷的佛经、佛像等,868 年印刷的《金刚经》是世界现存最早有确切日期的雕版印刷品。11 世纪中叶,北宋平民毕昇发明胶泥活字印刷术,它经济便捷,是印刷业的一大革新。

火药最早是由我国古代炼丹家炼制丹药时发明的,唐代记载了用硫黄、硝石和木炭混合在一起制成火药的方法,唐末火药开始用于军事。火箭是最早的火药武器,宋代抵御辽、西夏、金的进攻广泛采用了火药,南宋发明了突火枪、火铳等管形火器,开创人类作战历史新阶段。

世界上最早的指南仪器是我国战国时发明的"司南",后来人们利用磁石能指南北的特性制成指南针,宋代指南针应用于航海。

2. 天文历法

中国是天文学发展最早的国家之一,我国古书上关于夏朝时流星雨和公元前 776 年 9 月 6 日的日食记载,是世界最早的天文记录。春秋时鲁国的天文学家在公元前 613 年观测到一颗彗星扫过北斗,这是关于哈雷彗星的最早记录。战国时期的甘德、石申撰写世界最早的天文学著作《甘石星经》。汉代邓平、落下闳制定了《太阳历》,第一次把二十四节气订入历法。唐代天文学家僧一行在世界上第一次测量子午线的长度,还制定了当时最精密的历法《大衍历》。元朝科学家郭守敬制定的《授时历》把一年的周期定为 365.242 5 天,与现行公历相同。

3. 数学成就

中国古代的数学成就很高,《墨经》就有"圆"的定义;汉代的《周髀算经》记载了勾股定理和开平方法,是我国最早的数学著作;东汉的《九章算术》在世界上最早记载了正负数概念及其加减运算法则,包括246个数学应用题及其计算方法,它的出现标志着中国古代数学体系的形成。中国古代的计算工具,早期采用算筹,算筹后演变成算盘。明清时期珠算得到普及和发展,后传到朝鲜、日本、东南亚等地。

4. 医学成就

我国古代医学发达,中医药学在世界医学领域占有重要地位。扁鹊是战国时期的医学家,精通各种医术,总结出"望、闻、问、切"四诊法,被誉为"神医"。西汉编的《黄帝内经》是中医学的奠基之作。东汉《神农本草经》记载了365种药物的药性和用途,是中国第一部完整的药物学著作;医学家张仲景写出的《伤寒杂病论》,奠定了中医临床学的理论基础,被称为"医圣";华佗擅长外科手术,发明的麻沸散,首创药物全麻术,被尊为外科鼻祖。唐代医学家孙思邈所著《千金方》,全面总结了历代的医药学成果,并有许多创见,被尊称为"药王"。明朝卓越的医学家李时珍撰写了药物学巨著《本草纲目》,记载了1 892种药物,11 000多个药方,绘制了1 000多幅药物形态图,是对16世纪以前的中医药学的系统总结,被誉为"东方药物巨典"。

5. 农学著作

西汉氾胜之的《氾胜之书》、北魏贾思勰的《齐民要术》、元朝王祯的《农书》、明朝徐光启的《农政全书》是中国古代著名的四大农书。其中《齐民要术》是现存最早最完整的农书,共92篇,总结了东汉以后500多年间黄河流域中下游的农业生产经验,还涉及林业、渔业、畜牧、农产品加工等,对推动农业生产的发展提供了知识基础。

6. 水利工程

农业生产离不开水利设施的兴建,我国古代著名的水利工程很多,郑国渠、都江堰、灵渠、它山堰合称中国古代四大水利工程。都江堰最为出名,它位于成都平原西部的岷江上,由秦国蜀守李冰父子率众修建,包括鱼嘴、飞沙堰、宝瓶口三部分。鱼嘴把岷江分为内江和外江,既利灌溉又利排洪;飞沙堰起到泄洪、排沙、调节水量的作用;宝瓶口控制进水流量。2 000多年来都江堰一直在发挥着重大的功效。

7. 科学巨著

北宋沈括写的《梦溪笔谈》,内容包括文学、艺术、政治、历史、科学等,突出贡献是创制了"十二气历",被英国李约瑟博士评价为"中国科学史上最卓越的人物"。明末清初的宋应星撰写的《天工开物》,总结了明代农业、手工业生产技术,被誉为"中国17世纪的工艺百科全书"。

四、中国历代的选才制度

(一)察举制

察举制是汉代选拔官吏的制度。由丞相、列侯、刺史、守相等推举,经过考核任以官职，主要科目有孝廉、贤良文学、秀才等。通过察举制度，给予贫困子弟做官的途径，它选拔了不少有才能的官吏充实和加强封建统治机构。

（二）九品中正制

曹操的用人政策是"唯才是举"，它为曹操建立强有力的统治集团选拔了不少有用的人才。曹丕称帝后，采用九品中正制选拔官吏。首先从各郡有声望的人中选出中正，再将当地士人按才能评定为九等，政府按等选用，称九品官人法，它保持了曹操不计门第的原则。司马懿时用世族担任中正，选取原则以家世为重，出现了"上品无寒门，下品无世族"的现象。

（三）科举制

科举制是隋以后封建王朝设科考试选拔官吏的制度。隋文帝废除世族垄断的九品中正制，设志行修谨、清平干济二科选拔人才；隋炀帝增设进士科；李世民增设七科；武则天增设武举；宋元明清都有一些增减，但进士科是常设。科举制一般分为乡试、会试、殿试三种，考中后分别称为秀才、举人、进士；殿试由皇帝主持，前三名称状元、榜眼、探花。1905年科举制被废除，而后推行学校教育。科举制是我国封建社会选拔人才的一种基本制度，对提高行政效率，巩固封建专制主义的中央集权发挥了积极作用。

中国古代科举考试

1、状元：科举考试以名列第一者为"元"元，乡试第一称解元，会试第一称会元。殿试第一称状元。

2、榜眼："榜眼"，是指全国最高级别的科举考试，所选拔出来的进士第二人。第一名状元，第三名探花合称"三鼎甲"。

3、探花："探花"是中国古代科举考试中对位列第三的举子的称谓。与第一名状元，第二名榜眼合称"三鼎甲"。在唐代的科举时就已经出现。"探花"作为第三人的代称确立于北宋晚期。时至今日，"探花"的称呼仍历久不衰。

4、进士：进士中国古代科举制度中，通过最后一级考试殿试者，称为进士。是古代科举殿试及第者之称。意为可以进授爵位之人。

5、举人：举人，为一种士人的身份，等级在"生员"之上。雅称为"孝廉"，俗称"老爷"。对入京师参与会试的举人雅称为"公车"。举人有时也被称为乡进士。

6、秀才：秀才别称茂才，是中国古代选拔官吏的科目，亦曾作为学校生员的专称。汉武帝改革选官制度，令地方官府考察和推举人才，即为察举。

五、中国历史文化古迹

（一）万里长城、大运河、赵州桥

1. 万里长城

万里长城是我国古代抵御北方少数民族侵扰的规模宏大的防御工程，包括城堡、关隘、敌台、烽火台、城墙堡子等，用砖石依地形山势建筑而成，春秋时开始修筑，战国时秦、赵、燕开始了第一次修筑高潮，秦以此为基础修成了西起临洮、东至辽东的万里长城；汉武帝将长城西延至酒泉、敦煌以西；明朝长城东起鸭绿江，西至嘉峪关，全长14 700余里。万里长城是我国古代劳动人民智慧的结晶。

2. 大运河

我国很早就有开凿运河的历史，春秋时吴国开凿邗沟，秦代开通了灵渠。隋炀帝开凿了贯通南北的大运河，大运河以洛阳为中心，东北到涿郡，东南至余杭，分为永济渠、通济渠、邗沟、江南河四段，沟通海河、黄河、淮河、长江、钱塘江五大水系，全长四五千里。元代又开凿会通河、通惠河，疏通隋运河，成为贯通南北的京杭大运河。大运河是南北交通的大动脉，对经济的发展起到了很好的作用。

3. 赵州桥

赵州桥是隋炀帝时工匠李春在河北赵县修建的一座石拱桥，是一座大跨度的单孔低弧拱券式桥梁建筑，比欧洲同类建筑早700多年，石拱两端修有小孔具有防洪泄洪作用。

（二）青铜工艺及文物

青铜器是锡铜按一定比例冶铸成的一种合金器具。我国是世界上使用青铜器较早的国家之一，夏王朝就已经普遍使用青铜器了，商周时期，青铜器的冶炼铸造水平相当高，著名的有司母戊鼎、四羊方尊。后母戊鼎重875千克，通耳高133厘米，长110厘米，宽78厘米，形制雄伟，是我国现存最大的青铜器。湖南宁乡出土的四羊方尊，四角附着四只向外半伸的羊身，羊角卷曲，雕镂精美，别具匠心，堪称绝品。

后母戊鼎

四羊方尊

（三）秦始皇陵兵马俑

1974年在陕西临潼骊山发现的秦始皇陵兵马俑，总面积2万多平方米，共有陶俑、陶马8 000余件，俑分为将军俑、铠甲俑、跪射俑等，武士俑身高近2米，征战待发，威风凛凛。秦始皇陵兵马俑被誉为"世界第八大奇迹"，是中华文化的瑰宝。

秦始皇陵兵马俑

（四）长沙马王堆汉墓

马王堆汉墓是1972年至1974年在长沙市东郊发现的古墓，被称为20世纪震动世界的考古发现，最轰动的是墓中出土的女尸，距今2 000多年，外形完整，全身润泽，毛发尚存，指趾纹清晰，软组织尚有弹性，手足关节还可以活动，是世界防腐学上的奇迹。马王堆汉墓出土的帛画、帛书、竹简、漆器、中药等珍贵文物3 000多件，对研究西汉初年的历史具有重要的文物价值，其中一件素纱襌衣长1.28米，重量仅49克，反映出当时高超的纺织技艺。

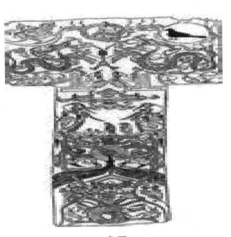

帛画

（五）古代园林

园林是人类利用大地山川的钟灵毓秀和历史文化的深厚积淀孕育出的建筑艺术，山、水、植物、建筑构成园林的四个基本要素。与欧洲的规整式园林不同，中国古典园林把建筑美与自然美融合在一起，本于自然高于自然，充满诗画情趣，意境幽远。中国古典园林类型有：皇家园林、私家园林、寺观园林。圆明园、颐和园、避暑山庄是皇家园林的代表；苏州的留园、拙政园是私家园林的经典作；佛寺和道观的附属园林就是寺观园林，如少林寺、峨眉山、普陀山等。

（六）历史文化名城

中华文明源远流长，城市是文明的结晶，古代城市有着丰富的历史掌故和灿烂的文化传承。为了保护文化古迹，1982年，国务院公布了第一批历史文化名城24个，它们是：北京、承德、大同、南京、苏州、扬州、杭州、绍兴、泉州、景德镇、曲阜、洛阳、开封、江陵、长沙、广州、桂林、成都、遵义、昆明、大理、拉萨、西安、延安。其中西安、洛阳、北京、开封、南京、杭州被称为"六大古都"，最为有名。1986年，国务院又公布了第二批历史文化名城 38 个。1994 年经国务院批准的第三批历史文化名城为 37 个。2001—2007 年国务院又增补历史文化名城 10 个。

第二节　世界历史

一、世界历史沿革

（一）世界古代历史概况

二三百万年前，地球上出现了人类，有了人就有了人类的历史。为了生存和发展，原始人结成几十个人的小群体，依靠集体的力量同大自然斗争，有血缘姻亲关系的慢慢组成氏族和部落或部落联盟。历史上最早出现的奴隶制国家是尼罗河流域的古埃及、两河流域的古巴比伦、古代印度和中国，被称为"四大文明古国"。

罗马帝国之君士坦丁堡

欧洲最早的文明起源于古希腊。古希腊人利用地中海东部港湾多这种独特的地理环境，吸取埃及和西亚古文明，创造了灿烂的希腊文明。公元前 8 世纪，古希腊出现城邦国家，斯巴达和雅典是典型代表。斯巴达是军事奴隶制国家，雅典是奴隶制民主政治的国家。公元前 594 年梭伦改革，废除一切债务和债务奴隶制，为民主政治奠定了基础；克里斯提尼改革标志雅典民主政治最后确立；伯利克利执政时使民主政治达到顶峰。民主政治促进了古希腊经济的繁荣，后来伯罗奔尼撒战争导致古希腊由盛转衰。

古代罗马兴起于意大利半岛，公元前 509 年建立共和制，国家机构由执政官（两名）、元老院、公民大会组成。执政官是最高行政长官，管理政事，任期 1 年，两人权力相等；元老院是决策机构；公民大会是权力机构，负责选举公职人员和通过重大决策等。古罗马最重要的贡献是其完备的法律体系，给世界留下了著名的《十二铜表法》。古罗马不断扩张，公元前 27 年屋大维建立元首制，古罗马进入帝国时代。罗马帝国地跨亚非欧三洲，地中海变成它的内湖。

公元前 57 年到 668 年，朝鲜半岛存在着高句丽、百济和新罗三国。676 年新罗统一朝鲜，它全面学习唐文化进入了封建社会。10 世纪高丽王朝建立，1392 年高丽大将李成桂赶跑蒙古人建立李朝，建都汉阳（今首尔），国号朝鲜。

2 世纪日本出现奴隶制国家，大和政权于 5 世纪统一日本，统治者称天皇。646 年孝德天皇进行效仿唐朝制度的"大化改新"，使日本从奴隶制向封建制过渡。

阿育王死后印度社会分裂，1—3 世纪大月氏人征服了北部，4 世纪笈多王朝兴起，建立摩揭陀国。7 世纪兴起戒日王朝。后来阿拉伯人侵入印度西北地区。接着蒙古人又全面占领印度，于 1526 年建立莫卧儿王朝，这是印度社会最后一个封建王朝。后来印度沦为英国的殖民地。

日耳曼人在西罗马帝国的废墟上建立了众多的王国，其中法兰克王国占重要地位。克洛维当上国王后,占有罗马皇室的大片土地,把一部分土地,连同土地上的隶农分给亲兵,后来层层分封,形成国王、公爵、侯爵、伯爵、子爵、男爵、骑士等封建领主。克洛维的墨洛温王朝慢慢衰落,被加洛林王朝取代,加洛林王朝的第二个国王查理时期,进行了 50 多次对外战争,法兰克王国变得辉煌,成为"查理曼帝国"。843 年查理曼的三个孙子缔结凡尔登条约三分帝国,西法兰克发展为法兰西,东法兰克发展为德意志,中法兰克发展为意大利。

阿拉伯民族起源于阿拉伯半岛,为争夺有限的绿洲,各部落之间战争频繁,为了统一各部落,穆罕默德于 7 世纪创立了伊斯兰教,宣称世上只有唯一的真主安拉,穆罕默德是安拉的使者,其经典叫《古兰经》。622 年穆罕默德出走麦地那,后来这一年被定为伊斯兰教元年。随着伊斯兰教的传播,阿拉伯半岛各部落逐步统一起来。穆罕默德死后,继任者叫哈里发。他们不断对外扩张,8 世纪中期阿拉伯成为地跨亚非欧三洲的大帝国。

古老的西突厥迁移到小亚细亚后,首领奥斯曼统一各部,以伊斯兰教为国教,后形成奥斯曼土耳其帝国,在阿拉伯帝国衰落后崛起于西亚,控制通往黑海、欧洲以及东方的交通要道,成为又一个地跨亚非欧三洲的大帝国。

十三四世纪意大利的威尼斯、佛罗伦萨、热那亚、米兰等城市出现资本主义萌芽。15 世纪后西欧各国商品经济繁荣起来,对铸造货币的黄金的需求量日益增大。威尼斯商人马可·波罗在他的游记里描述了中国与东方的富丽繁华,对西欧的上层人物有很大诱惑力,西欧国家急于寻找通往东方的新航路。1487 年葡萄牙人迪亚士率领 3 艘船从里斯本出发,沿西非海岸南行到达好望角;1492 年意大利水手哥伦布在西班牙王室资助下,从巴洛斯港起航横渡大西洋,到达美洲;1497 年葡萄牙人达·伽马率 4 艘船从里斯本出发,绕过好望角到达印度;1519 年麦哲伦受西班牙国王之命,率领由 5 艘船和 265 人组成的船队环球航行,于 1522 年返抵圣罗卡港,幸存者只有 18 人。新航路的开辟证明地球是圆形的,地球表面的海洋是相通的,使世界商路和贸易中心转移到大西洋沿岸,世界各地区之间的经济文化往来频繁起来。

马可波罗

(二)世界近代历史概况

1640 年英国爆发了资产阶级革命,标志着世界近代史的开端。1689 年英国议会通过《权利法案》,议会成为国家的最高权力机关,它标志着英国君主立宪制政体正式确立。

1607 年开始,英国在北美共建立了 13 块殖民地。经过 100 多年的发展,美利坚民族逐渐形成,民族意识逐渐觉醒,要求摆脱英国的殖民压迫。1775 年 4 月"莱克星顿枪声"标志着美国独立战争开始;1776 年 7 月 4 日大陆会议通过《独立宣言》喊出了美国要求独立的声音(后来 7 月 4 日成了美国的国庆节);1783 年英国承认美国独立。1787 年美国制宪会议召开,按"三权分立"原则诞生了《1787 年宪法》,行政权归总统,国会掌握立法权,司法权在最高法院。

在欧洲大陆,1789 年 7 月 14 日巴黎人民攻占巴士底狱,资产阶级革命爆发(7 月 14

日成了法国的国庆日）。而后君主立宪派掌握了政权，颁布了《人权宣言》，宣布人生来是而且始终是自由的并且在权利上是平等的，自由、财产、安全和反抗压迫是人的不可动摇的权利，法律是人民普遍意志的体现。这为法国资本主义的发展奠定了基础。1799年11月拿破仑发动"雾月政变"夺取政权，1804年拿破仑称帝，建立法兰西第一帝国，法国大革命结束。

拿破仑

知识链接

拿破仑

拿破仑是法国大革命的继承者，为捍卫资产阶级革命，他亲自参与了法典的制定。1804年法国颁布了《民法典》，又称拿破仑法典，后又颁布了《商法典》和《刑法典》，这些法典确立了资本主义的立法规范。

18世纪初，彼得大帝在俄国进行了一场近代化的改革，促进了俄国社会的发展。1861年3月3日沙皇亚历山大二世签署了废除农奴制的法令，法令规定农奴在法律上成为自由人，农奴获得自由时还可以得到一块份地，但必须用钱赎买。这实际上是对农民的一次掠夺，使俄国资本主义的发展获得了必要的劳动力、资本以及市场。

19世纪中叶的德意志政治上还是分裂的，有30多个小邦和自由市，迫切地要求完成统一。1862年9月，俾斯麦出任普鲁士首相，推行"铁血政策"，通过1864年对丹麦、1866年对奥地利、1870年对法国的三次战争的胜利，德意志结束了长期的分裂状态，为德国资本主义发展铺平了道路，并改变了欧洲的政治格局。

英国资产阶级革命后资产阶级更积极地发展海外贸易，进行殖民掠夺，积累了丰厚的原始资本，在国内大搞圈地运动，产生大量雇佣劳动力。18世纪60年代，英国开始进行由手工工场过渡到大机器生产的"工业革命"。由于各类机器普遍以蒸汽机为动力，因而又被称为"蒸汽时代"。

工业革命中的重大发明

年　　代	发　　明	国　　别	发明人
1764 年	珍妮纺纱机	英国	哈格里夫斯
18 世纪中叶	马路	英国	马卡丹
1785 年	改良蒸汽机	英国	瓦特
1807 年	汽船	美国	富尔顿
1825 年	火车	英国	史蒂芬逊

18 世纪末工业革命从英国逐渐扩展到西欧和北美，它不仅是一场技术革命，也是一场深刻的社会变革。而后为了寻找原材料和商品销售市场，资本主义疯狂侵略扩张，19 世纪中后期资本主义世界市场初步形成。

资本主义的迅猛发展，科学技术被广泛应用，出现了第二次工业革命，科学和技术的紧密结合主要表现在新能源、新机器、新通信手段和化学工业四个方面。由于电能的应用，人类进入"电气时代"。

第二次工业革命成就

主要成就	理论基础	发　　明	发明者	工业
电力	法拉第电磁理论	发电机、电灯等	西门子、爱迪生	电器业
内燃机		汽油机、柴油机	本茨、狄塞尔	机器业
电信	赫兹电磁波	电话、电报、无线电等	贝尔、莫尔斯、马可尼	信息业
化学	元素周期律	炸药、塑料、人造纤维	诺贝尔等	化工业

第二次工业革命在生产领域引起一系列变革，资本和生产高度集中产生垄断，其组织形式有卡特尔、辛迪加、托拉斯等。控制垄断组织的大资本家为攫取更多利润，越来越多地干预国家政治经济生活。资本主义国家逐渐成为垄断组织利益的代表，资本主义过渡到帝国主义阶段。1914 年 6 月至 1918 年 11 月，帝国主义同盟国与协约国之间爆发了第一次世界大战。

（三）世界现代历史概况

1917 年 3 月 8 日（俄历 2 月 23 日），俄国人民武装起义推翻了沙皇统治，历史上称为"二月革命"，而后布尔什维克党制定了"武装起义"的方针。11 月 6 日午夜，列宁来到斯莫尔尼宫亲自领导了彼得格勒武装起义，资产阶级临时政府被推翻，成立了苏维埃政府——人民委员会，列宁当选为人民委员会主席，颁布了《和平法令》《土地法令》，十月革命取得了胜利。世界进入了现代。在十月革命的影响下，战后世界革命运动和民族解放运动轰轰烈烈。

1919 年 1 月至 6 月，战胜国召开巴黎和会，签订了处置战败国的《凡尔赛和约》，建立了战后资本主义在欧洲、西亚、非洲的统治秩序，被称为凡尔赛体系。

德国是"一战"战败国，受经济危机的打击严重，政府软弱无能。希特勒及其纳粹党打着社会主义和民族主义旗号煽动复仇情绪，骗取广泛支持，1932年国会选举中纳粹党一跃成为第一大党，希特勒出任总理，纳粹党掌握了国家政权。1934年希特勒成为国家元首，集总统、总理、军队最高统帅于一身，加强了法西斯独裁统治，使德国成为欧洲战争策源地。日本1931年发动对中国东北的"九一八"事变。1936年2月26日日本帝国陆军部分"皇道派"青年军官发动的"二二六"兵变失败后，军部控制的广田弘毅组阁，日本法西斯专政建立，亚洲战争策源地形成。由于英、法、美的纵容，实施绥靖政策，法西斯国家有恃无恐，1936年德、意结成柏林—罗马轴心。1937年11月德、意、日签订《反共产国际协定》，世界和平面临严重威胁。

1939年9月1日，德国突袭波兰，英、法对德宣战，第二次世界大战爆发。1941年6月22日德国突袭苏联，苏德战争爆发。1941年12月7日，日本突袭美国珍珠港，太平洋战争爆发，美国对日宣战。1942年年初，美、英、苏、中等26个国家签署了《联合国家宣言》，标志世界反法西斯同盟正式形成。世界大战向着有利于反法西斯阵线转折。1943年9月意大利宣布投降。1944年美、英盟军在法国诺曼底登陆开辟第二战场。1945年5月8日德国签署无条件投降书。8月15日本天皇宣布无条件投降，9月2日日本代表在美国"密苏里"号军舰上签署投降书，第二次世界大战结束。

战后初期东欧八国在苏联的帮助下获得解放，建立了社会主义。亚非人民日益觉醒，纷纷争取民族独立与解放，国际共产主义运动不断向前发展。美国成为世界头号超级大国，确立了称霸世界的全球战略。1947年3月美国总统杜鲁门向国会提出咨文，要求美国援助"受到共产主义威胁的希腊和土耳其"，宣称美国负有领导"自由世界"的使命，等等，这些政策和纲领后来被称为"杜鲁门主义"。它是美国扩张的宣言，是对苏联为首的社会主义国家的宣战，标志"冷战"的开始。

1949年8月，美、英、法等12国参加的北大西洋公约组织成立，总部设在布鲁塞尔，它是美国组织的一个最大的军事同盟。为了与北约对抗，1955年5月苏联、波兰等八国在华沙缔结《友好合作互助条约》，总部设在莫斯科。欧洲出现北约和华约两大军事政治集团对峙局面，美、苏两极格局形成。

苏联在社会主义建设过程中，斯大林采取优先发展重工业和农业全盘集体化的方针，形成斯大林模式，取得了巨大的成就，但也存在严重不足，暴露很多弊端。1991年苏联解体。两极格局不再，"冷战"结束。

二、世界文化与科技成就

（一）古代世界文化与科技成就

古代埃及人使用的文字是象形文字，其使用的历法是太阳历，一年365天，分为12个月，每月30天，剩下5天是公共节日。埃及人还创造了十进位的计数制度，其医学也很有成就。

古代巴比伦王国使用的文字是楔形文字。国王汉谟拉比时期制定了一部完备的法典——《汉谟拉比法典》。古代两河流域的人使用的历法是太阴历。古代希腊对天文、地理、数学、物理、生物、医学等科学知识的积累和理论探讨逐渐形成了学科体系。数学方面有著名的毕达哥拉斯定理，还有关于平行线、三角形、多边形、圆、球、正多面体的许多定理。医学方面产生了一位伟大的医学家希波克拉底，被称为"医学之父"。亚里士多德创立了逻辑学、物理学、动物学、植物学、政治学、伦理学，学问广博，成绩斐然，是希腊文化的集大成者。

古代罗马在科学方面最有代表性的人物是老普林尼，他写成的《自然史》内容包括天文、地理、历史、动植物、农业、工艺等，是一部百科全书式的巨著。罗马城是古罗马建筑的典范，城内修建了神庙、剧场、宫殿、凯旋门、纪功柱等宏伟建筑物，最有名的是"万神殿"和高架引水桥。罗马建筑对后来西欧建筑产生了重大影响。

阿拉伯文化以伊斯兰教为灵魂，善于吸收其他文化，把东西方文化融为一体，在数学、天文学、医学、物理学、文学、历史、地理等领域都取得了很大成就。

阿拉伯文化成就

领域	代表人物	成　　就
数学		创造了"阿拉伯数字"
	伊本·穆萨	发明代数符号，创立代数学
	花拉子密	著名数学家，其《代数学》讨论一元二次方程
	阿尔卡西	著《圆周率》把圆周率精确到小数点后16位
	纳西尔丁	其著作系统完整论述三角学
天文学	阿尔·巴塔尼	著《萨比天文表》纠正托勒密错误，成为天文学发展基础
	法干尼	著《天文学基础》，介绍托勒密学说
医学	拉齐兹	著《医学集成》和《天花与麻疹》
	伊本·西拿	著《医典》记载了760多种药物的性能和丰富的临床经验
物理学	阿勒·哈增	著有《光学全书》，有力地促进了现代光学的诞生
	阿尔·哈兹尼	在力学方面做出重大贡献，发现空气有重量
文学		《一千零一夜》
艺术		清真寺建筑艺术
历史地理	马苏迪	著《黄金草原》
	伊本·艾西尔	著《历史大全》
	花拉子密	著《地形学》
哲学		以伊斯兰教教义为基础，融和希腊哲学而形成哲学体系

（二）近代世界文化与科技成就

文艺复兴是 14—17 世纪在欧洲发生的一场资产阶级反封建的思想文化运动。它最先从意大利兴起，以人文主义思想为指导，主张以人为中心，反对以神为中心，但并非对古典文化的简单模仿，实质是近代资本主义文化的兴起，涌现出大批杰出的代表人物。

文艺复兴代表人物及作品

时期	领域	代表人物	代表作品	内 容
兴起	文学	但丁（意）	《神曲》	揭露教会黑暗，带有鲜明人文主义色彩
	绘画	乔托（意）	《犹大之吻》	改变简单呆板传统，反映世俗世界
早期	文学	彼特拉克（意）	《歌集》	提倡用人学对抗神学，被誉为人文主义之父
		薄伽丘（意）	《十日谈》	揭露教会腐化，提倡个性解放
鼎盛	绘画	乔尔乔内（意）	《暴风雨》《尤迪丝像》	将人物融合在奇特光彩的大自然里，开创了风景人物绘画的新格局
	雕塑	米开朗琪罗	《大卫》	展现人体健美与力量
	绘画	拉斐尔（意）	《西斯廷圣母》	展现圣母温柔、母性、典雅的一面
	政史	马基雅维利（意）	《君主论》	以人的眼光研究政治，"政治学之父"
	文学	莎士比亚（英）	《哈姆雷特》《威尼斯商人》	反映社会现实，发掘人类复杂的精神世界
		拉伯雷（法）	《巨人传》	提倡个性解放
		塞万提斯（西班牙）	《堂吉诃德》	讽刺了封建骑士制度的黑暗
		伊拉斯谟（德）	《愚人颂》	揭露教会贵族的贪婪和教士的愚昧
	天文学	哥白尼（波兰）	太阳中心学	动摇了神学基础，近代自然科学创始人
		开普勒（德）	椭圆定律	发现行星沿椭圆形轨道绕太阳运行的规律
		伽利略（意）		用自制望远镜发现星体，证实哥白尼学说
	哲学	布鲁诺（意）	宇宙无限论	
		培根（英）	实验法	资产阶级唯物论哲学和实验科学创始人

文艺复兴促进了许多划时代的科学成果产生，出现了牛顿、达尔文等大批科学巨匠。牛顿是 17 世纪最伟大的科学家，1687 年他出版的《自然哲学的数学原理》，是公认的科学史上的一部伟大著作，牛顿提出了物体运动三大定律和万有引力定律等。牛顿力学的创立标志着近代科学形成。

英国的达尔文在 1859 年写成《物种起源》，创立生物进化理论。他认为自然界中的生物物种是在不断发展与变化着的，基本上是由低级向高级进化，"物竞天择，适者生存"是自然界万物进化和发展的基本规律。

随着实验物理的进步及电子及放射性现象的发现,经典力学已不能解释研究中出现的新问题。1905年年轻的爱因斯坦提出"狭义相对论",10年后,他又提出"广义相对论"。相对论的提出,进一步改变了人们的时空观,直接影响了后来人们的思维。

此外,伦琴发现X射线;居里夫妇发现镭;拉瓦锡提出质量守恒定律;门捷列夫制定化学元素周期表,等等。

(三) 现当代世界文化与科技成就

电子和元素放射性的发现,打开了原子的大门,使人们的认识深入原子的内部,1900年提出了"量子假说",1925年诞生了"量子力学"。量子论推动了物理学新发展,奠定了量子物理、固体物理、原子核物理发展的基础,为电子技术、半导体技术、激光技术提供了理论基础,推动了第三次工业革命。这次工业革命以原子能技术、航空航天技术、电子计算机的应用为代表,还包括人工合成材料、分子生物和遗传工程等高新技术。它使科学和技术密切结合、相互促进,科学技术各领域相互渗透,军事技术率先突破,而后带动民用技术发展。

三、世界历史文物古迹

(一) 古埃及金字塔

金字塔是古埃及法老(即国王)和王后的陵墓,是用巨石修砌成的方锥形建筑,形似汉字的金字,故名金字塔。它位于尼罗河下游,已发现大大小小金字塔110多座,最大最有名的是胡夫金字塔,塔高146.5米,正方形的底边边长230米,大约用230万块磨光的巨石层层相叠直到尖顶,看去十分巍峨。金字塔是世界七大奇迹之一。

古埃及金字塔

(二) 古巴比伦空中花园

新巴比伦王国尼布甲尼撒国王统治时期,国势强盛,进行大规模的建设,巴比伦城是当时世界上最热闹繁华的城市之一,为了取悦他的王后,他为王后建造了一座"空中花园",高达25米,成为世界七大奇迹之一。

(三) 特诺奇蒂特兰城

美洲的古代居民是印第安人,他们建立过玛雅文化、阿斯特克文化、印加文化三个文明中心。特诺奇蒂特兰城是阿斯特克人在12—15世纪逐步建立起来的一座繁华城市,它建在特斯科科湖中,有三条长堤通向湖岸,市中心有巨大的广场,周围矗立着宫殿和神庙,城市人口大约有30万,人们在市场上交易,熙熙攘攘,十分热闹。

特诺奇蒂特兰城

古巴比伦空中花园

（四）古希腊迷宫

古希腊最早的文明是克里特文明，处于公元前 20 到公元前 15 世纪，克里特文明的最大特征是宫殿的修筑，每个城市国家多围绕王宫形成。这里易发生地震，由于天灾人祸，宫殿多遭破坏，后又重建，后人因无法了解遂变成"迷宫"，著名的维纳斯雕像就在这样的迷宫里被发现的。希腊的大型建筑主要是神庙，殿堂通常为长方形，周围环以圆柱柱廊，由大理石、花岗石建成，雄伟、秀丽，堪称世界古代建筑中的艺术杰作。

（五）泰姬陵

泰姬陵是印度莫卧儿王朝第五代皇帝沙贾汗为了纪念他已故皇后阿姬曼·芭奴而建造的陵墓，位于距新德里 200 公里的阿格拉城内，是印度知名度最高的古迹之一。它由殿堂、钟楼、尖塔、水池等构成，全部用纯白色大理石建成，用玻璃、玛瑙镶嵌，绚丽夺目，被誉为"完美建筑"，是伊斯兰教建筑中的代表作，有极高的艺术价值，是世界新七大奇迹之一。

泰姬陵

思考与练习

一、单项选择题

1. 政治上颁布推恩令，经济上统一币制，思想上"罢黜百家，独尊儒术"，从而使社会高度繁荣，使儒家思想成为正统思想的皇帝是（　　）。

　　A. 汉文帝　　　　　　B. 汉景帝　　　　　　C. 汉武帝

2. 在位时期颁布《民法典》《商法典》《刑法典》，确立了资本主义立法规范的人是（　　）。

　　A. 罗伯斯庇尔　　　　B. 拿破仑　　　　　　C. 圣鞠斯特

3. 罗斯福说:"我们到底有没有实质的进步,不在于富的人更富,而在于贫穷的人也能有足够的生存来源。"为此"新政"采取的主要措施是(　　)。

A. 调整工业生产　　　　B. 实行"以工代赈"
C. 调节农业生产　　　　D. 整顿财政金融

二、探究与思考

1. 古代雅典民主政治的表现是什么？有什么历史影响？
2. 明清之际进步思想有哪些表现？与欧洲民主思想有哪些相同点？
3. 新文化运动对近现代中国产生了什么影响？
4. 说说历次工业革命对于人类社会发展的影响。

三、材料分析题

材料一　我们现在应当非常谨慎,应当不采取对卷入冲突中的国家的防务不会有益而不只会使人激怒,甚至会挑起致命步骤的措施。

——摘自1962年赫鲁晓夫至肯尼迪的信

材料二　美国将参加各盟国和朋友的防务和发展活动,但是美国不能而且也不会制定全部方案,拟订全部计划,执行全部决定,负起保卫世界自由国家的全部责任。只有在我们的帮助真正起作用,并且被认为是符合我们的利益的时候,我们才会给予帮助。

——摘自1970年尼克松的对外政策报告

材料三　美国在欧洲、太平洋、中东以及其他美国疆界之外的地区,有着广泛的义务和安全利益。这就需要美国担当起"强有力的""令人信服"的"领导责任"。

——摘自里根的讲话

问题:

(1) 据材料一,苏联当时的态度说明了什么？
(2) 据材料二,尼克松政府为什么不再承诺"负起保卫世界自由国家的全部责任"？材料说明美国的全球扩张战略发生了什么样的变化？与此相应,美国在国际关系领域采取了哪些重要的行动？
(3) 就以上三则材料,谈谈对美苏争霸的认识。

第五章 传统文化艺术知识

学习目标

1. 了解中国传统伦理道德的基本内容。
2. 了解中国传统文化艺术的基本内容。
3. 了解西方传统文化的基本知识。

第一节 中国传统伦理道德

中国传统伦理道德源远流长，内容丰富，虽然有其历史局限性，但反映了中华民族的道德文明、精神价值和道德智慧。本节介绍中国传统伦理道德核心内容——仁爱、孝敬、诚信、和睦和道义等。

一、仁爱

中国传统伦理道德

自古以来，我们中国人都讲"仁爱"，"仁爱"成为我们的传统美德。"仁爱"思想在不同时期被不同的思想家定义了不同的内涵。

"仁"是儒家的核心概念。春秋时，孔子提出了"仁"，并且将"仁"分为三类。首先，仁者"爱人"。樊迟问仁，子曰："爱人。""爱人"就是说要有仁德之心，要尊重他人，关爱他人，"爱人"是仁德的基础。孔子曰："孝悌也者，其为仁之本与。""仁"以孝悌为本，从孝悌出发，表明"仁"首先立足于亲亲之情，孔子重视亲亲之情。认为不仅对父母要孝顺，兄弟之间也要有敬重之情。孔子的"仁爱"还有"泛爱众而亲仁"，要以恭敬之心对待他人。其次，"仁"还体现为"克己复礼为仁"。"克己复礼"重在"克己"。"克己"即要学会自我约束、自我控制，不是他人的推动和要求，而是主体自己的主动追求，通过个人自觉地努力，是完全可以达到"仁"的境界的。最后，"仁"表现为忠恕之道。"忠"者，"己欲立而立人，己欲达而达人"，一个有仁德的人，自己要自立、有成就，也必须使他人要自立、有成就，即所谓"尽己之谓忠"，自己所希望的，别人也同样希望，故应尽己之力帮助别人、启发别人，让别人去实现希望。

"恕"者，"己所不欲，勿施于人"，即自己不愿做的事就不要勉强他人去做，自己不愿承受的也不要强加于别人，这也是孔子所倡导的人与人之间的关系。总而言之，"忠"和"恕"都是推己及人的施仁方法。"忠"是对自己的要求，表现为一种认真、虔诚的态度。"恕"则是对他人的要求，表现为对待他人要宽容。正是通过这种"忠恕之道"，才得以把"仁爱"思想从爱亲推广到"泛爱众"。

战国时期的孟子对孔子的"仁爱"思想做了进一步的扩展。孟子将"仁爱"思想分为三个层次和三种境界："亲亲而仁民，仁民而爱物。""亲亲"为第一层次和境界，以孝为本，意即首先要爱自己的亲人；"仁民"为第二层次和境界，即像爱人那样去爱所有的人；"爱物"为第三层次和境界，即像爱人那样去爱万物。孟子"仁爱"的思想从爱人到爱民再到爱物，构成了一个完整的人伦、人文和生态生存系统，可见孟子思想境界的高度。

宋明理学家张载在其《正蒙·乾称》中概括"仁爱"思想为："民，吾同胞；物，吾与也。"就是说，民众是我的同胞，万物是我的朋友，从对人的关爱到对万物的爱。

从孔子的"仁者爱人"到孟子的"亲亲而仁民，仁民而爱物"，再到张载的"民，吾同胞；物，吾与也"，都体现了我们中国传统的伦理道德，"仁爱"也成为我们中华民族流传几千年，需要我们予以承载的美德。

二、孝敬

"孝"是中华民族的传统美德，关于孝的思想源远流长。早在甲骨文中就出现了"孝"字，《战国策》中记载了商朝的武丁第三子名"孝己"。春秋之时，孔子对"孝"进行了详细阐述。在孔子看来，"孝"不仅仅是赡养父母，要做到对父母的"孝"，首先应做到"顺"，即顺从父母的意愿。子曰："父在，观其志；父没，观其行；三年无改于父之道，可谓孝矣。"（《论语·学而》）父母在世时，不仅行为上要遵从父母的意志，更要做到发自内心的遵从；当父母不在以后，三年之内按照父母在世时的意志行事，这就是"顺"。即使是在父母有错误的情况下，应当首先顺从他们的意愿。其次，对父母孝的更高一层的要求便是"敬"。

子游问孝。子曰："今之孝者，是谓能养。至于犬马，皆能有养；不敬，何以别乎？"（《论语·为政》）孔子认为人与动物赡养父母的根本区别就在于"敬"。子夏问孝。子曰："色难。有事，弟子服其劳；有酒食，先生馔，曾是以为孝乎？"（《论语·为政》）要做到"孝"最难的是要始终保持语言和气，面色和悦，而这些必须有发自内心的对父母的"敬"才能做到。最后，就是无论是对父母的"顺"还是"敬"都要在形式上符合礼的要求。

王永彬的《围炉夜话》中有"万恶淫为首，百善孝为先"。为何以孝为百善之先呢？《韩诗外传》卷九中有"树欲静而风不止，子欲养而亲不待"。孔子对弟子们说："你们要引以为戒，这件事足以使你们明白其中的道理！"于是，辞别孔子回家赡养双亲的门人，就有13人。《说文》讲"孝"为"善事父母者"。老在上，子在下，这是长幼尊卑的次序、礼节；也可以视为子承老，儿子背老父母，这是形象，更是直观的孝行。所以说，子人子女当孝，为人父母当慈。父母养子女叫作"养"，子女赡养父母也叫作"养"。前者抚养成人，后者赡养终老，这叫天经地义。古代有《二十四孝》来宣扬儒家思想和孝道。《二十四孝》全名《全相二十四孝诗选集》，是元代郭居敬编录的，是历代24个孝子在不同环境、不同遭遇中行孝的故事集。其中有舜孝感动天、刘恒亲尝汤药、曾参啮指痛心、仲由百里负米、老莱子戏彩娱亲、董永卖身葬父、丁兰刻木事亲、黄香扇枕温衾、姜诗涌泉跃鲤、王祥卧冰求鲤等24个故事。

今天，也有很多值得人们赞扬的关于孝的事情。第三届（2011年）全国道德模范孟佩杰说："没有妈妈就没有今天的我，我所做的一切都是做女儿的本分。我想尽快毕业，早点参加工作，挣钱照顾妈妈！"孟佩杰在父亲车祸去世后，母亲将她送给养母照顾，在养母患病又一个人担起家庭重任的时候，年仅8岁。从8岁到20岁，孟佩杰日复一日照料养母，不离不弃，在上大学期间，也带着养母，悉心照料，上高中也是考虑照顾养母而选择就近的学校读书。孟佩杰带着养母上学真真切切地体现了百善孝为先的传统美德。2012年感动中国十大人物之一的陈斌强是一名普通的初中老师，他上课幽默风趣，深受学生喜爱。陈斌强的父亲早逝，全靠母亲将他养大。当得知母亲患上老年痴呆生活不能自理时，为了更好地孝顺母亲，他把母亲绑在身上天天带着母亲去上班。他的孝顺感动了不少人。陈斌强也用他的实际行动告诉了我们什么叫孝顺。

董永卖身葬父

王祥卧冰为病母求鲤

孟佩杰照料养母

陈斌强带母上班

对于如何做到"孝"，孔子说过应该做到以下几点。一要做到"竭其力"。对父母的孝，应当尽自己所能。"百善孝为先，论心不论迹，论迹贫家无孝子。"一个人可能很贫穷，或许在物质上可以给予父母的很少，但是只要他尽力去做了，我们就可以说他做到

"孝"了。二是要注重对父母精神上的照顾，孔子认为，为人者不要给父母增加精神上的负担。三要做到"孝"必须继承父志。子曰："父在，观其志；父没，观其行；三年无改于父之道，可谓孝矣。"曾子曰："吾闻诸夫子：孟庄子之孝也，其他可能也。其不改父之臣与父之政，是难能也。"（《论语·子张》）可见，能坚持"父之臣"与"父之政"，才是对父母尽了最好的孝。

孟仲季与伯仲叔季

古代常用伯（孟）、仲、叔、季来表示长幼之序，如伯夷、叔齐，再如孔子字仲尼，是因他排行第二，故字中有"仲"。孟者，《说文》："孟，长也。"即孟在排行中指最年长的。仲，《说文》："仲，中也。"仲，在排行中指居中的。"季，《说文》："季者，少称也。"如季叔，后引申为最后、末尾，如季军。

1. 古时三妻四妾的情况很常见，其中，正妻生的孩子被称为嫡出，侧室生的孩子被称为庶出。于是有个说法是"嫡长为伯，庶长为孟"。

2. 古代贵族一夫多妻，如果长子是正妻所生用"伯"字，非正妻所生则用"孟"字，不过事实上似乎并不完全如此。

3. "孟仲季"和"伯仲叔季"都可以用来表示排行，但"孟仲季"还可以表示季节。"伯仲"两字连用，表示相差不多，难分高下，成语有"不相伯仲、伯仲之间"。

4. 兄弟三人，则称"孟、仲、季"或者"伯、仲、季"。兄弟四人，称"伯、仲、叔、季"。如果是有五个兄弟就用："伯、仲、叔、季、少"称呼。

三、诚信

"诚""信"二字在古代意思相近，同时，二者又有一定的差异性，其含义不尽相同。在先秦儒家著作中，"诚"多与"真""实"等范畴相关联，"信"多与"忠""仁"等范畴相关联。

《中庸》中提出："诚者，天之道也；诚之者，人之道也。""诚者，非自成己而已也，所以成物也。""诚其意者，毋自欺也；如恶恶臭，如好好色，此之谓自谦，故君子必慎其独也。"在这里，"诚"主要是在自然界固有的状态和规律的意义上使用的。在孟子看来，"诚"具有为人之道的真诚、诚实之意。《孟子》中说："悦亲有道，反身不诚，不悦于亲矣。诚身有道，不明乎善，不诚其身矣。是故诚者，天之道也；思诚者，人之道也。至诚而不动者，未之有也；不诚，未有能动者也。"也就是说，要使父母高兴首先要诚心诚意，就要明白什么是善，否则，就不能使自己诚心诚意。因此，"诚"是自然规律，追求诚是做人的规律，是做人的基本道理，不真诚就不能使他人感动，而极真诚而不能使他人感动是不曾有过的事。

东汉人杨震是个颇得称赞的清官。他做过荆州刺史，后调任为东莱太守。当他去东莱上任的时候，路过冒邑，冒邑县令王密是他在荆州刺史任内荐举的官员。听到杨震到来，王密晚上悄悄去拜访杨震，并带金十斤作为礼物。王密送这样的重礼，一是对杨震过去的荐举表示感谢，二是想通过贿赂请这位老上司以后再多加关照。可是杨震当场拒绝了这份礼物，说："故人知君，君不知故人，何也？"王密以为杨震假装客气，便说："幕夜无知者。"意思是说晚上又有谁能知道呢？杨震立即生气了，说："天知、地知、你知、我知，怎说无知？"王密十分羞愧，只得带着礼物狼狈而回。

"信"字最初是指祭祀上天和先祖时诚实不欺，不敢妄言，后来逐渐摆脱了其宗教色彩。孔子说："信近于义，言可复也。"即信与道义相近，说过的话要能践行和兑现。孟子提出"朋友有信"，并将"信"作为处理五种人伦关系的重要规范之一。董仲舒将信与仁、义、礼、智并列为"五常"，使其成为在广泛的社会生活中具有普遍指导意义的道德准则。这样，诚信便被提到了制约人道、通于天道的根本地位，不仅仅是做人之道、交友之道、夫妇之道、治国之道等，也成为人们所必须遵守的基本准则之一。

著名的海尔集团曾有过一次这样的经历：在与客户签订合同之后，由于种种原因，公司延误了发货时间，为了信守合同，公司决定采用空运，为此损失了一大笔钱，却由此赢得了信誉。总裁自豪地说："我们之所以成功，是因为宁可失去所有的财产，也不愿失去信用。"

曾参杀猪

季布"一诺千金"

四、和睦

和谐思想是我国传统文化核心精神的又一集中体现。儒家提倡"中和"，强调"礼之用，和为贵"，注重人与人之间的和睦相处，人与社会的和谐发展。道家追求人与自然的和谐统一，提倡"遵道以行，率理而动，因势利导，合乎自然，虚静处下，海涵宽容"，从而建立自然和谐的治国秩序。墨家倡导"兼相爱，交相利"，主张实现个体与社会的有序一体，道德与功利的和谐一致。法家主张正确定位个人、社会、国家三者关系，在大一统的格局内，实现国家主导下的社会和睦。儒家思想特别重视个人自我身心内外的和谐，孔子在个人修行方面，主张保持平和、恬淡的心态，追求一种"穷则独善其身，达则兼善天下""厚德载物"的境界。

对于人与自然的和睦，道家的老子提出"人法地，地法天，天法道，道法自然"，强调人要以尊重自然规律为最高准则，以崇尚自然、效法天地作为人生行为的基本准则。庄子明确提出"天地与我并生，而万物与我共存"（《庄子·齐物论》），强调人必须遵循自然规律，与自然和谐，才能达到"天人合一"的境界。"竭泽而渔，岂不获得？而明年无鱼。焚薮而田，岂不获得？而明年无兽。诈伪之道，虽今偷可，后将无复，非长术也。"就是说使河流干涸而捕鱼，难道会没有收获吗，但第二年就没有鱼了；烧毁树林来打猎，难道会没有收获吗？但第二年就没有野兽了。用欺骗和作假的方法，即使如今有用，以后却不会再有第二次了，这不是长久之计。这也说明了我们要和自然和谐相处。

在人与社会的关系方面，老子主张人与人之间相容相生，追求以形成和谐人际关系为基础的"大同"社会。儒家提出了仁、义、礼、智、信等一系列旨在维护社会秩序、实现社会和谐的道德准则，提出了建设"大同"社会的远景理想，还提出了著名的"德治、仁政、礼教"等政治主张，作为处理人与人之间关系的准则。

从上可知，"和睦"两字流传千古，不仅是人与人的和睦，还强调人与自然、人与社会的和睦。

安徽桐城市"六尺巷"上刻着"礼让"两个字

知识拓展

曾国藩的"八字家训"

曾国藩的"八字家训"广为流传，也正是这八个字让曾国藩子子孙孙和睦相处、人才辈出。这"八字家训"是：猪、蔬、鱼、书、早、扫、考、宝。即喂猪、种菜、养鱼、读书，为居家之事；起早、打扫洁净、诚修祭祀、善待亲族邻里，是治家之法。百姓家，首先要栏中有猪，塘中有鱼，园中有菜，这样生活就有了基本保障，大人们辛勤劳动，持家有方，就会丰衣足食，小孩们好好读书，健康成长，长辈就放心。做到猪、蔬、鱼、书这四个字，百姓家就能小康居家。居家后，进而考虑的是如何治家、勤俭持家，读书科考，首先要讲究两个字："早"和"扫"。早，就是事事要赶早，要勤于劳动，勤于读书。扫，就是要天天打扫环境，扫除心灵灰尘。家中儿女们只要发奋读书、勤于劳动、修身养性，考取功名、成就事业不是指日可待吗？曾国藩的八字家训也告诉后人，在人与人相处中和谐为要。

五、道义

道义作为中华民族的传统美德，不同时期的不同思想家均作出过重要阐述。

孔子认为"义"是最重要的道德准则，是君子的行为标准，是人生应追求的目标。同时也认为，要做到君子，就要先做到义。孔子曰："君子义以为质，礼以行之，孙以出之，信以诚之。君子哉！"（《论语·卫灵公十五》）在孔子看来，"义"就是正义、道义。孔子将"义"看作君子的必备品质，也是每个人都应该追求的精神境界。孟子曰："大人者，言不必行，行不必果，惟义所在。"（《孟子·离娄下》）又曰："君子之于天下也，无适也，无莫也，义之与比。"（《孟子》）孟子将"义"提到了人的本性的高度。具体而言，"义"的本意就是要区分善和恶，要能够辨别正当与不正当的行为。在孟子看来，"义"是比生命还重要的追求。如孟子曰："生，我所欲也，义，亦我所欲也，二者不可兼得，舍生而取义者也。"（《孟子·告子上》）荀子作为吸取百家之长的典范式人物，其义利观有着深刻的思想渊源，他吸收了孔子以义为上的道义论，吸收了管仲趋利避害的人性论，又对墨子的节用观和"无差"等思想进行了批判，最终形成了"义利兼顾，以义制利"的义利观。荀子义利观的内容主要有三个方面，即人生而有欲，隆礼以导欲，先义后利、以义制利。这种兼顾义利的主张既满足了人们追求物质的欲望，又阐明了道德作为调节人们物质利益这一手段的重要作用，是礼义并用的义利观，因而荀子义利观又具有务实性、实践性和辩证性。

《孟子·滕文公下》中的"富贵不能淫，贫贱不能移，威武不能屈"，提出了对于"大丈夫"的道义要求。这句话是说，金钱和地位不能使自己迷惑腐化，贫苦穷困、地位低下不能改变自己的志向，权势武力不能让自己屈服变节，这才是大丈夫。孟子认为，真正的"大丈夫"不应以权势高低论，而是能在内心稳住"道义之锚"，面对富贵、贫贱、威武等不同人生境遇时，都能坚持"仁、义、礼"的原则，以道进退。

董仲舒说"正其义不谋其利，明其道不计其功"，意思是说，做任何事情都是为了匡扶正义，而不是为了个人利益。这也体现了董仲舒倡导的"正义"精神。

文天祥被元军所俘，元朝统治者对他软硬兼施，威逼利诱，许以高位，文天祥宁死不屈，决心以身报国，丝毫不为所动，并在就义前的绝笔书中写道，"孔曰成仁，孟曰取义，惟其义尽，所以仁至，读圣贤书，所学何事？而今而后，庶几无愧"，意思是说，以孔子提倡的杀身成仁及孟子提倡的舍生取义来面对死亡，体现了其慷慨就义的大无畏精神。

1927年大革命失败后，陈铁军和周文雍以假夫妻的身份开始了组织起义的工作。他们一方面掩护党的机关，一方面准备广州起义。在共同的生活和斗争中，他们逐渐萌发了真挚的爱情。但在紧张严酷的现实面前，他们根本顾不上谈私人感情，双方一直克制自己。广州起义后，由于叛徒告密，二人被捕。1928年2月，广州起义工人赤卫队总指挥周文雍和广东妇协陈铁军被判了死刑。在狱中，陈铁军和周文雍互相激励，经受住了敌人的威胁利诱和严刑拷打，就义前在刑场上他们当众庄严宣布举行婚礼。这种为了革命而牺牲自己的革命者的义是一种大气凛然的义。

道义故事

桃园三结义

电视剧《三国演义》插曲中有这样的歌词："这一拜，报国安邦志慷慨，建功立业展雄才。这一拜，忠肝义胆，患难相随誓不分开。这一拜，生死不改，天地日月壮我情怀。"东汉末年，天下大乱，民不聊生。三位英雄刘备、关羽、张飞桃园结义，他们点燃香烛，拜告天地，结为兄弟，发誓"同心协力，报效国家"，救民于倒悬。在以后的长期征战中，三人忠肝义胆、生死不弃，果然做出了一番惊天动地的事业。

第二节　中国传统文化艺术

中国传统文化艺术品类繁多、博大精深，主要涵盖中国戏曲、中国画、中国文字与书法、瓷器与绣品等门类。

一、中国戏曲

中国传统文化艺术

中国戏曲主要是由民间歌舞、说唱和滑稽戏三种不同艺术形式综合而成。它起源于原始歌舞，是一种历史悠久的综合舞台艺术样式，经过汉、唐到宋、金才形成比较完整的戏曲艺术。它融合了文学、音乐、舞蹈、美术、武术、杂技以及表演艺术，约有360多个种类。中国的戏曲与希腊的悲剧和喜剧、印度梵剧并称为世界三大古老的戏剧文化，经过长期的发展演变，逐步形成了以"京剧、豫剧、越剧、评剧、黄梅戏"五大戏曲剧种为核心的中华戏曲百花苑。

（一）京剧

京剧，曾称平剧，腔调以西皮、二黄为主，用胡琴和锣鼓等伴奏，被视为中国国粹。京剧已走遍世界各地，成为介绍、传播中国传统艺术文化的重要媒介。其分布地以北京为中心，遍及全国。2010年11月16日，京剧被列入"人类非物质文化遗产代表作名录"。京剧的代表作主要有《空城计》《四郎探母》《贵妃醉酒》《群英会》等。

《贵妃醉酒》

《四郎探母》

知识链接

京剧的产生

四大徽班，清代乾隆年间活跃于北京剧坛的四个著名徽班：三庆、四喜、和春、春台的合称。徽班，是以安徽籍（特别是安庆地区）艺人为主，兼唱二簧、昆曲、梆子、啰啰等腔的戏曲班社。开始多活动于皖、赣、江、浙诸省，尤其在扬州地区，更以"安庆色艺最优"（《扬州画舫录》）。清乾隆五十五年（1790），为给高宗弘历祝寿，从扬州征调了以著名戏曲艺人高朗亭为台柱的"三庆"徽班入京，成为徽班进京的开始。此后又有四喜、启秀、霓翠、和春、春台等安徽班相继进京。在演出过程中，六班逐步合并成为著名的三庆、四喜、春台、和春四大徽班。当时正是地方戏曲勃兴、花雅争胜的时期，一些新兴的地方剧种，如高腔（时称京腔）、秦腔等已先行流入北京。徽班在原来兼唱多种声腔戏的基础上，又合京、秦二腔，特别是吸收秦腔在剧目、声腔、表演各方面的精华，以充实自己。同时适应北京观众多方面的需要和发挥各班演员的特长，逐渐形成了四大徽班各自不同的艺术风格，表现为："三庆的轴子（指三庆班以连演整本大戏见长）；四喜的曲子（指四喜班以演唱昆曲戏著称）；和春的把子（指以擅演武戏取胜）；春台的孩子（指以童伶出色）"。出现了"四徽班各擅胜场"的局面（据《梦华琐簿》）。嘉庆、道光年间，汉调（又称楚调）艺人进京、参加徽班演出。徽班又兼习楚调之长，为汇合二簧、西皮、昆、秦诸腔向京剧衍变奠定了基础。因此"四大徽班"进京，被视为京剧诞生的前奏，在京剧发展史上具有重要意义。

1. 京剧行当

京剧的行当主要分为生、旦、净、丑四种。生就是指男子，又分老生、小生、武生；旦就是指女子，又分正旦、老旦、花旦、花衫、武旦、刀马旦、彩旦；净就是花脸，又分正净、副净、武净、毛净；丑就是丑角，俗称"三花脸"，又分文丑、武丑、铁丑。

2. 技术形式

京剧分为"念、做、唱、打"。"念"是具有音乐性的念白，京剧中的念白分京白、韵白和苏白，京白是用北京音，韵白则用湖广音、中州韵，苏白使用苏南地区的方言。"做"是京剧的表演特点，京剧是一种表现性的艺术，各类不同的形体动作都被强烈地夸张，与生活中的各种动作相去甚远，但这些动作又不是随意可以做的，而是有一整套程序。"唱"指京剧的唱腔，是京剧音乐的主要部分。唱腔又分为唱词和音乐两部分，其唱词一般要求对偶和押韵。"打"是结合民间武术将其舞蹈化的武打动作。

3. 京剧脸谱

中国京剧脸谱艺术是广大戏曲爱好者非常喜爱的艺术门类，可归纳为两大类：一类是工艺美术性脸谱，即作者根据自己的思维想象，在石膏材质的人脸模型上，用绘画、编织、刺绣等手法制作出形态各异、色彩图案变化多样的脸谱。另一类是舞台实用脸谱，即根据剧情和剧中人物的需要，演员用夸张的手法在脸上勾画出不同颜色、不同图案和纹样的脸谱。

知识拓展

《说唱脸谱》

《说唱脸谱》是一首京剧与流行音乐相结合的戏歌，其借鉴京剧唱腔和旋律，将我国的传统戏曲元素巧妙地融入歌曲之中，使整首歌听起来朗朗上口，亦歌亦戏。这首歌由阎肃作词、姚明作曲，由青年歌手谢津演唱，流传甚广，深受人们喜爱。歌词摘要如下：

那一天爷爷领我去把京戏看 看见那舞台上面好多大花脸 红白黄绿蓝咧嘴又瞪眼 一边唱一边喊 哇呀呀呀呀 好像炸雷叽叽喳喳震响在耳边 蓝脸的窦尔敦盗御马 红脸的关公战长沙 黄脸的典韦 白脸的曹操 黑脸的张飞叫喳喳……喳喳哇……

要创新要发展 哇呀呀…… 让那老的少的男的女的大家都爱看 民族遗产一代一代往下传 一幅幅鲜明的鸳鸯瓦 一群群生动的活菩萨 一笔笔勾画一点点夸大 一张张脸谱美佳佳…… 哇哈哈……

（二）豫剧

豫剧是在河南梆子的基础上不断继承、改革和创新发展起来的，是中国第一大地方剧种。因河南简称"豫"，故称豫剧。2006年，豫剧被国务院列入第一批国家级非物质文化遗产名录。豫剧的代表作品主要有《劈山救母》《桃花庵》《春秋配》《三拂袖》等。

《桃花庵》

1. 角色行当

角色行当分为生、旦、净、丑，按一般的

说法是四生、四旦、四花脸。戏班也按照"四生四旦四花脸,四兵四将四丫环;八个场面两箱官,外加四个杂役"来组织。

"四生"即老生、大红脸(红生)、二红脸(马上红脸)、小生;"四旦"即正旦(青衣)、小旦(花旦、闺门旦)、老旦、帅旦;"四花脸"即黑头(副净)、大花脸、二花脸、三花脸(丑)。也有五生、五旦、五花脸的说法。

2. 豫剧流派

豫剧在其发展过程中,由于受到各地语音和民间音乐等因素的影响,在音乐上形成了带有区域性的不同风格的艺术流派。以开封为中心的"祥符调",其风格是粗犷、高亢、激越、古朴醇厚、委婉明丽,代表人物有陈素真、阎立品、桑振君等。以商丘为中心的"豫东调",其风格慷慨激昂,女声花腔较多,具明快、俏丽的特点,男声则挺拔、昂奋,代表人物主要有马金凤、李斯忠、刘忠河。以洛阳为中心的"豫西调",其音味略带秦腔,优美、悦耳、动听,吐字清晰,字字入耳,适合表演悲伤、愤慨的剧情,音乐深沉、悲壮,代表人物有常香玉、崔兰田等。形成于豫南沙河一带的"沙河调",其活泼婉转,激昂嘹亮,既适宜表达愉快舒畅的心情,也适宜表现慷慨壮烈的气氛,流传于淮北、沙河流域,安徽人称梆子剧、淮北梆子,代表人物有梁振起、刘发印、唐喜成、安金凤。1949年以后,在杨兰春等的领导下,对豫剧传统唱腔进行了综合吸收和大幅度改革,运用科学的发声方法,融入了歌剧元素,形成了"现代流派",又称现代戏流派。

(三)越剧

越剧是中国第二大剧种,被称为"流传最广的地方剧种",在国外被称为"中国歌剧"。越剧被列入首批国家级非物质文化遗产名录。其长于抒情,以唱为主,曲调优美动听,表演真切动人,多以"才子佳人"为题材。越剧的代表作品主要有《梁山伯与祝英台》《祥林嫂》《孔雀东南飞》《西厢记》等。

越剧名称由来

"越剧"起源于"落地唱书",又被称为"女子科班""绍兴女子文戏""的笃班""草台班戏""小歌班""绍兴戏剧"等。1925年9月17日,在小世界游乐场演出的"的笃班",首次在《申报》广告上称为"越剧"。从1938年起,多数戏班、剧团称"越剧",但各戏报上的称谓依旧不统一,记者与投稿者经常各用各的。1939年,《大公报》记者樊迪民兼为姚水娟之"越吟舞台"的编导,受李白《越女词》之启发,考虑到绍兴是越王勾践生聚教训击败吴国的复兴基地,而越剧发源地嵊县(今为嵊州市)是绍属之一,又受越剧名伶姚水娟"我就是要越唱越响,越唱越高,越唱越远"之豪言触动,遂给茹伯勋编的《戏剧报》写稿,刊出正名为"越剧"的动机和意义的文章,告诸观众。

1. 角色行当

越剧的角色行当随着剧种的发展，逐渐衍化，从单纯到齐全。在初期，由于剧目多为表现农村中爱情、婚姻题材的"对子戏"，故以"二小"（小生、小旦）、"三小"（小生、小旦、小丑）为主；以后随着题材的扩展，发展为"四柱头"（又称"四庭柱"，即"三小"加老生），老旦、花脸地位不高。20世纪40年代越剧改革以后，打破了严格的行当界限，但仍保持着基本的行当体制。现在越剧角色行当，分为以下六大类。

小旦：饰青年、少年女性角色。其又细分为六种路子及称谓，即：悲旦，专饰命运悲惨的青年、中年妇女角色，类似京剧中的"青衣"，以唱工为主、做工为辅；花旦，专饰天真活泼、聪明伶俐的少女角色，表演以做工取胜，动作灵巧轻快；闺门旦，专饰名门闺秀、千金小姐一类角色，表演特点是举止端庄、文静大方，唱工和做工兼擅；花衫，饰演古代青年女子，表演形态介于闺门旦和花旦之间，既有闺门旦的大家女子身份和端庄大方的仪态，又有花旦俏丽、活泼的举止；正旦，主要饰演做了母亲的中年妇女一类角色，穿着素净，动作稳重，在戏中一般做配角；武旦，专饰有武艺的女性角色，表演以武功、武戏见长。

小生：饰青年男性角色。在女子越剧中，由于小生由女演员扮演，故比其他剧种的小生行当更具柔美特色，在剧种中的地位也更重要。其又分为四种路子及称谓，即：书生，又称儒巾生、风雅小生，头戴秀才巾、解元巾，主要饰演儒雅潇洒、文质彬彬的读书人，表演特点是洒脱庄重、温文尔雅、富有书卷气；穷生，又称鞋皮生或破巾生，因脚拖鞋皮、头戴破巾、身穿百衲衣而得名，主要饰演穷愁潦倒的落难公子和寒家子弟一类角色，表演特点是带有寒酸相和迂腐气；官生，主要饰演古代官员、显贵一类角色，头戴乌纱，身着官袍，表演带有一定的工架和气度；武生，主要饰演有武艺的中青年男性角色，表演特点是英武挺拔，文武兼长，能参加武打场面。

老生：饰老年男性角色。演出时挂髯口，分黑髯、花髯、白髯三类。按表演特点，分为两种路子及称谓，即：正生，戴黑髯，唱、做并重；老外，戴白髯和花髯，过去戏文中称"末"，以做工为主，表演动作性强。

小丑：又称小花脸，因过去化装时鼻梁上常画一白方块而得名。表演特点是幽默、机智或狡猾、阴险，动作灵活、夸张，表情丰富。其又分为四种路子及称谓，即：长衫丑，又称文丑，多饰演花花公子、品行不端的读书人，或其他有喜剧色彩的正面角色；官丑，饰演反派的或可笑的官吏；短衫丑，通常饰演茶博士、店主或店小二、用人、衙役或公差等角色；女丑，又称彩旦，通常饰演媒婆、巫婆、老鸨和风趣的中老年妇女等角色。

老旦：饰老年女性角色。表演特点是沉稳老练，唱做并重。

大面：亦称大花脸，多饰演奸臣和奸邪的员外、恶霸，多是白脸。

2. 越剧剧目来源

越剧剧目来源主要有三个方面：一是将原唱书节

越剧《红楼梦》

目变成戏曲形式演出，如《珍珠塔》《双金花》《懒惰嫂》等剧目；二是从兄弟剧种中移植，如从新昌高腔移植的有《双狮图》《仁义缘》《沉香扇》等剧目；三是根据宣卷、唱本、民间传说的故事编写，如《碧玉簪》《蛟龙扇》《烧骨记》等剧目。

（四）评剧

评剧是流传于中国北方的一个剧种，是人民群众所喜闻乐见的剧种之一。它是在清末河北滦县一带的小曲"对口莲花落"基础上形成，先是在河北农村流行，后进入唐山，称"唐山落子"。20世纪20年代流行于东北地区，出现了一批女演员。20世纪30年代以后，评剧表演在京剧、河北梆子等剧种影响下日趋成熟，出现了李金顺、刘翠霞、白玉霜、喜彩莲、爱莲君等流派。

《杨三姐告状》

2006年5月20日，评剧被列入首批国家级非物质文化遗产名录。评剧的艺术特点是：以唱工见长，吐字清楚，唱词浅显易懂，演唱明白如诉，表演生活气息浓厚，有亲切的民间味道。它的形式活泼、自由，最善于表现当代人民生活，因此在城市和乡村都有大量观众。评剧的代表作品主要有《杨三姐告状》《刘巧儿》《小二黑结婚》《茶瓶记》《秦香莲》等。

1. 角色行当

评剧的角色行当是随着评剧的发展，经过不断丰富和完善而逐渐形成的。评剧的前身"蹦蹦戏"曾经历了"对口戏""拆出戏"两个阶段，那时的行当也不像现今这样分明。经过1909年至1921年的重大改革，评剧成为一个大剧种。评剧的行当也依据表演的需要吸取京、梆等剧种的行当分类经验，逐渐形成现在生、旦、净、丑门类齐全的规模。

"对口戏"的行当是一旦一丑，旦角称"上装"，丑角称"下装"。"拆出戏"亦称"三小戏"，由"对口戏"演变而来，由"上装""下装"形成"三小"行当，即：小生、小旦、小花脸（丑）。

2. 评剧剧目来源

在不长的历史里，评剧积累了众多雅俗共赏的经典剧目，据不完全统计，曾上演过的评剧剧目有1 880余出。剧目来源有："对口""拆出"时期来源于莲花落、蹦蹦戏的剧本；清末民初以"劝善"为宗旨的"宣讲文学"；根据《今古奇观》《聊斋志异》改编；评剧形成前后从皮影戏、河北梆子、京剧等剧目移植改编；根据冀东和渤海人民到东北、唐山等地经商引起的悲欢离合的故事改编；五四运动之后的新编现代戏。

（五）黄梅戏

黄梅戏始于宋元，盛于明清，尤以民国为最。其源于湖北、安徽、江西三省交界处黄梅一带的采茶调，清末传入毗邻的安徽省怀宁县等地区，与当地民间艺术结合，并用安庆方言歌唱和念白，逐渐发展为一个新生的戏曲剧种，一度被称为"怀腔""皖剧"，在流传地习惯称"小调子""采子""梅子腔"等。黄梅戏不仅曲调好听、耐人寻味，而且文化底蕴深厚，大多为教化世人的故事，如典型人物陈世美、潘金莲、武松、诸葛亮等，深刻地揭露了人性丑恶的一面，表现了封建制度下官逼民反以及三国人物的英雄气场、儿女情长；同时也赞美了古人美好的爱情，充分表达了古代人民对美好生活的向往。2006年5月20日，黄梅戏被列入第一批国家级非物质文化遗产名录。其分布地以安庆为中心，遍及全国。

1. 角色行当

黄梅戏角色行当的体制是在"二小戏""三小戏"的基础上发展起来的。上演整本大戏后，角色行当才逐渐发展成正旦、正生、小旦、小生、小丑、老旦、奶生、花脸等。辛亥革命前后，角色行当分工被归纳为"上四脚"和"下四脚"。上四脚是正旦、老生、正生、花脸；下四脚是小生、花旦、小丑、老旦。行当虽有分工，但很少有人专工一行。1930年以后，黄梅戏班社常与徽、京班社合班演出。由于演出剧目的需要，又出现了刀马旦、武二花行当，但未固定下来。当时的黄梅戏班多为半职业性质，一般只有三打、七唱、箱上（管理服装道具）、箱下（负责烧茶做饭）十二人。行当搭配基本上是正旦、正生、小旦、小生、小丑、老旦、花脸七行。由于班社人少，演整本大戏时，常常是一个演员要兼扮几个角色，因而在黄梅戏中，戏内角色虽有行当规范，但演员却没有严格分行。

2. 黄梅戏剧目

黄梅戏的剧目号称"大戏三十六本，小戏七十二折"。大戏主要表现的是当时人民对阶级压迫、贫富悬殊的现实不满和对自由美好生活的向往。如《荞麦记》《告粮官》《天仙配》等。小戏主要表现的是农村劳动者的生活片段，如《点大麦》《纺棉纱》《卖斗笠》。

《天仙配》

知识拓展

《天仙配》

黄梅戏经典剧目《天仙配》，又名《七仙女下凡》，由剧作家陆洪非根据老艺人胡玉庭之口述改编而成。剧中主要讲述了董永为葬父而卖身在傅员外家为奴，美丽善良的七仙女爱上了朴实憨厚的青年董永，私自从天庭下到凡尘，冲破重重阻挠与董永结为夫妻。玉皇大帝得知怒不可遏，命令七仙女立刻返回天庭，七仙女为了不使董永受到伤害，只好忍住悲痛，在槐荫树下与董永泣别的故事。

3. 唱腔

黄梅戏唱腔委婉清新，分花腔和平词两大类。花腔以演小戏为主，富有浓厚的生活气息和民歌风味，多用"衬词"，如"呼舍""喂却"之类，有《夫妻观灯》《蓝桥会》《打猪草》等；平词是正本戏中最主要的唱腔，常用于大段叙述、抒情，听起来委婉悠扬，有《天仙配》等。

二、中国画

中国画是具有悠久历史和优良传统的中国民族传统绘画。中国画凝聚着中华民族的智慧、性格、心理、气质，以其鲜明的特色和风格在世界画苑中自成体系。人物走兽、楼台山水、花鸟鱼虫，都在中国画的题材之中，也就形成了人物画、山水画、花鸟画，即中国画的三大科系。

（一）中国画的特点

1. 材料使用及工具

中国画所使用的笔、墨、纸、砚等传统工具材料，经过劳动人民及书画家的长期努力，不断改进完善，已达到高度的和谐完美的程度。传统材料工具的使用已经在中国延续数千年，其民族特色经久不衰，有着强大的生命力。

2. 笔墨技法

中国画引中国书法用笔入画，追求绘画的形式意味和个性表现。正所谓"书画同源"，中国画和中国书法一直是亲如联袂、密不可分。笔墨作为中国画艺术表现手法，虽然只是局部，而不是全局，但笔墨作为中国画关键一环，却在每一笔、每一画中浸透了中国画的全部特征。一幅好的中国画，无论从整体欣赏或从局部欣赏，每一个线条讲究意在笔先，意到笔不到，每一块墨迹甚至每一个苔点，它的抽象美都可以反映出一个画家的功力，都会给观者以不可言状的感染与享受。

3. 意境

中国画追求的是诗的意境，空阔流动的意境，不受真情实景的制约，不受光源、透视、投影的约束，讲究以线界形，散点透视，写其意而不重其形，以形写神，迁想妙得，在"似与不似之间"，敢于用浪漫的手法删繁就简，大胆提炼取舍，以小胜大，以少胜多，计白守黑，使人产生丰富的联想，产生"意中有意，味外有味"的耐人寻味的艺术形象。

4. 思想内涵的表达

画家可以通过熟练驾驭笔墨的能力，注入自己的思想感情，或喜，或怒，或歌颂，或宣泄，通过大胆的以意写形、大胆的夸张变形，在笔下得以自然地流露，直抒内心情感，而被描绘的客观实体却退居次要地位。如清初"四僧"画鸟画鱼，常画成白眼看天，借以体现其傲世不群的气质和隐喻其对清政府愤懑不平之气。历代文人喜画清瘦的梅、兰、竹、菊，寓意自己的清高、无为。通过恬淡的笔墨，体现了当时中国封建社会在野文人和士大夫的人生观和处世思想。笔墨当随时代，运用传统的笔墨，挥写现代丰富多彩的画卷，反映新时代的生活，是时代赋予我们的责任。同样的笔墨工具，同样的题材，又可以赋予它不同的思想内涵，如：山水表现时代风貌，画竹表现虚心向上，画梅表现傲骨风姿，画牡丹表现欣欣向荣，等等。

5. 构图手法

中国画有独特的构图手法，根据内容和题材需要安排画面，苦心经营，在穿插引破、疏密聚散和大与小、多与少、纵与横、长与短中造险破险，在和谐中求变化，变化中求统一。一幅画的定局首先要有势，即总的趋势，特别是花鸟画构图，还要注意适当运用引、伸、回、堵、泻的手法，防止出现花木枝条的平行、对称、相等、均衡的通病。中国画运用散点透视的方法，不受时间、空间的限制，可以集中四时花卉于同一画面，聚险峰、奇树于一体，根据画面需要安排布局。

6. 融诗、书、画、印于一体

中国画融诗、书、画、印为一体，是各类绘画中所绝无仅有的。宋代以后，文人画兴起，当时许多画家既是书法家，又是诗人，又擅制印，将诗书、题跋、篆刻引入画面，从而更加丰富了中国画的表现形式，使诗、书、画印浑然一体，从而奠定了中国画的基本特点。

7. 装裱方式

中国画独特的装裱方式也起到了画龙点睛的作用。俗话说"三分画，七分裱"，本来皱褶不平的画幅，经过装裱，使画心的颜色、墨色衬托得鲜艳醒目，特别是加上古色古香的绫子，再配上天地轴，顿使画面生辉，成为一件完美的艺术品，使其欣赏价值、收藏价值得以提高。

（二）中国画的三大科

1. 人物画

人物画在中国画中占有重要位置。在古代墓穴里的壁画，以及出土的帛画上都发现了最早的人物画，有功臣、武将、文人、学士等形象。人物画力求将人物个性刻画得逼真传神、气韵生动、形神兼备。其传神之法，常把对人物性格的表现，寓于环境、气氛、身段和动态的渲染之中，故中国画论上又称人物画为"传神"。历代著名人物画有东晋顾恺之的《洛神赋图》卷、唐代韩滉的《文苑图》、五代南唐顾闳中的《韩熙载夜宴图》、北宋李公麟的《维摩诘像》、梁楷的《李白行吟图》等。

《李白行吟图》

2. 山水画

中国山水画以山川自然景观为主要描绘对象，简称"山水"，形成于魏晋南北朝时期，但尚未从人物画中完全分离。隋唐时始独立，五代、北宋时趋于成熟，成为中国画的重要画科。

《春雨》

3. 花鸟画

花鸟画在长期发展中，形成了各种各样的风格和流派，从表现上分为工笔画和写意画两种。

工笔花鸟画，是用很工整精致的笔墨描绘枝叶花卉、鸟羽翎毛。工笔花鸟造型真实，神态生动，笔致精致，着色细腻。代表作有北宋崔白的《寒雀图》《双喜图》《竹鸥图》等。

写意花鸟画，也可诠释为写其大意，不必每笔都细致入微。写就是画，画出其中的意思与意境。明代中叶，画家孙隆开写意花鸟画之先河，翎毛草虫，全以色彩渲染。徐渭则用水墨，大胆突破了花鸟画勾勒的界限，将花鸟画的技法提高到全新的艺术境界，使中国画增加了一大流派。写意画要做到"意在笔先""胸有成竹"，要具备坚实的造型能力和熟练的笔墨技巧。在作画之前必须深刻领会到画的主题以及整幅的构图，才能一挥而就。

工笔花鸟画《双喜图》

写意花鸟画《墨葡萄图》

三、中国文字与书法

（一）中国文字

中国文字是历史最古老的文字之一，也是当今世界上延续至今仍为全球华人广泛使用的文字。从甲骨文发展到今天的汉字，已经有 3 000 多年的历史，汉字的发展经历了甲骨文、金文、大篆、小篆、隶书、楷书、草书、行书等几个阶段。

结绳记事

结绳记事是文字产生之前帮助记忆的方法之一。我国上古时期的"结绳记事"法，史书上有很多记载。战国时期的著作《周易·系辞下传》中记载："上古结绳而治，后

第五章 传统文化艺术知识

世圣人易之以书契。百官以治，万民以察。"汉朝郑玄的《周易注》中记载："古者无文字，结绳为约，事大，大结其绳，事小，小结其绳。"《九家易》中也说："古者无文字，其有约誓之事，事大，大其绳，事小，小其绳，结之多少，随物众寡，各执以相考，亦足以相治也。"古人为了记住一件事，就在绳子上打一个结，以后看到这个结，他就会想起那件事。如果要记住两件事，他就打两个结，要记三件事，他就打三个结，如此等等。

甲骨文：商朝时刻写在龟骨、兽骨上的文字。甲骨文是目前我国发现的最早的比较成熟的文字，我们今天的汉字就是从甲骨文演变而来，我国有文字可考的历史也是从商朝开始的。

金文：商周时代铸刻在青铜器上的铭文。由于它铸刻在钟鼎上，所以又称钟鼎文。金文有粗而宽的笔画，点画圆浑。金文和甲骨文属于同一系列的文字，但比甲骨文更规范，结构更整齐。

大篆：到了西周后期，汉字发展演变为大篆。大篆有两个特点，一是线条化，早期粗细不匀的线条变得均匀柔和了，它们随实物画出的线条十分简练生动；二是规范化，字形结构趋向整齐，逐渐离开了图画的原形，奠定了方块字的基础。缺点是字体繁复，书写不方便。

小篆：秦统一后，为维护国家统一，秦始皇接受丞相李斯的建议，统一文字。李斯按照秦国的文字标准，对汉字进行整理和简化，制定标准写法，在全国推行，这种新字体叫小篆。

隶书：隶书字形扁平，字的构架多有方折棱角，笔画有粗有细，形成波势和挑法，所谓"一波三折、蚕头燕尾"。从篆书到隶书，是一次更大的变化，隶书是汉字演变史上重要的转折点，是古文字和今文字的分水岭。从此，汉字的象形意味大部分丧失了。

楷书：汉朝后期，隶书又演变为楷书。楷书可作为习字的法式楷模，所以叫楷书。从隶书到楷书字形结构基本上没有什么变化，只是在书写时把隶书的波势挑法改变成定型的钩撇，使字形更加方正平直，书写更为简便。

草书：草书的特征是笔画连带、结体简约、气势连贯、字形奔放。

行书：行书是介于楷书和草书之间的字体，比楷书简便，比草书易辨认。草书和行书与楷书并行。

汉字字体

天下第一行书——兰亭集序

永和九年，岁在癸丑，暮春之初，会于会稽山阴之兰亭，修禊事也。群贤毕至，少长咸集。此地有崇山峻岭，茂林修竹，又有清流激湍，映带左右，引以为流觞曲水，列坐其次。虽无丝竹管弦之盛，一觞一咏，亦足以畅叙幽情。

是日也，天朗气清，惠风和畅。仰观宇宙之大，俯察品类之盛，所以游目骋怀，足以极视听之娱，信可乐也。

夫人之相与，俯仰一世。或取诸怀抱，悟言一室之内；或因寄所托，放浪形骸之外。虽趣舍万殊，静躁不同，当其欣于所遇，暂得于己，快然自足，不知老之将至；及其所之既倦，情随事迁，感慨系之矣。向之所欣，俯仰之间，已为陈迹，犹不能不以之兴怀，况修短随化，终期于尽！古人云："死生亦大矣。"岂不痛哉！

每览昔人兴感之由，若合一契，未尝不临文嗟悼，不能喻之于怀。固知一死生为虚诞，齐彭殇为妄作。后之视今，亦犹今之视昔，悲夫！故列叙时人，录其所述，虽世殊事异，所以兴怀，其致一也。后之览者，亦将有感于斯文。

公元353年，也就是东晋时期，王羲之与友人谢安、孙绰等四十一在会稽山阴聚会，饮酒赋诗，王羲之将这些诗歌辑成一集，并作序，这篇序就是《兰亭集序》，并亲自写下，成了中国书法史上的最著名的行书作品之一。

（二）书法

每个国家使用的文字都有自己的书写方法。中国书法，即汉字书写艺术的方法。"书"是指写，"法"是指书写的法则、技巧、规律。中国书法是中华民族优秀文化的灿烂结晶，是世界上独有的文化艺术瑰宝，是东方艺术的典型代表。由于它在传承中国传统文化、繁荣中国当代文化，乃至促进人类艺术发展中具有重要的意义和作用，所以2009年被联合国教科文组织列入"人类非物质文化遗产代表作名录"。

1. 中国书法的工具

中国书法使用的主要工具是笔、墨、纸、砚，也就是人们常说的"文房四宝"。无论是在古代还是在现代，"文房四宝"在书法创作中都发挥着非常重要的作用。此外，书法还需要一些辅助性工具，例如防止水墨渗化的垫毡、装毛笔的笔筒、书法印泥等。

笔：中国书法的笔，一般指的是毛笔。在"文房四宝"中，毛笔是最为重要的工具。考古发现的最早的毛笔实物，是战国时候的竹管毛笔。据不完全统计，中国的毛笔种类已多达200多种。从毛笔所用原材料上分，主要有三种：一种是硬毫，即用黄鼠狼毛、兔毛、马尾毛等硬质兽毛制作的毛笔；一种是软毫，即主要用羊毛等较柔软的毫毛制作的毛笔；一种是兼毫，即用羊毛、狼毛几种兽毛制作的毛笔。

墨：墨是用油或树枝烧出来的烟末，调入适当的胶水和药材、香料等上千种配料加工制作而成的，其主要用途是写字绘画。从颜色上分为黑墨、朱墨、彩墨、清墨等；从原料上分为松烟墨、油烟墨、油松墨、漆烟墨、药墨、蜡墨等；从用途上分有贡墨、御墨、礼品墨、珍玩墨、自制墨等。

纸：纸是书法的基本用材。造纸术是中国古代的四大发明之一，对世界文明的进步和发展做出了巨大贡献。

砚：也叫砚台，是研墨、盛墨、舔笔的工具。目前我国发现最早的一方砚台是北魏的正方形石砚。到唐代，我国制砚的工艺和规模都有很大发展，出现了端砚、歙砚、洮砚、鲁砚四大名砚。

"文房四宝"

2. 中国书法的"五体"

中国书法的字体，大家公认的有篆书、隶书、楷书、行书、草书"五体"。

篆书：包括大篆和小篆，前面讲到的甲骨文、金文等，一般归入大篆体系。篆书的传世代表作有《泰山刻石》《琅琊台刻石》，相传是秦朝的李斯书写的。

隶书：具有很高的艺术价值和丰富的审美内涵，在我国书法发展史上具有非常重要的意义。隶书的优秀作品多数存在于汉朝的碑刻即汉碑中，如《礼器碑》《张迁碑》《石门颂》等。

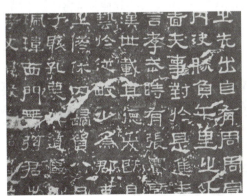

《张迁碑》

楷书：最早的楷书是南北朝时期产生的魏碑书体，楷书发展到隋朝已经成熟，到唐朝已是非常成熟。楷书的著名作品有：钟繇的《宣示表》、王羲之的《乐毅论》、王献之的《洛神赋十三行》、颜真卿的《颜氏家庙碑》等。

《乐毅论》

行书：相传是东汉书法家刘德昇创造的。代表作有王羲之的《兰亭集序》、颜真卿的《祭侄季明文稿》、苏轼的《黄州寒食帖》，被称为"天下三行书"。

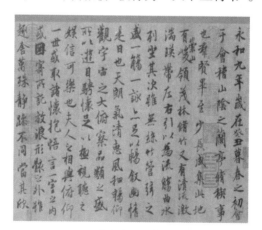

《兰亭集序》

草书：分为章草、今草、狂草。章草的代表作有东吴黄象的《急就章》，西晋陆机的《平复帖》。今草，是在章草基础上演变而来的，也称作小草。今草的创造者相传是东汉的张芝。今草的代表作有王羲之的《十七帖》、智永的《真草千字文》等。狂草，也叫大草或醉草。代表作有张旭的《古诗四帖》、怀素的《自叙帖》等。

章草《急就章》

今草《十七帖》

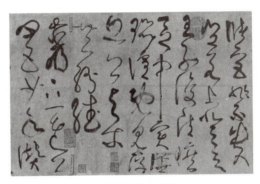

狂草《古诗四帖》

四、瓷器及绣品

中国古代出产的丝绸、瓷器是丝绸之路上运输的主要商品。当时，中国的瓷器及丝绸是东亚强盛文明的象征。各国元首及贵族曾一度以穿着用腓尼基红染过的中国丝绸，家中使用瓷器为富有荣耀的象征。丝绸之路是起始于中国，连接亚洲、非洲和欧洲的古代商业贸易路线，从运输方式上分为陆上丝绸之路和海上丝绸之路。它是一条东方与西方进行经济、政治、文化交流的主要道路。在丝绸之路这一背景下，中国提出了"一带一路"倡议。"一带一路"是"丝绸之路经济带"和"21世纪海上丝绸之路"的简称。"一带一路"旨在借用古代丝绸之路的历史符号，高举和平发展的旗帜，积极发展与沿线国家的经济合作伙伴关系，充分依靠中国与有关国家既有的双边、多边机制，借助于既有的、行之有效的区域合作平台，共同打造政治互信、经济融合、文化包容的利益共同体、命运共同体和责任共同体。

1. 瓷器

中国是瓷器的故乡，瓷器的发明是中华民族对世界文明的伟大贡献。在英文中"瓷器"与"中国"同为一词。大约在公元前16世纪的商代中期，中国就出现了早期的瓷器。

因为其无论在胎体上,还是在釉层的烧制工艺上,都尚显粗糙,烧制温度也较低,表现出原始性和过渡性,所以一般称其为"原始瓷"。

(1) 越窑

越窑,是中国古代南方的青瓷窑,窑所在地主要在今浙江省上虞、余姚、慈溪、宁波等地,因这一带古属越州,故名。

(2) 邢窑

邢窑是唐代著名的瓷窑,在今河北内丘、临城一带,唐代属邢州,故名。

(3) 汝窑

宋代五大名窑之一,在今河南宝丰清凉寺一带,因在北宋属汝州而得名。北宋晚期汝窑为宫廷烧制青瓷,是古代第一个官窑,又称北宋官窑。釉色以天青为主,用石灰碱釉烧制技术,釉面多开片,胎呈灰黑色,胎骨较薄。

(4) 钧窑

宋代五大名窑之一。在今河南禹州,因此地唐宋时为钧州所辖而得名。钧窑始于唐代,盛于北宋,至元代衰落,以烧制铜红釉为主,还大量生产天蓝、月白等乳浊釉瓷器,至今仍生产各种艺术瓷器。

(5) 定窑

宋代五大名窑之一。在今河北曲阳润磁村和燕山村,因唐宋时属定州而得名。

(6) 南宋官窑

宋代五大名窑之一,宋室南迁后设立的专烧宫廷用瓷的窑场。

(7) 哥窑

宋代五大名窑之一,至今遗址尚未找到。

(8) 建窑

在今福建建阳。始于唐代,早期烧制部分青瓷,北宋时以生产兔毫纹黑釉茶盏而闻名。

知识拓展

宋代著名书法家也是茶学家的蔡襄在《茶录》中云:"茶色白,宜黑盏,建安所造者绀黑,纹如兔毫,其坯微厚,燿之,久热难冷,最为要用。出他处者,或薄或色紫,皆不及也。其青白盏,斗试家自不用。"可见,宋代盛斗茶之风,又视建窑所产茶碗为最佳之器。

(9) 景德镇窑

在今江西景德镇,始烧于唐武德年间,产品有青瓷与白瓷两种。青瓷色发灰;白瓷色纯正,素有"白如玉、薄如纸、明如镜、声如磬"之誉。

2. 刺绣

刺绣是中国优秀的民族传统工艺之一，刺绣与养蚕、缫丝分不开，所以刺绣，又称丝绣。中国的刺绣工艺几乎遍于全国，苏州的苏绣、湖南的湘绣、四川的蜀绣、广东的粤绣各具特色，被誉为中国的四大名绣。发展到今天的刺绣艺术品，工艺精细复杂。

（1）湘绣

湘绣主要以蚕丝、纯丝、硬缎、软缎、透明纱和各种颜色的丝线、绒线绣制而成。其特点是：构图严谨，色彩鲜明，各种针法富于表现力，通过丰富的色线和千变万化的针法，使绣出的人物、动物、山水、花鸟等具有特殊的艺术效果。

湘绣《冬雪北国》

湘绣《饮虎》

（2）蜀绣

蜀绣以软缎、彩丝为主要原料，其绣刺技法甚为独特，有五彩缤纷的衣锦纹满绣、绣画合一的线条绣、精巧细腻的双面绣和晕针、纱针、点针、覆盖针等。当今蜀绣作品中，既有巨幅条屏，也有袖珍小件；既有高端欣赏名品，也有普通日用消费品。比如北京人民大会堂四川厅的巨幅《芙蓉鲤鱼》座屏和蜀绣名品《蜀宫乐女演乐图》挂屏、双面异色的《水草鲤鱼》座屏、《大小熊猫》座屏。

蜀绣《大小熊猫》

蜀绣《芙蓉鲤鱼》

（3）粤绣

粤绣是产于广东地区的刺绣品，以广州为中心的粤绣又称广绣，此外还有潮绣。广绣在国内以故宫藏品最多，潮绣以戏服为主。粤绣的最大特点就是布局满，往往少有空隙，即使有空隙，也要用山水、草地和树根等补充，显得热闹而紧凑。粤绣的另一个独特现象，就是绣工多为男子，和其他地区绣工均为女子不同，在绣制大件时，绣工常手拿长针站着施绣。

粤绣《晨曦》

粤绣《百鸟朝凤》

（4）苏绣

苏绣是汉族优秀的民族传统工艺之一，是苏州地区刺绣产品的总称，其发源地在苏州吴县（今吴中区）一带，现已遍衍无锡、常州等地。2006年5月20日，苏绣被列入第一批国家级非物质文化遗产名录。苏绣具有图案秀丽、构思巧妙、绣工细致、针法活泼、色彩清雅的独特风格，地方特色浓郁。代表作有双面绣《猫》《金鱼》等。

苏绣《猫》

苏绣《金鱼》

第三节　西方传统艺术

西方传统艺术的起源至少在 15 000 年前，也许甚至是更远的两三万年前的旧石器时代。从史前的洞穴壁画到现代艺术流派的更迭演变，西方艺术的发展走过了从表现"神"到表现"人"，进而表现人的内心世界和创造精神的漫长历程。

一、西方绘画

西方绘画在 19 世纪末以前，除中世纪外，基本上是遵循了写实和强调情节描述的传统，按照西方美术的传统分类法，人物画包括神话、宗教、历史、肖像、风俗等类别。

（一）神话、宗教题材人物画

神话和宗教曾经是世界各国古代绘画题材的重要来源，西方传统画也不例外。它的神话题材主要来自古希腊神话，宗教题材主要来自基督教的《圣经》。从文艺复兴开始，出现了许多以希腊神话为背景的画作，但还是以《圣经》题材的宗教画为主。比如波提切利的《春》和《维纳斯的诞生》、提香的《窃夺欧罗巴》、文艺复兴"三杰"达·芬奇的《最后的晚餐》、米开朗琪罗的巨幅壁画《创世纪》和拉斐尔的木版画《椅中圣母》以及热拉尔的《普赛克第一次接受爱神之吻》等。

达·芬奇的《最后的晚餐》（壁画）

（二）肖像画

从表现形式上讲，西方传统的肖像画主要有两种类型：一般意义上的肖像画和自画像。一般意义上的肖像画，以某特定人物为描绘对象，其手法多样，艺术风格因时代和画家的艺术个性而不同。这类绘画代表作有达·芬奇的《蒙娜丽莎》、鲁斯本的《苏珊·芙尔曼像》、达维特的《马拉之死》及伦勃朗的《凡·高自画像》等。

西方肖像画中的自画像是画家描绘自己的肖像。许多画家都画过自画像，其中画得最多最好的，当推荷兰 17 世纪最杰出的画家伦勃朗和 19 世纪的凡·高。

达·芬奇的《蒙娜丽莎》（油画）

达·芬奇

列奥纳多·达·芬奇（Leonardo da Vinci，1452年4月15日–1519年5月2日），意大利文艺复兴时期著名艺术家、工程师、科学家。他在绘画、雕塑、建筑、科学、音乐、数学、工程、文学、解剖学、地质学、天文学、植物学、古生物学和制图学等领域都有极高的造诣和成就。与米开朗基罗、拉斐尔一起被称为"文艺复兴三杰"。被广泛认为是世界有史以来最伟大的画家之一，对后世艺术发展影响深远。许多历史学家和学者仍将达芬奇视为"环球天才"或"文艺复兴时期的人"的典范，"天才的好奇心"和"极富创造力的想象力"。

世界著名的绘画作品《蒙娜丽莎的微笑》就是达芬奇的作品。达芬奇不仅是绘画出众，在其他领域的研究也相当深入。他的著作《哈默手稿》中蕴含了大量的早期的科学知识但究其精密复杂程度仍可与现代社会的科学技术相媲美。这本著作囊括了几乎其所有的研究方向，物理工程学，机械动力学，生物工程学，人体解剖学，天文学和建筑学等一系列自然科学并力求用最完美的一系列数学公式将它们表达出来，他称数学为"一门美丽的语言学"。达·芬奇画了许多人体骨骼的图形，同时他也第一个具体描绘脊骨双S型态的人。他也研究骨盆和骶骨的倾斜度以及强调骶骨不仅非单一形态，而且是5个椎骨组成。达·芬奇也能卓越的表现头骨的形态以及脑部不同的交叉截面图（横断面、纵切面、正切面）。他画了许多图包括肺脏、肠系膜、泌尿道、性器官甚至性交。他是第一个画出子宫中胎儿（他希望了解"生育奇迹"）同时也是第一个画出腹腔中阑尾的人。达·芬奇还曾任军事工程师，笔记中也包含了数种军事机械的设计：机关枪、人力或以马拉动的武装坦克车、子母弹、军用降落伞、含呼吸软管以猪皮制成的潜水装等等。不过，后来他却认为战争是人类最糟的活动。其他的发明包括了潜水艇、被诠译为第一个机械计算机的齿轮装置，以及被误解为发条车的第一部可程序化行动机器人。

（三）风俗画

风俗画是指以描绘社会各阶层的日常生活为主要内容的绘画体裁，通过对各阶层人物日常生活具体情节的描绘来表达某种寓意和象征，如扬·凡·艾克的《阿尔诺芬尼夫妇》、维米尔的《帮厨女工》、米勒的《拾穗者》及列宾的《伏尔加河的纤夫》等作品。

第五章 传统文化艺术知识

米勒的《拾穗者》（油画）

（四）风景画及静物画

1. 风景画

西方传统风景画以自然风景作为主要描绘对象，相当于中国画的山水画。西方传统静物画以现实生活中的物体，如花卉、水果和日常器皿等为主要描绘对象。这类绘画作品有雷斯达尔的《埃克河边的磨坊》、霍贝玛的《密德哈尼斯林荫道》、柯罗的《孟特芬的回忆》及康斯太勃尔的《干草车》等。

康斯太勃尔的《干草车》（油画）

《干草车》是法国画家康斯太勃尔描绘田园风光的代表作，作品中描绘了一辆运干草的马车正涉过一条潺潺流淌的浅溪。色彩透明的云朵像天鹅绒似的在天际飘浮滚动，翠绿的草地上，古树叶沾满露珠，闪烁着白色的反光，溪边的农舍、洗衣的农妇、狂吠的小狗，整个画面清新自然和谐，有一种令人震撼的美。

2. 静物画

17世纪70年代兴起的法国印象派的风景画的主要特点是强调准确地描绘画家对客观对象的视觉感受，以色彩丰富，色调清新、明快见长，是欧洲绘画在运用色彩上的一次重要革新。这一画派中最重要的代表人物是终生致力于描绘风景的莫奈（1840—1926），他的《日出·印象》举世闻名。除此之外，这类绘画的代表作品还有卡拉瓦乔的《水果篮》、威廉·卡尔夫的《有银水壶的静物》、夏尔丹的铜水器及凡·高的《向日葵》等。

123

莫奈的《日出·印象》（油画）

1872年，莫奈创作了闻名于世的《印象·日出》。这幅油画描绘的是透过薄雾观望阿佛尔港日出的景象。

文森特·凡·高的《向日葵》（油画）

《向日葵》是凡·高在法国南方时画的。南方阳光的灿烂令画家狂喜，他用黄色画了一系列静物，来表达内心的感受，《向日葵》便是这时的代表作。画家以短促的笔触把向日葵的黄色画得极其刺眼，每朵花如燃烧的火焰一般，细碎的花瓣和葵叶像火苗一样布满画面，整幅画犹如燃遍画布的火焰，显出画家狂热的生命激情。

二、西方歌剧

歌剧是将戏剧（剧本与表演）、文学（诗歌）、音乐（声学与器乐）、舞蹈（民间舞与芭蕾）和舞台美术结合在一起的综合艺术，它源自古希腊戏剧的剧场音乐。今天被称为"opera"的西欧音乐形态的歌剧,起源于16世纪的意大利。歌剧被视为西方经典音乐传统的一部分,因此和经典音乐一样,流行程度不及当代流行音乐,而近代的音乐剧被视为歌剧的现代版本。歌剧因产生的时间、题材、风格、形式等不同,而分为正歌剧、喜歌剧、轻歌剧、乐剧、大歌剧、抒情歌剧、真实主义歌剧、百老汇音乐剧等不同类型。

(一)正歌剧(serious opera)

最早出现的是17、18世纪以神话及古代英雄传奇故事为题材的意大利歌剧,内容严肃,最初与意大利喜剧相对而言,后流传至西欧各国。18世纪初正歌剧的主要代表作是《阿格丽品娜》。另外,含有一定喜剧因素的正歌剧,称为"半歌剧",并可用说白,如莫扎特的《费加罗的婚姻》也可以说属于喜歌剧范畴。

莫扎特作曲的歌剧《费加罗的婚礼》剧照

(二)喜歌剧(comic opera)

喜歌剧又称"谐歌剧",是和正歌剧相对的歌剧种类,盛行于18世纪,题材取自日常生活,音乐风格轻快幽默。它采用浪漫曲、分节歌、舞蹈歌曲乃至讽刺歌曲及对白等表现世态风俗题材。代表作品有莫扎特的《魔笛》、尼古拉的《温莎的风流娘儿们》、佩普施的《乞丐歌剧》等。

莫扎特作曲的歌剧《魔笛》剧照

（三）大歌剧（grand opera）

大歌剧盛行于19世纪的法国，它通常是四幕或五幕的大型歌剧，反映的是历史题材，追求奢华的舞台效果，内容较严肃。最重要的代表作是梅耶贝尔的《新教徒》《非洲女》。法国作家斯克里布（1791—1861）也写了很多具有大场面的大歌剧脚本，大部分都被梅耶贝尔采用，如《恶魔罗伯》《胡格诺教徒》和《先知》。《非洲女》（1865）可谓大歌剧的代表作。

梅耶贝尔作曲的歌剧《非洲女》剧照

（四）轻歌剧（operetta）

轻歌剧又称小歌剧，盛行于19世纪的法国，常常有对白，音乐风格轻快幽默。轻歌剧这一名称源自意大利文"operetta"，其原词意为"小型歌剧"。一般意义的"轻歌剧"是指法国的轻歌剧和维也纳的轻歌剧。该体裁的奠基人是德裔法国作曲家奥芬巴赫（Jacques Offenbach，1819—1880），代表作品有《地狱中的奥菲欧》《美丽的海伦》《霍夫曼的故事》。

奥芬巴赫作曲的歌剧《地狱中的奥菲欧》剧照

（五）乐剧（music drama）

乐剧是19世纪德国作曲家瓦格纳对自己歌剧作品的称谓。他以此来表示他对乐队以及戏剧、舞台设计等因素的高度重视，强调歌剧的"综合艺术"特性，而不像其他作曲家那样把歌唱放在首要位置。瓦格纳一生致力于乐剧创作，最著名的代表作是《尼伯龙根的指环》，它由四部分组成，分别为"莱茵的黄金""女武神""齐格弗里德"以及"诸神的黄昏"。

（六）音乐剧（musical comedy）

音乐剧，也称作"音乐喜剧"，或者更确切地称为"美国音乐剧"。19世纪末发源于美国百老汇（Broadway，美国纽约的娱乐中心，戏剧活动的重要阵地），其内容从轻松幽默的到严肃深刻的都有，但常常与现实生活有密切联系，音乐风格较为通俗，有时是融合了严肃和通俗音乐风格的混合体，如韦伯的《歌剧魅影》。

（七）清唱剧（opera-oratorio）

清唱剧是一种将歌剧和清唱剧（包括独唱、合唱和乐队的一种古老的音乐体裁，与歌剧不同之处是静态的表演方式——演员没有戏剧性的动作，并且以宗教题材为主要内容）混合而成的体裁，是近代俄国作曲家斯特拉文斯基对自己的作品《俄狄浦斯王》的称谓。

三、西方雕塑

雕塑是世界上最古老的艺术形式，是人类文明的石头编年史。西方的雕刻在世界上留下了不朽的篇章。

（一）史前及古代雕塑

1. 欧洲石器时代的雕塑

在欧洲发现最早的雕塑，出自洞穴和器具艺术中，属于旧石器时代晚期。大部分是小型雕塑，像欧洲那些出名的"母神维纳斯"小雕像，多以石头或象牙为材料，高度在10厘米左右，雕像上那些与女性生殖能力相关的部分被极度夸张，像乳房、胸腹等。

2. 古希腊雕塑

古希腊雕塑成熟于公元前5世纪以后，这个时期产生了许多不朽的雕塑作品和伟大的雕塑家，其中最为杰出的是米隆、菲狄亚斯、波利克里托斯三位大师。米隆是公元前5世纪中叶著名的雕塑家，代表作为《掷铁饼者》。这件作品堪称结构图的典范，人物的动作有力、舒展而稳定，像一张拉满弦的弓，体现了动与静的巧妙结合，丰富了雕塑艺术语言及意念。

米隆的《掷铁饼者》

菲狄亚斯被誉为希腊古典盛期最伟大的雕塑家。在他的众多巨型雕塑作品中，《宙斯像》可谓最宏大的一件，完成于公元前430年，高约14米，用黄金和象牙雕刻而成，豪华且富丽。

菲狄亚斯的《宙斯像》和《雅典娜神像》

公元前4世纪古希腊的雕塑主要是以三个人的名字和作品为代表：普拉克西特莱斯，代表作《赫尔美斯与狄奥尼索斯》；史柯巴斯，代表作《酗酒的女人》《战士的头》；利西普斯，代表作《刮汗污的运动员》。

3. 古罗马雕塑

共和国时期的古罗马雕塑主要形式是肖像雕塑，因古罗马人习惯于为死去的前辈做肖像面模，例如青铜胸像《布鲁图》《恺撒》、青铜全身像《演说家》。帝国时期的古罗马雕塑具有鲜明的时代特征，主要表现帝王的风采，例如1世纪的《维斯帕先皇帝》、2世纪的《图拉真皇帝》《马克·奥里略骑马像》。

古罗马雕塑《马克·奥里略骑马像》

（二）欧洲中世纪雕塑

8世纪，法兰克国王查理曼统一了西欧大部分地区，建立了加洛林王朝。查理曼时代的雕塑模仿了古罗马的自然主义手法，大部分是表现帝王风采的雕塑。

当时最著名的作品是《希尔德斯海姆大教堂》，这个时期的雕塑具有纪念碑的气魄。

10世纪的破坏圣像运动后，拜占庭雕塑主要只存在于建筑装饰和石棺雕刻中，圆雕作品几乎全部消失。蛮族是游牧民族，他们创作的雕塑都是平面化的，没有立体感，大多是以动物和花草为主的装饰图案，但也有一些基督题材的人物形象，如《光轮中的基督》。

哥特式雕塑诞生于13世纪中叶。哥特式前期的雕塑与建筑结合在一起，缺乏动态，形象呆板。中、后期逐渐脱离建筑而独立，人体变得饱满起来，甚至有些富有情感。其中在兰斯主教堂中表现得最充分，《圣母往见》等作品极具特色。

（三）文艺复兴时期的雕塑

1. 意大利文艺复兴时期的雕塑

文艺复兴初期最著名的雕塑家应该是唐纳泰罗。他在15世纪20年代，因给佛罗伦萨一些教堂等建筑物完成了一系列雕塑和浮雕确立了自己的名声。青铜像《大卫》是其成熟时期的艺术作品，生动地表现了大卫这位传奇式少年英雄那种浪漫和富有戏剧性的特征。

文艺复兴盛期时诞生了一位最伟大的雕塑家——米开朗琪罗。米开朗琪罗早期的作品《大卫》，像达·芬奇的《蒙娜丽莎》一样，是美术史上最为人们熟悉的不朽佳作，也是最鲜明地展示文艺复兴盛期的意大利美术特点的作品。他真正实现了把生命从石头中释放的理想，以精湛的技巧、强烈的信心雕凿出了这尊完美的英雄巨像。

文艺复兴后期，佛罗伦萨的切利尼，他对米开朗琪罗的学习已经到了登峰造极的地步，设计了一些精湛的工艺雕塑作品，如著名的《金盐盆》；后来返回意大利，投入人雕创作，其中高320厘米的青铜雕塑《珀修斯与梅杜萨》是他的代表作。同时，他所著的《自传》成为美术史上重要的文献著作。同期的波洛尼亚被认为是米开朗琪罗之后最伟大的雕塑家，代表作有《奔跑的墨丘利》《劫夺萨宾妇女》等。

2. 其他国家文艺复兴时期的雕塑

法国文艺复兴时期著名的雕塑家有米舍尔·科隆布，代表作《圣乔治战龙》；古戎，代表作《山林水泽女神》；杰曼·皮隆，代表作《下十字架》。

15世纪末到16世纪初，德国雕塑由哥特式晚期逐渐过渡到文艺复兴风格，涌现了大批优秀的雕塑家。迪尔曼·里门施耐德保持了后哥特式的风格，代表作《亚当与夏娃》；维特·史托斯，代表作木雕《天使的问候》；亚当·克拉夫特，他创作的高浮雕《哀悼基督》是一件占据了三面墙壁的大型连续浮雕作品。

随着文艺复兴的深入开展，西班牙雕塑也取得了一些成就。其中比较著名的有西洛埃在布尔加斯的米拉封劳列斯教堂中的祭祀木雕；巴尔多罗·奥尔唐尼斯的《菲利普和胡安娜陵墓浮雕》；达·福门特的《博士来拜》等。

米开朗琪罗的《大卫》

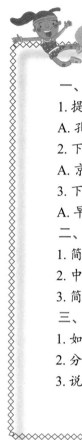

思考与练习

一、选择题

1. 提出"舍生取义"的我国古代思想家是（　　）。
A. 孔子　　　　　　B. 老子　　　　　　C. 孟子　　　　　　D. 韩非子

2. 下列剧种中，不属于五大核心戏曲剧种的是（　　）。
A. 京剧　　　　　　B. 评剧　　　　　　C. 花鼓戏　　　　　D. 黄梅戏

3. 下列不属于欧洲中世纪雕塑的是（　　）。
A. 早期基督教雕塑　B. 浮雕　　　　　　C. 哥特式雕塑　　　D. 罗马式雕塑

二、简答题

1. 简述中国传统伦理道德的主要内容。
2. 中国戏曲的五大核心戏曲剧种是什么？有哪些代表作？
3. 简述西方绘画按绘画内容分类的几大类型及其特点。

三、探究题

1. 如何理解"子欲养而亲不待"？
2. 分析古罗马帝国时期雕塑艺术所取得的巨大成就及其原因。
3. 说说中国画和西方绘画的各自特点。

第六章 民俗宗教知识

学习目标

1. 了解中国主要的民俗及传统节日。
2. 了解中国少数民族分布及其主要民族民俗和节日。
3. 了解世界各地著名民俗和著名宗教的基本知识。

第一节 中国民俗及传统节日

民俗是指一个民族或地区，在语言、信仰、文艺、服饰、饮食、居住、娱乐、节庆、礼节、婚恋、生丧、交通及生产等方面，民间所特有并广泛流行的喜好、风尚、传统和禁忌。本节主要介绍中国的儿童诞生及成长礼俗、成人礼、婚丧礼俗和传统节日。

一、儿童诞生及成长礼俗

中华民族有丰富的生命礼仪，贯穿人的整个生命过程。表现在民俗方面，有出生礼、成长礼、成年礼等。

（一）儿童诞生及成长礼俗

1. 诞生礼

婴儿出生，人们为了表达对新生命的爱意和祝福，以各种仪式来为孩子祈福，这就是诞生礼，一般包括佩璋礼、悬弓或悬帨礼、名字和报喜。

现代父母不再以男璋女瓦的方式歧视女婴，男孩女孩都配璋。具体准备方法和佩璋过程是：择玉，准父母精心为将来的小宝宝选择最能代表父母美好祝愿的玉饰品，男女各一块；持玉，在妻子进入产房生产时，丈夫持一对佩玉等候；佩玉，由婴儿父亲亲手将佩玉挂于褓褓上。至此，佩璋礼完成。

同时，婴儿诞生，性别确定后，婴儿父亲通知家中等待的亲人，亲人将弓或帨悬于门之左或右方，以与邻里分享新生命诞生的喜悦。

孩子出生后，大人为其取名，称为"名字"。报喜一般是由孩子的父亲赴亲友家，主要是岳父母家报喜，所持喜物主要有红鸡蛋等。

资料链接

男弓女帨

《礼记·内则》曰："子生。男子设弧于门左，女子设帨于门右。"若生的是男孩，则在侧室门左悬弓一副；若是女孩，则在侧室门右悬帨。帨是女子所用的佩巾。周礼礼仪中，女子出嫁，母亲也要亲自为女儿系结佩巾。显然，弓与帨，具有鲜明的性别特征。

2. 三朝礼

三朝礼指婴儿出生第三天接受外婆家的赠礼。旧时中国民间凡产妇生头胎，娘家要送婴儿一年四季所用的衣裤、兜蓬、尿布、座车、摇篮等。此外还送彩饼、红蛋、花生、橘子等，以示吉利。其中洗三和开奶为常见习俗。

洗三：又叫"洗三朝""洗儿"等。这是婴儿出生三日后举行的洗浴仪式，即用艾熬水，给小孩洗澡。洗后，还有一项重要仪式，称为落脐灸囟，即去掉新生儿的脐带残余，并敷以明矾，熏灸婴儿的囟顶，表示新生儿正式进入婴儿阶段。

开奶：据《中国风俗辞典》载："婴儿出生后，三日开奶时，家人给其黄连品尝。"在开奶前，有些地方还有给婴儿尝"五味"的习俗。五味，即醋、盐、黄连、勾藤和甘草。

3. 满月礼

满月礼又叫弥月礼，小孩出生满一个月举行，主要风俗有：

满月酒：此日，亲朋好友带礼物来道贺，主人设丰盛宴席款待，称为满月酒。

剃胎发：满月时，为小孩第一次剪理头发，称为剃胎发。

移窠：又叫移巢、满月游走等。婴儿初生是不能随便走动的，到了满月时母亲才可以抱着婴儿到别人房间中去，四处游走，称为移窠。

4. 百日礼

穿"百家衣"：幼儿百日，民间风俗给他穿百家衣（从各家取一块布，将布片拼合起来做成衣服，也就成了百家衣）。父母期望孩子健康成长，认为这需要托大家的福，吃百家饭、穿百家衣。

戴长命锁：长命锁是挂在儿童脖子上的一种装饰物，民间认为只要佩挂上这种饰物，就能避灾驱邪，"锁"住生命。

古代周岁礼仪式图片

5. 周岁礼

周岁礼最普遍的风俗是"抓周",又叫"试儿"。"罗列盘盏于地,盛果木、饮食、官诰、笔研、筹秤等经卷针线应用之物,观其所先拈者,以为征兆,谓之'试晬'。此小儿之盛礼也。"(《东京梦华录》)这一风俗极为普遍,至今仍然流行于民间,还出现了专为小儿抓周时使用的套装礼器。

趣味故事

喜蛋的来历

相传三国时,东吴都督周瑜想用假招亲、真扣留的计策擒拿刘备,索还荆州。诸葛亮识破此计,命赵云带上大量染红的鸡蛋,护送刘备去江东成亲。娶亲的人到了东吴,逢人便送红喜蛋,消息一传十、十传百,传进深宫,吴国太大喜,命孙权立即为刘备和孙尚香举办婚礼。孙权无奈,只得假戏真做,于是就有了"赔了夫人又折兵"的结局。从此,江南添了个习俗,结婚时家家都要向客人送红喜蛋,象征着"喜庆圆满",人人都可以向主家讨红喜蛋,象征着"沾喜气"。

后来,结婚送红喜蛋的习俗从江浙传到全国各地。又因"蛋"与"诞"谐音,象征着新生与希望,生小孩时也用送红喜蛋的方式向亲友"报喜"。如今,红喜蛋成为结婚、添子、祝寿等喜事的标志。又因喜蛋与喜气相连,当人们身体欠佳、心情不好时,也喜欢食红喜蛋来讨个好彩头,红喜蛋成为休闲、旅游时极具传统特色的开心美食,于是又有了"吃喜蛋,有喜事"的说法。

(二)成人礼

古时成人礼指冠礼和笄礼。男子满20岁时行冠礼,即加冠,由受礼者在宗庙中将头发盘起来戴上礼帽,表示自己已成人,被族群承认,之后可以娶妻。女子则是在满15岁时行笄礼,即由女孩的家长替她把头发盘结起来,加上一根簪子,及笄改变发式后可以嫁人。成人礼日期一般定在成人者生日或对其有重要意义的日子。现代成人礼是在少男少女年龄满18岁时举行的象征迈向成人阶段的仪式。

冠礼

笄礼

二、婚丧寿诞礼俗

主要包括结婚礼俗、寿诞礼俗、丧葬礼俗。

1. 结婚礼俗

我国传统婚礼大致分为婚前礼、正婚礼、婚后礼三个阶段。

婚前礼是在婚姻筹划、准备阶段的一些仪节。先秦时，包括纳采、问名、纳吉、纳征、请期五种（加上正婚礼时的亲迎，即所谓的"六礼"），后代又逐渐演变出催妆、送妆、铺房等仪节。

知识拓展

六礼

六礼指由求亲、说媒到迎娶、完婚的手续，分别为"纳采""问名""纳吉""纳征""请期""亲迎"。

"纳采"俗称说媒，即男方家请媒人去女方家提亲，女方家答应议婚后，男方家备礼前去求婚。"问名"俗称合八字，托媒人请问女方出生年月日和姓名，准备合婚的仪式。"纳吉"即男方家卜得吉兆后，备礼通知女方家，婚事初步议定。"纳征"又称过大礼，男方选定吉日到女方家举行订婚大礼。"请期"择吉日完婚，旧时选择吉日一般多为双月双日，不喜选三、六、十一月。三有散音，不选六是因为不想让新人只有半世姻缘，十一月则隐含不尽之意。"亲迎"，即婚礼当天，男方带迎书亲自到女方家迎娶新娘，是六礼中最隆重的礼节。

在正婚礼中，有亲迎、出门、过门、拜堂、酒筵和闹房等。其中拜堂是一个很重要的仪式，又称为"拜天地"。经过"拜堂"后，女方就正式成为男家的一员。"拜堂"时，主持婚礼的司仪会大声说："一拜天地，二拜高堂，夫妻交拜，齐入洞房。"古往今来，酒筵几乎是每对新婚夫妇行婚礼时必不可少的仪式，流传到今天，"吃喜酒"已成为民间行婚礼的简称。在近代，新婚夫妇在婚礼之夜在新房接受亲友祝贺、嬉闹的礼节为"闹房"，民间有"新婚三日无大小""闹喜闹喜，越闹越喜"的说法。

中国传统婚礼

在婚后礼中有三朝回门（归宁）。三朝是指婚后的第三天，新娘由丈夫陪同带礼品回娘家向父母报平安和祭祖，然后再随丈夫回到夫家。

2. 寿诞礼俗

寿诞礼是每当生日时举行的人生礼仪。一般到了50岁，才能称为"做寿"。但如果父母在世，即使年过半百也不能"做寿"，因为"尊亲在不敢言老"。男女寿诞也有不同的称呼，比如男称椿寿，女称萱寿。此外，"悬弧之辰"也指男子生日，"悬帨之辰"则指女子生日。

诞辰日（一般是50岁以上）的庆祝活动，逢十称大寿，如"六十大寿"等。但这种大寿并非真正逢十，而多是指49、59、69等逢九的岁数。因为九在十个数字中数值最大，人们为讨个吉利，故形成了这种"庆九不庆十"的风俗。

庆寿之家先期为寿星蒸制米粉或面粉做的"寿桃"（寿越高，桃越大），分送亲族好友，并告知为家中老人几十寿庆之喜。与此同时布置寿堂。寿堂一般设在堂屋，堂前正中挂金色"寿"字，或"百寿图"，两边挂贺联，诸如"福如东海，寿比南山"等。八仙桌上摆有香炉、寿蜡、纸元宝等。条案上则摆放寿桃、寿面等寓意长寿的食品。八仙桌正前方的地上放置一块红垫子，供拜寿者跪拜时用。前来祝寿的，平辈以上者做拱手礼，以下者行叩头礼。

寿辰前一天晚上，红烛高照，寿星先焚香拜告天地祖先，之后端坐上座，受子孙和幼辈的叩拜礼，俗称"拜寿"。寿诞日为正日，清晨，鸣放鞭炮，亲族好友登门祝贺，俗称"拜生日"。此时，寿星回避，堂上虚设空座，贺客向虚座行礼，儿孙侍立一旁答礼。

寿宴上，先招待来宾以鸡蛋、茶点、长寿面。吃寿酒时，寿星本人一般不在正堂入座，而是在里屋另开一席，几个年龄相仿的老者作陪。菜肴多多益善，取多福多寿之兆。寿宴过后，寿星本人或由儿孙代表，登门向年高辈长的亲族贺客致谢，俗称"回拜"。

3. 丧葬礼俗

丧葬礼简称丧礼或葬礼，是人结束了一生后，由亲属、邻里、朋友等进行哀悼、纪念的仪式，同时也是殓殡祭奠的仪式。民间俗称"办白事"。这个礼仪，既有社会习俗的特点，又有人类特有的处理死者的信仰性质。

我国各民族古老的葬礼有多种类型，大致分为土葬、火葬、水葬、天葬以及它们的变异形式"悬葬""洞穴葬"等，还有先火葬后水葬、先火葬后土葬的复合类型。在这些葬法中，火葬以其简便、科学、卫生等多种优点得到提倡，正作为新的葬俗冲击着古代迷信中那些"全尸"观念。古代有"生有所养，死有所葬"的原则，把处理死者看作重大的庄严事情。

三、中国传统节日

（一）春季节日及民俗

在我国立春之后就算春天开始了，其中最主要的传统节日有春节、元宵节、清明节。

1. 春节

春节是中国最重要、最隆重，同时也是最富特色的传统节日。中国人过春节俗称"过年"，已有4 000多年的历史。

在春节期间，中国的汉族和一些少数民族都要举行各种庆祝活动。这些活动均以祭祀祖神、祭奠祖先、除旧布新、迎禧接福、祈求丰年为主要内容，有拜年、贴春联、挂年画、贴窗花、放爆竹、发红包、穿新衣、吃饺子、守岁、舞狮舞龙、挂灯笼等习俗。

挂灯笼

贴春联、门神

知识拓展

《元日》（宋·王安石）

爆竹声中一岁除，春风送暖入屠苏。
千门万户曈曈日，总把新桃换旧符。

除夕守岁：这是最重要的年俗活动之一。除夕是指每年农历腊月最后一天的晚上，它与正月初一首尾相连。中国民间在除夕有守岁的习惯，俗名"熬年"。在守岁时，一般由长辈发给晚辈压岁钱，体现出长辈对晚辈的关爱。晚辈要谢谢长辈，表示对长辈的尊敬。

趣味故事

年的来历

传说中国古时候有一种叫"年"的怪兽，头长尖角，凶猛异常，每到除夕，便来吞食牲畜，伤害人命。因此一到除夕，村村寨寨的人们扶老携幼，逃往深山。

又到了一年的除夕，村东头来了一位白发老人，他对一户老婆婆说只要让他在她家住一晚，他定能将"年"兽驱赶走。众人不信，老婆婆劝其上山躲避，但老人坚持留下了。

当"年"兽像往年一样准备闯进村里肆虐的时候，突然传来爆竹声，"年"兽浑身战栗，再也不敢向前凑了。这时大门大开，只见院内一位身披红袍的老人哈哈大笑，

"年"兽大惊失色，仓皇而逃。原来"年"兽最怕红色、火光和炸响。

第二天，人们发现白发老人是帮助大家驱逐"年"兽的神仙。从此，每年的除夕，家家都贴红对联，燃放爆竹，户户灯火通明，守更待岁。这风俗越传越广，就成了中国民间最隆重的传统节日"过年"。

拜年：这是春节里的一项重要活动，人们到亲朋好友家和邻居家祝贺新春。古时有拜年和贺年之分：拜年是向长辈叩岁；贺年是平辈相互道贺。随着时代的发展，拜年的习俗亦不断增添新的内容和形式，兴起了礼仪电报拜年和电话拜年、微信拜年等，相互发送一些祝福性的话语。

2. 元宵节

农历正月十五元宵节，又称为"上元节"，是春节之后的第一个重要节日，是中国和汉字文化圈的地区和海外华人的传统节日之一。吃元宵、赏花灯、猜灯谜、舞龙灯、耍狮子等是重要的元宵节民间习俗。

舞龙灯

耍狮子

吃元宵：元宵是一种传统食品，又称"汤圆"，以花生、芝麻、桂花、红枣、果仁等各种丰富的馅料用糯米粉包成，可荤可素，可蒸煮煎炸，寓意团圆、美满。

猜灯谜：又叫"打灯谜"，是中国独有的富有民族特色的一种文娱形式，是从古代就开始流行的元宵节活动。每逢农历正月十五，各家各户都要挂起彩灯，燃放焰火，把谜语写在纸条上，贴在五光十色的彩灯上供人猜。灯谜如铁公鸡（打一成语）——一毛不拔；爱好旅游（打一成语）——喜出望外；盲人摸象（打一成语）——不识大体；蜜饯黄连（打一成语）——同甘共苦；一叶扁舟深处横，垂杨鸥不惊（四字典故名）——无人问津；一把刀，顺水漂，有眼睛，没眉毛（打一动物名）——鱼；社会在发展（打《水浒传》人名）——史进。

3. 清明节

清明节又叫踏青节，公历4月5日前后为清明节，是二十四节气之一，也是中国传统的重要祭祀节日之一，是祭祖和扫墓的日子。它与农历七月十五的中元节、十月初一的寒衣节，并称为中国三大著名"鬼节"。

知识拓展

《清明》（唐·杜牧）

清明时节雨纷纷，路上行人欲断魂。
借问酒家何处有，牧童遥指杏花村。

中国汉族传统的清明节大约始于周代，距今已有2 500多年的历史。据传始于古代帝王将相"墓祭"之礼，后来民间亦相仿效，于此日祭祖扫墓，历代沿袭而成为中华民族一种固定的风俗，有扫墓、踏青、插柳等节日活动。

资料链接

寒食节

寒食节是清明节前一两日，是中国传统节日中唯一以饮食习俗来命名的节日。其习俗最初为禁烟火，只吃冷食，在后世的发展中逐渐增加了祭扫、踏青、插柳秋千、蹴鞠、牵勾、斗鸡等风俗。

春秋时期，晋国公子重耳为躲避祸乱而流亡他国长达19年，大臣介子推始终追随左右、不离不弃，甚至"割股啖君"。重耳励精图治，成为一代名君"晋文公"。但介子推不求利禄，与母亲归隐绵山，晋文公为了迫其出山相见而下令放火烧山，介子推坚决不出山，最终被火焚而死。晋文公感念忠臣之志，将其葬于绵山，修祠立庙，并下令在介子推死难之日禁火寒食，以寄哀思，这就是"寒食节"的由来。

（二）夏季传统节日

夏季的传统节日主要有端午节、七夕节、中元节。

1. 端午节

每年农历五月初五，又称端阳节、午日节、五月节等。端午节与春节、清明节、中秋节并称为中国民间的四大传统节日。2009年9月，联合国教科文组织正式审议并批准中国端午节列入世界非物质文化遗产，成为中国首个入选世界非遗的节日。

端午节起源于中国，最初为春秋之前古代百越地区（长江中下游及以南一带）崇拜龙图腾的部族在农历五月初五以龙舟竞渡形式举行龙图腾祭祀的节日，后因战国时期的楚国（今湖北）诗人屈原在该日抱石跳汨罗江自尽，统治者为树立忠君爱国的榜样将端午作为纪念屈原的节日；也有纪念伍子胥被冤杀、曹娥投江等说法。

端午节有赛龙舟、食粽、挂艾草菖蒲等节日活动，北方有"清明插柳，端午插艾"的民谚。节日饮食有粽子、雄黄酒、五黄（指黄鳝、黄鱼、黄瓜、咸鸭蛋及雄黄酒或黄豆粽）。

第六章 民俗宗教知识

2. 七夕节

七夕节又名乞巧节、七巧节或七姐诞，发源于中国，是华人地区以及部分受汉族文化影响的东亚国家的传统节日。其起源于对自然的崇拜及妇女穿针乞巧，后被赋予了牛郎织女的传说，使其成为象征爱情的节日，现被认为是"中国情人节"。

知识拓展

《七夕》（唐·杜牧）

银烛秋光冷画屏，轻罗小扇扑流萤。
天街夜色凉如水，卧看牵牛织女星。

《乞巧》（唐·林杰）

七夕今宵看碧霄，牵牛织女渡河桥。
家家乞巧望秋月，穿尽红丝几万条。

3. 中元节

中元节又称"七月节"，为三大鬼节之一，日期为农历七月十五日，部分地区在七月十四日。中元节与除夕、清明节、重阳节是中国传统的祭祖四大节，也是流行于汉字文化圈诸国的传统文化节日。农历正月十五日称上元节，乃庆元宵；七月十五日称中元节，祭祀先人；十月十五日称下元节，乃食寒食，纪念先人。中元节有放河灯、焚纸锭的习俗。

三元节和中元节

中元祭祖

放河灯

（三）秋季的传统节日

秋季的传统节日主要有中秋节和重阳节。

1. 中秋节

中秋节又称八月节、团圆节等，时为农历八月十五，是流行于中国众多民族与汉字文化圈诸国的传统文化节日，与端午节、春节、清明节并称为中国四大传统节日。

知识拓展

中秋节古诗词佳句

海上生明月，天涯共此时。（唐·张九龄）
但愿人长久，千里共婵娟。（宋·苏轼）
嫦娥应悔偷灵药，碧海青天夜夜心。（唐·李商隐）
今夜月明人尽望，不知秋思落谁家。（唐·王建）

中秋节以月之圆兆人之团圆，为寄托思念故乡、思念亲人之情，祈盼丰收、幸福，成为丰富多彩、弥足珍贵的文化遗产。中秋节自古便有祭月、赏月、拜月、吃月饼、赏桂花、饮桂花酒等习俗，流传至今，经久不衰。

趣味故事

嫦娥奔月

远古时候天上有十日同时出现，晒得庄稼枯死，民不聊生。一个名叫后羿的英雄，力大无穷，他拉开神弓，一气射下九个太阳，并严令最后一个太阳按时起落，为民造福。后羿的妻子名叫嫦娥。一天，后羿到昆仑山访友求道，向王母求得一包仙丹交给嫦娥珍藏于百宝匣。三天后，趁后羿率其他徒弟外出狩猎之际，假装生病的蓬蒙持剑威逼嫦娥交出仙丹。嫦娥危急之时转身打开百宝匣吞下仙丹，向天上飞去，飞到离人间最近的月亮上成了仙。

傍晚，后羿回到家，侍女们哭诉了白天发生的事。后羿悲痛欲绝，仰望着夜空呼唤嫦娥。这时，他发现月亮格外皎洁明亮，而且有个晃动的身影酷似嫦娥，于是派人到嫦娥喜爱的后花园里，摆上香案，放上嫦娥平时爱吃的蜜食鲜果，遥祭在月宫里的嫦娥。百姓们闻知嫦娥奔月成仙的消息后，纷纷在月下摆设香案，向善良的嫦娥祈求吉祥平安。从此，中秋节拜月的风俗在民间传开了。

2. 重阳节

重阳节又称重九节、晒秋节，为农历九月初九日，与除夕、清明、中元节是中国传统四大祭祖的节日。重阳又称"踏秋"，与三月初三日"踏春"一样，皆是家族倾室而出。

重阳这天所有亲人都要一起登高"避灾",插茱萸、赏菊花,还有出游赏秋、吃重阳糕、饮菊花酒等活动。2012年12月28日重阳节,全国人大常委会表决通过老年人权益保障法,法律明确规定每年农历九月初九日(重阳节)为老年节。

知识拓展

《九月九日忆山东兄弟》(唐·王维)

独在异乡为异客,每逢佳节倍思亲。
遥知兄弟登高处,遍插茱萸少一人。

(四)冬季的传统节日

1. 冬至节

冬至节俗称"冬节""长至节""亚岁"等。早在2500多年前的春秋时代,我国已经用土圭观测太阳测定出冬至,它是二十四节气中最早测定出的一个,时间在每年的公历12月22日或者23日。

冬至节在北方地区有宰羊、吃饺子、吃馄饨的习俗,南方地区则有吃冬至米团、冬至长线面的习俗。各个地区在冬至这一天还有祭天祭祖的习俗。

趣味故事

冬至传说

过去老北京有"冬至馄饨夏至面"的说法。相传汉朝时,北方匈奴经常骚扰边疆,百姓不得安宁。当时匈奴部落中有浑氏和屯氏两个首领,十分凶残。百姓对其恨之入骨,于是用肉馅包成角儿,取"浑"与"屯"之音,呼作"馄饨",恨以食之,并求平息战乱,能过上太平日子。因最初制成馄饨是在冬至这一天,在冬至这天家家户户吃馄饨。

2. 腊八节

农历十二月俗称腊月,十二月初八即腊八节,习惯上称作腊八。腊八节这一天做腊八粥、喝腊八粥是全国各地老百姓最传统,也最讲究的习俗。

腊八粥是用八种当年收获的新鲜粮食和瓜果煮成,一般为甜味粥。但中原地区的许多农家喜欢喝咸腊八粥,粥内除大米、小米、绿豆、豇豆、小豆、花生、大枣等原料外,还要加肉丝、萝卜、白菜、粉条、海带、豆腐等。

趣味故事

腊八节的传说

腊八节源于人们对忠臣岳飞的怀念。当年,岳飞率部抗金于朱仙镇,正值数九严冬,岳家军衣食不济、挨饿受冻,众百姓相继送粥,岳家军饱餐了一顿百姓送的"千家粥",结果大胜而归。这天正是十二月初八。岳飞死后,人民为了纪念他,每到腊月初八,便以杂粮豆果煮粥,终于成俗。

第二节　中国少数民族民俗

一、中国少数民族及其分布

中国传统节日

我国有56个民族,其中汉族人口最多,占总人口的92%,55个少数民族占总人口的8%。我国少数民族虽然人口少,但分布地区很广,居住的面积约占全国总面积的50%~60%。我国少数民族呈现大杂居、小聚居的居住特点,主要分布在西南、西北和东北,包括内蒙古、新疆、西藏、广西、宁夏和黑龙江、吉林、辽宁、甘肃、青海、四川、云南、贵州、广东、湖南、河北、湖北、福建、台湾等省区。

二、少数民族民俗及节日

(一)蒙古族

蒙古族主要聚居在内蒙古自治区。蒙古族男女老幼都喜爱穿长袍(蒙古袍)、系腰带和穿蒙古靴。

蒙古族人民能歌善舞,主要乐器为马头琴。牧区牧民多住圆形穹庐顶的蒙古包。他们的特色食物是烤全羊、马奶酒。他们好客,常用白食待客。白食意为纯洁高尚的食品,指各种奶制品。由于在内蒙古白色象征崇高和吉祥,所以白食待客是最高的礼遇。蒙古族主要传统节日有那达慕大会和祭敖包。

那达慕大会是蒙古族历史悠久的传统节日,是每年七八月牲畜肥壮的季节,人们为了庆祝丰收而举行的文体娱乐大会。大会上有赛马、摔跤、射箭、棋艺和歌舞等比赛和表演。其中,赛马、摔跤、射箭为男子三项那达慕。

第六章 民俗宗教知识

马头琴

蒙古包

赛马

摔跤

祭敖包是蒙古族最隆重的祭祀，是蒙古民族传统的习俗，是草原民族崇尚自然思想的表现形式之一。人们通过祭敖包祈求天地神保佑人间风调雨顺、牛羊兴旺、国泰民安。祭敖包的时间不固定。蒙古族地区多在农历五月十三日。祭祀仪式结束后，常举行赛马、射箭、摔跤等竞技活动。

（二）维吾尔族

维吾尔族主要聚居在新疆维吾尔自治区天山以南的喀什、和田一带和阿克苏、库尔勒地区。维吾尔族传统服装极富特色，男女老少都戴四楞小花帽，花帽是维吾尔族服饰的组成部分，也是维吾尔族美丽的标志之一。

维吾尔族以面食为主，喜食牛羊肉。主食的种类有数十种。最常吃的有馕、羊肉抓饭、包子、面条等。维吾尔族民众喜欢饮茯茶、奶茶。夏季多伴食瓜果。新疆盛产绵羊，由此维吾尔族便有了烤羊肉串的习俗。但维吾尔族禁食马、驴、骡、狗肉以及动物的血和自死动物，尤其禁食猪肉，一般不饮酒。

维吾尔族主要传统节日有：古尔邦节、肉孜节、诺鲁孜节等。

维吾尔族十分重视传统节日，尤其以过古尔邦节最为隆重。届时家家户户都要宰羊、煮肉、赶制各种糕点、炸油馓子、烤馕等。屠宰的牲畜不能出卖，除将羊皮、羊肠送交清真寺和宗教职业者外，剩余的用作自食和招待客人。

在新疆的少数民族中，乐器品种最多的要数维吾尔族了。维吾尔族能歌善舞，乐器丰富多彩。

弹拨尔

手鼓

（三）藏族

藏族主要聚居在西藏自治区。藏族最具代表性的民居是碉房。藏族的饮食主要是糌粑（把青稞炒熟磨成细粉）、肉食和奶制品。

藏族服饰的最基本特征是肥腰、长袖、大襟、右衽、长裙、长靴、金银珠玉饰品等。藏族服装以藏袍最为常见，藏族不分男女普遍穿长袍、系腰带。

藏族人非常讲究礼仪，日常生活中见到长者、平辈都有不同的鞠躬致礼方式。献哈达是藏族人待客规格最高的一种礼仪，表示对客人热烈的欢迎和诚挚的敬意。

藏族节日繁多，基本上每个月都有节日。主要有藏历雪顿节、沐浴节、望果节、藏历年、酥油花灯节等。藏族传统文化最重要的组成部分是藏传佛教。

雪顿节：是藏族人民的重要节日之一，每年藏历七月一日举行，为期四五天。雪顿即"酸奶宴"，于是雪顿节便被解释为喝酸奶的节日。

沐浴节：每年藏历七月六日至十二日举行。沐浴节期间，无论城镇、乡村，无论男女老幼，家家户户带上沐浴用具，来到附近江河，在传说的药王赐下的"药水"中一洗为快。

藏族的民族乐器种类繁多，其中的札木聂、牛角胡、大号、竖笛最富有特色。

札木聂

大号

（四）傣族

傣族主要居住在云南德宏傣族景颇族自治州及西双版纳傣族自治州。傣族以大米为主食，最具特色的是竹筒饭，喜酸食，嗜酒和槟榔。由于傣族居住的村寨盛产竹子，他们除了用竹子建成幽静而雅致的干栏式竹楼住宅和制作各种生活用具外，还用细篾编成彩绘的竹笠、腰箩，作为佩饰。

傣族的主要传统节日浴佛节（泼水节）一般在公历4月中旬。浴佛节这一天要用清水为佛洗尘,然后彼此泼水嬉戏,相互祝愿,后来逐步发展到用盆和桶,边泼边歌,越泼越激烈,鼓声、锣声、泼水声、欢呼声响成一片。

孔雀在傣族人心中是吉祥、幸福、美丽、善良的象征。每逢佳节,傣族民众都要云集一堂,观看由民间艺人表演的根据民间故事、神话传说,以及佛经故事等编成的孔雀舞及表现孔雀习性的舞蹈。

(五)回族

回族是中国分布最广的少数民族,在居住较集中的地方建有清真寺。主要聚居于宁夏回族自治区。回族人忌食猪肉、狗肉、马肉、驴肉、骡肉和动物血。回族服饰最显著的特征是,男子多带小白帽,女子带各种花色的头巾。

回族的主要传统节日有开斋节、古尔邦节和阿述拉节等。

开斋节:在每年回历九月,从见新月到下月见新月终的一个月里都要把斋。即从日出到日落前不得进食,直到回历十月一日为开斋,届时要欢庆三天,家家宰牛羊招待亲友庆贺,并要做油香、馓子、油果等多达二三十种节日食品。

古尔邦节:即献牲节,在回历十二月十日。节日当天不吃早点,到清真寺做过礼拜之后宰牛献牲。宰后的牲畜按传统分成三份,一份施散济贫,一份送亲友,一份留自己食用,但不能出售。

(六)彝族

彝族主要居住于中国西南地区。彝族服饰各地不尽相同。彝族传统节日主要有火把节、彝历年、密枝节、插花节。其中火把节是彝族最隆重盛大的传统节日,每年农历六月二十四至二十七日,彝族各村寨都要举行隆重的祭祀活动,祭天地、祭火、祭祖先,驱除邪恶,祈求六畜兴旺、五谷丰登。火把节期间举行传统的摔跤、斗牛、赛马等活动。

火把节

(七)苗族

苗族是一个发源于中国的全球性民族,主要分布在贵州、湖南、云南、陕西(西乡、镇巴)、重庆、广西等省、自治区。苗族人主要种植水稻、玉米、谷子、小麦、棉花、烤烟、油菜、油桐等。

苗族住宅为吊脚楼。苗族青年男女的自娱性集体歌舞多被称为"踩堂",又称为"芦笙舞"。

苗族的传统节日较多,有苗年、四月八、龙舟节、吃新节、赶秋节等,其中以过苗年最为隆重。

年前，各家各户都要准备丰盛的年食，除杀猪宰羊（牛）外，还要备足糯米酒。年饭丰盛，讲究"七色皆备""五味俱全"，并用最好的糯米打"年粑"，互相宴请馈赠。苗年的主要活动，包括杀年猪、打糯米粑、祭祖、吃"团年饭""串寨酒"、跳芦笙等，部分地区还举行斗牛、斗鸟、赛歌等活动。

知识链接

苗蛊

苗蛊基本上在影视文学作品中常见，为苗族增添了神秘色彩。苗族民间就流传这样一则放蛊的故事：从前有位有蛊的母亲，蛊看上了她的儿子，做母亲的当然不愿意害她的儿子。但是，蛊把她啮得很凶，没有办法，她才答应放蛊害儿子。当这位母亲同她的蛊说这些话的时候，正巧被儿媳妇在外面听见了。儿媳妇赶紧跑到村边，等待她丈夫割草回来时，把这事告诉了他，并说妈妈炒的那一碗留给他的鸡蛋，回去后千万不要吃。说完后，儿媳妇就先回家去，烧了一大锅开水。等一会儿子回到家来，他妈妈拿那碗鸡蛋叫他吃。儿媳妇说，鸡蛋冷了，等热一热再吃。说着把锅盖揭开，将那碗炒鸡蛋倒进滚沸的开水锅里去，盖上锅盖并紧紧地压住，只听锅里有什么东西在挣扎和摆动。过一会没动静了，揭开锅盖来看，只见烫死的是一条大蛇。这些所谓的放蛊方式当然是无稽之谈。至于蛊到底是什么样子，除了代代相传的说法，谁也没有见过，当然更是子虚乌有的东西了。虽说是子虚乌有的东西，但苗族的一些妇女却深受这种观念的诬害。人们认为"蛊"只有妇女才有，只能寄附在妇女身上，传给下一代女性，而不传给男性。比如某男青年"游方"遇到一个情投意合的"有蛊"姑娘而未征得父母的同意就娶来，那么他们的下一代，凡属女性，均要从她母亲那里将蛊承传下来，并代代相传。

（八）羌族

羌族是我国西部的一个古老民族，被称为"云朵上的民族"。羌族民众大都一日两餐，即吃早饭后出去劳动，要带上馍馍（玉米面馍），中午就在地里吃，称为"打尖"。下午收工回家吃晚餐。主食大都离不开面蒸蒸。

羌族男女皆穿麻布长衫、羊皮坎肩，包头帕，束腰带，裹绑腿。男女都在长衫外套一件羊皮背心，俗称"皮褂褂"，晴天毛向内，雨天毛向外。

农历十月初一为羌族年节，年节的宴会又称"收成酒"。年节这天全寨人到"神树林"还愿，焚柏香孝敬祖先和天神，要用荞麦粉做成一种馅为肉丁豆腐的荞面饺，有的还要用面粉做成牛、羊、马、鸡等形状不同的动物作为祭品。次日，设家宴，请出嫁的女儿回娘家，进行各项节日活动。

祈祷丰收的祭山会是全村寨的一种祭祀活动，除已婚的妇女不准参加外，其他人都要带上酒、肉和馍去赴会。每逢节日、婚丧、祭祀、聚会、待客或换工劳动，除备丰盛的饭菜外，还必备美酒。正如一首羌谚所云："无酒难唱歌，有酒歌儿多，无酒不成席，无歌难待客。"

（九）壮族

壮族是我国少数民族中人口最多的民族，为古代百越族的一支，主要分布在广西、云南、广东和贵州等省区。壮族是我国重要的跨境民族。

壮族传统节日有年三十晚、春节、春社节、花王节、清明节、庙会、三月三歌节、花炮节、端午节、尝新节、中元节、中秋节、重阳节、庆丰节、冬至节、送灶节等。

（十）满族

满族主要分布在我国东北地区，以辽宁省最多。旗袍是满族妇女的传统服饰。旗袍的特点是立领，右大襟，紧腰身，下摆开衩。满族的女式旗鞋，称为"寸子鞋"，亦称"马蹄底鞋"。特色食物是萨其玛。

满族传统节日主要有颁金节、添仓节和虫王节等。满族受汉文化影响，其他节日与汉族相近。重视农历新年，正月十五过灯节，农历二月二是"锁龙"的日子，还过五月端五和八月十五中秋节等。

农历十月十三日，是满族颁金节。颁金节是满族最值得纪念的日子，因为它是满族的诞生纪念日、命名纪念日，是全民族的节日。

（十一）白族

白族主要分布在云南省大理白族自治州。白族的传统节日主要有绕三灵、三月街、耍海会等。白族也过火把节，农历六月二十五在白族屯寨举行。

绕三灵，又称绕山灵、"绕三林"，是白族的传统节日，白语叫"观上览"，意即"游逛园林"。

三月街，又称"观音市""观音街""祭观音街"，是白族传统的盛大节日，每年农历三月十五至二十日在大理城西的点苍山脚下举行。

耍海会，又称"捞尸会"，是云南大理白族的民间传统节日。耍海会的会期长达一个月，从农历七月二十三日至八月二十三日。

（十二）瑶族

瑶族是我国的一个古老的民族，是华南地区分布最广的少数民族。历史上，随着一代代瑶族人的不断迁徙，如今这个民族的足迹已遍布亚、欧、美、大洋等洲，成为世界性的民族，被称为"东方吉普赛人"。瑶族是世界上最长寿的民族之一。

瑶族人主食为玉米、大米、红薯，日常菜肴有黄豆、眉豆、南瓜、辣椒和家禽家畜等。瑶族住房为竹舍、木屋、茅房和部分泥墙瓦屋。房屋一般是一栋三间，中为厅堂，两侧房前部为炉灶或火塘，后部为卧室，屋前屋后分设洗澡棚或猪牛栏。瑶族妇女善于刺绣，在衣襟、袖口、裤脚镶边处都绣有精美的花纹图案。

瑶族的节日较多，有盘王节、春节、达努节、中元节、社王节、清明节等。盘王节是瑶族最为盛大的节日，为农历十月十六日，但根据各地瑶族传统习俗和谷物收成、人畜康泰的情况而定，每三五年才过一次，甚至有的12年过一次。

第三节 世界民俗及宗教

一、世界各地主要民俗

世界民俗及教知识

（一）建筑

一方水土养一方人，特殊的自然环境使各地的人们建造出风格各异的民居，从而成为某一地区最有特色的景观。世界上著名的民居建筑丰富多彩、形式各异。

荷兰的风车屋，日本的木屋，北极地区的雪屋，所罗门群岛的部分土著人则在高大的树干中部建造出别致的小屋。

世界许多著名的建筑充分体现了人类的智慧。如埃及的金字塔；中国的长城、悬空寺、布达拉宫、北京故宫、圆明园；意大利的古罗马竞技场、比萨斜塔；法国的埃菲尔铁塔、卢浮宫、凯旋门；美国的自由女神像、白宫；德国科隆大教堂、黑天鹅堡；希腊的雅典卫城、神庙；马来西亚的双塔；印度的泰姬陵；土耳其伊斯坦布尔的麦加大清真寺；俄罗斯莫斯科的圣巴西利亚大教堂；阿拉伯联合酋长国的迪拜阿拉伯塔；澳大利亚的悉尼歌剧院，等等。

（二）服饰

服饰是一种无声的语言，其历史几乎和人类历史一样悠久。每个民族都有自己独特的衣着式样和习惯，多姿多彩，展示着自己民族的审美观和生活习惯。如阿富汗的披掩全身的女性传统服饰波卡、菲律宾的由纱雅裙和班诺萝上衣组成的女套装他侬、日本的和服、印度的女装纱丽、印度尼西亚男女皆穿的围裹裙莎笼、苏格兰的男式褶裙凯尔特、美国夏威夷的直统形连衣裙姆姆、印第安人的披风式外衣庞裘等。

（三）饮食

各个民族、群落由于地理环境的差异，生活习俗、食材、烹饪工艺的不同，形成了各具特色的饮食。

国外的特色饮食，有墨西哥的玉米三明治、日本的生鱼片、法国的鹅肝酱、韩国的泡菜、法国的牛角面包、泰国和老挝的蜜延堪、印度的鹰嘴豆松饼等。

中国的饮食在世界上久负盛名。我国有八大菜系：粤菜、川菜、鲁菜、闽菜、苏菜、徽菜、湘菜和浙菜。我国著名的民族风味食品数不胜数，如北京的烤鸭、山西的刀削面、天津的狗不理包子、西安的羊肉泡馍、扬州的蟹黄汤包、常州的叫花鸡、成都的夫妻肺片、湖南的臭豆腐、云南的过桥米线、内蒙古的烤全羊、傣族的竹筒饭，等等。

（四）节庆

每个国家、每个民族都有自己的节日。

西方国家的节日主要有感恩节、复活节、万圣节、圣诞节、狂欢节、愚人节、父亲节等。在世界其他地方还有许多节日，如越南的赛象节，韩国的夫妇节，日本的樱花节，新加坡的食品节，印度的拜蛇节和胡里节，尼泊尔的赛马节，西班牙的斗牛节、西红柿狂欢节和奔牛节，柬埔寨的风筝节，意大利的巧克力节，加拿大的土拨鼠节，荷兰的郁金香节，瑞典的小龙虾节，俄罗斯的桦树节，法国的贞德节，英国的滚干酪节，德国的慕尼黑啤酒节等。

（四）礼节

礼节是人们交往中用来表示敬意、祝愿和友好的惯用方式。

世界上的基本礼节有：握手礼、名片礼、脱帽礼、拥抱礼、亲吻礼。世界上也有许多有趣的礼节，如新西兰毛利人的"碰鼻礼"、印度人的"合掌礼"、英国祖劳格族的"哭礼"、中国藏族的"献哈达"等。

二、宗教知识

宗教是一种社会现象。在古代，人们对许多自然现象无法解释时，就说是"神的意志"，并创造了许多宗教，一直流传到现在。信仰宗教的人通常被称为教徒。目前，世界上主要有三大宗教，即基督教、伊斯兰教和佛教。而道教是中国自创的一种宗教。

（一）基督教

基督教是世界上教徒最多的宗教，分布在世界100多个国家和地区，主要包括欧洲、美洲和大洋洲。基督教无论从规模，还是从影响方面，都堪称世界第一大宗教。

基督教把认识上帝和荣耀上帝作为人生的首要目的，将其信仰的全部真理和核心归纳为爱上帝和爱人如己这一根本准则，视爱之律法为最大的律法，彼此相爱也成为《圣经新约》中的核心命令，并认为这种灵性真爱和神圣集中体现在基督耶稣身上，因此也被称为爱的宗教。宗教典籍为《圣经：新约》《圣经：旧约》。基督教的基本组织被称为教会，基督教认为教会是全体在世和已死基督徒的总体。教堂亦称"礼拜堂"，是基督教举行宗教仪式的建筑物。基督教的主要节日有圣诞节和复活节。

（二）伊斯兰教

伊斯兰教于7世纪初兴起于阿拉伯半岛，它是由伊斯兰教的先知穆罕默德所创，教徒大多分布在中非、北非、中亚、西亚、东南亚和印度、巴基斯坦、中国等。穆斯林聚居区均建有规模不等的清真寺，形成以清真寺为中心的穆斯林社区。

不同派系的伊斯兰教都信仰《古兰经》，遵圣训，诚信真主独一，承认穆罕默德圣人是真主派给人类的最后一位使者。伊斯兰教学者根据《古兰经》的内容，将五项基本功课概括为：念、礼、斋、课、朝。遵守"五功"是穆斯林信仰虔诚的基本体现，是伊斯兰教系统完整的功修制度。

（三）佛教

佛教是世界三大宗教中历史最悠久的宗教。佛教教徒主要分布在亚洲。佛教三宝为佛、法、僧，是佛教的教法和证法的核心。佛，指释迦牟尼佛（又称如来、世尊等）；法，指佛的一切教法，包括三藏十二部经及八万四千法门；僧，指依诸佛教法如实修行、弘传佛法、度化众生的出家沙门。

佛教重视人类心灵和道德的进步和觉悟。佛教信徒修习佛教的目的是依照悉达多所悟到修行方法，发现生命和宇宙的真相，最终超越生死和苦，断尽一切烦恼，得到解脱。

佛教对中国文化产生过很大影响，在中国历史上留下了灿烂辉煌的佛教文化遗产。例如，我国古代建筑保存最多的是佛教寺塔，现存的河南嵩山嵩岳寺砖塔，山西五台山南禅寺、佛光寺的唐代木构建筑及应县大木塔，福建泉州开元寺的石造东、西塔等，都是研究我国古代建筑史的宝贵实物。敦煌、云冈、龙门等石窟则作为古代雕刻、绘画的宝库举世闻名，是我国伟大的文化遗产。世界佛教中心——那烂陀大学是规模宏大的佛教遗址，莲花生大士、寂天菩萨、玄奘大师等高僧大德曾在此参学讲经。

（四）道教

道教是中国本土宗教。道教在中国古代鬼神崇拜观念上，以黄帝、老子道家思想为理论根据，承袭战国以来的神仙方术衍化形成。道士是道教的神职人员，宫观是道教教徒活动的场所。

中国的民俗基本上是属于道教的。道教深深影响着传统民俗里的信仰习俗、祖宗崇拜、节日习俗、娱乐习俗和方术活动，如本命年拜太岁，祭祀先人烧纸钱，春节祭灶王、贴对联、放鞭炮、接财神、拜天公、闹元宵等。

道教的玄妙思想、神仙境界、奇异方术、逍遥精神、贵生伦理渗透到文学艺术领域的方方面面，道教的自然情怀、浪漫主义深深影响着传统文化的审美观。南北朝以来的《搜神记》《酉阳杂俎》《聊斋志异》等志怪小说和唐宋传奇《枕中记》《太平广记》等包含大量道教元素。此外还有独特的道教文学形式被衍生出来，如李白的游仙诗、明朝盛行的青词，以及《封神演义》《西游记》等神魔小说等，深受道教思想浸润。

思考与练习

一、单选题

1. "千门万户曈曈日，总把新桃换旧符"所描写的是（　　）。
   A. 清明节　　　　B. 端午节　　　　C. 春节　　　　D. 重阳节
2. 下列选项中，以"孔雀舞"著称的少数民族是（　　）。
   A. 土家族　　　　B. 傣族　　　　C. 藏族　　　　D. 蒙古族
3. 比萨斜塔是（　　）国家的著名建筑。
   A. 德国　　　　B. 法国　　　　C. 比利时　　　　D. 意大利

二、问答题

1. 请调查你身边的一些民俗风情（三个以上），并制作成海报与你的同伴进行分享。
2. 你知道的传统节日有哪些？请列举其主要的庆祝风俗。
3. 中国少数民族分布的特点是什么？你去过哪些少数民族地区？请列举主要民族民俗和节日的基本内容。

第七章 文学知识

学习目标

1. 了解中国古代文学的发展及其基本内容。
2. 了解中国现当代文学的著名作家、作品。
3. 了解外国文学的发展及主要作家、作品。

第一节 中国古代文学

中国是世界上文化发展最早的国家之一。我们勤劳、勇敢、聪慧的祖先，曾以非凡的创造力，在漫长的历史发展进程中，创造了光辉灿烂的古代文化。在我国丰富的文化遗产中，古代文学就是其中非常重要的组成部分。本节从先秦文学、汉唐宋文学、元明清文学、诸子散文、中国古代儿童启蒙读物五个方面来介绍中国古代文学。

中国古代文学

一、先秦文学

从上古到秦统一之前，是我国古代文学发展的第一个阶段。我们把这一阶段的文学统称为"先秦文学"。这个时期的文学，处于我国古代文学发生发展的最初时期。其中，流传至今的一些原始歌谣和原始神话，是我国文学的光辉开端。奴隶社会及封建社会初期，出现了诗歌及散文这两种文学样式。春秋时期的《诗经》和战国后期出现的《楚辞》，分别代表了文学的两种不同的流派，成为我国文学史上巍然并立的两座高峰，给后代文学以深远的影响。

（一）《诗经》

《诗经》是我国第一部诗歌总集，是我国古代诗歌创作光辉的起点和源头。《诗经》共收入了西周初年到春秋中叶500多年的诗歌共计305篇。《诗经》在先秦叫作《诗》或《诗三百》，但是从汉代起，儒家学者把《诗》当作经典，尊称为《诗经》，列为"五经之首"。

《诗经》节选

《诗经》中的诗当初都是配乐的歌词，按所配乐曲的性质，分为风、雅、颂三类。"风"，又称"国风"，是指各地方的民歌民谣。包括了15个诸侯国的民歌，即"十五国风"，共160篇。这一部分成就最高，有对爱情、劳动等美好事物的吟唱等，也有怀故土、思征人及反压迫、反欺凌的怨叹与愤怒等。"雅"分为"大雅"和"小雅"，一共有105篇。"大雅"用于隆重盛大宴会的典礼，"小雅"则用于一般宴会的典礼。"颂"是祭祀乐歌，用于宫廷宗庙祭祀祖先、祈祷赞颂神明。《雅》《颂》中的诗歌，对于我们考察早期的历史、宗教与社会有很大价值。

《诗经》章节回环复沓，句式灵活多变，以四言为主，两字句到八字句都有。其表现手法，前人概括为"赋、比、兴"三种。"赋"就是铺陈（敷陈其事而直言之也）；"比"就是类比（以彼物比此物也）；"兴"就是启发（先言他物以引起所咏之词也）。"风""雅""颂"和"赋""比""兴"，合称为《诗经》的"六义"。

《诗经》中经典诗句

1. 高山仰止，景行行止，虽不能至，心向往之。
2. 执子之手，与子偕老。
3. 茕茕白兔，东走西顾。衣不如新，人不如故。
4. 知我者，谓我心忧；不知我者，谓我何求。
5. 巧笑倩兮，美目盼兮。
6. 桃之夭夭，灼灼其华，之子于归，宜其室家。
7. 投我以木瓜，报之以琼瑶，匪报也，永以为好也。
8. 鹤鸣于九皋，而声闻于野。

（二）《楚辞》

1.《楚辞》概述

《楚辞》是我国最早的浪漫主义诗歌总集及浪漫主义文学源头。"楚辞"的名称，西汉初期已有之，至刘向乃编辑成集，东汉王逸作章句。原收战国楚人屈原、宋玉及汉代淮南小山、东方朔、王褒、刘向等人的辞赋共16篇，后王逸增入己作《九思》，成17篇。其运用楚地（今湖南、湖北一带）的文学样式、方言声韵和风土物产等，具有浓厚的地方色彩，故名《楚辞》。如宋人黄伯思所说，"皆书楚语、作楚声、纪楚地、名楚物"。全书以屈原作品为主，其余各篇也是承袭屈原作品的形式，感情奔放，想象奇特，句式活泼，在节奏和韵律上独具特色，适合表现丰富复杂的思想感情，其代表作为屈原的《离骚》。屈原和《楚辞》的出现，不仅使继《诗经》以后沉寂了大约300之久的诗坛重新复活起来，而且以其突发的异彩、更新更美的歌声，开始了中国诗歌史上《诗经》以后第二个重要时期。

2. 屈原和《离骚》

屈原（约公元前340或339—前278），战国时期楚国诗人、政治家，出生地为楚国丹阳（今湖北省宜昌市），芈姓，屈氏，名平，字原，又自云名正则，字灵均，战国时楚武王熊通之子屈瑕的后代。屈原少年时受过良好的教育，博闻强识，志向远大。早年受楚怀王信任，任左徒、三闾大夫，兼管内政外交大事。他提倡"美政"，主张对内举贤任能、修明法度，对外力主联齐抗秦。因遭贵族排挤毁谤，被先后流放至汉北和沅湘流域。秦将白起攻破楚都郢（今湖北江陵）后，屈原自沉于汨罗江，以身殉国。

《离骚》是屈原的代表作品，是一篇宏伟壮丽的政治抒情诗。全诗共373句、2400多字，以理想与现实为主线，以花草禽鸟的比兴和瑰奇迷幻的"求女"神境作象征，借助于自传性回忆中的情感激荡，和纷至沓来、倏生倏灭的幻境交替展开。作品倾诉了对楚国命运和人民的关心，"哀民生之多艰"，叹奸佞之当道，表现了诗人崇高的政治理想和为祖国献身的伟大精神。诗中主张"举贤而授能""循绳墨而不颇"。诗人歌颂美善与高洁，鄙视丑恶与虚假；他把公正高洁的品格，比作香花美草，把贪婪、偏私、禁不住考验的变节者，比作荒秽与恶臭，表现出决不与世俗同流合污的品格，以及坚持理想，"亦余心之所善兮，虽九死其犹未悔"的卓绝精神。作品中大量的比喻和丰富的想象，表现出积极浪漫主义精神，并开创了中国文学史上"骚"体诗歌形式，对后世有深远影响。

屈原

二、汉唐宋文学

秦汉至唐宋是我国古代文学发展的繁荣时期，这一时期最具代表性的文学样式当属汉赋、唐诗和宋词。

《离骚》节选

（一）汉赋

1. 汉赋的内容和结构

汉赋是在汉朝涌现出的一种有韵的散文，是汉代最流行的文体。在两汉400年间，一般文人都致力于这种文体的写作，因而盛极一时，后世往往把它看成是汉代文学的代表。它的特点是散韵结合，专事铺叙。从赋的形式上看，在于"铺采摛文"；从赋的内容上说，侧重"体物写志"。汉赋的内容可分为五类：一是渲染宫殿城市；二是描写帝王游猎；三是叙述旅行经历；四是抒发不遇之情；五是杂谈禽兽草木。而以前二者为汉赋之代表。

汉赋在结构上，一般都有三部分，即序、本文和被称作"乱"或"讯"的结尾。汉赋写法上大多以丰辞缛藻、穷极声貌来大事铺陈，为汉帝国的强大或统治者的文治武功高唱赞歌，只在结尾处略带几笔，微露讽谏之意。

2. 两汉著名的赋家

（1）贾谊及其代表作

贾谊（公元前200—前168），洛阳人。他是汉代初年的一位年轻的政治家、思想家。据史书上记述，贾谊"年十八，以能诵诗属书闻于郡中"，又"颇通诸子百家之书"，是一位年轻博学的人。当时社会表面一片升平之象，贾谊认为不过是"抱火厝之积薪之下而寝其上,火未及燃因谓之安",为了消除危机,必须"更定法令",从事一定的政治改革。但他在朝廷中却受到排挤,被贬为长沙太傅,后又为梁怀王太傅。不久,梁怀王坠马,贾谊"自伤为傅无状",一年多就死了,年纪只有33岁。据《汉书·艺文志》记载,贾谊有赋7篇,现仅存《吊屈原赋》和《鵩鸟赋》2篇。

贾谊一生的遭遇,与伟大诗人屈原有类似之处。他的《吊屈原赋》也正是以屈原自况,是一篇表达他政治上的不平、很有真情实感的作品。贾谊的《鵩鸟赋》写于他寄居在长沙三年之后,这是一篇愤郁不平的咏怀之作,在构思上颇别致,采用了人禽问答体,借鵩鸟回答的方式,抒写了作者的积愫,表述了一种所谓人生祸福无常、应该"知命不忧"的思想。从其所宣扬的忘物我、齐生死、等荣辱等所谓自命"达观"的思想看,显然是受老庄消极思想的影响,但也不难看出其中包蕴着对当时黑暗现实的不满和对自己不幸遭遇的牢骚不平。

贾谊赋作思想感情充沛,不像后来汉赋表现的那样,往往以堆砌辞藻、追求篇幅为能事,在赋体文学中,这是其较为明显的优点。

(二)唐诗

唐诗泛指创作于唐朝的诗。唐代诗歌的思想性、艺术性均达到很高的程度,再加上题材、形式和流派的多样性,使得唐代成为中国古典诗歌的全盛时期。唐诗是中华民族最珍贵的文化遗产,是中华文化宝库中的一颗明珠,同时也对周边民族和国家的文化发展产生了很大影响。

1. 唐诗的派别

派别	代表诗人	代表作品
山水田园诗派	王维、孟浩然	王维:《山居秋暝》《九月九日忆山东兄弟》;孟浩然:《过故人庄》
边塞诗派	高适、岑参、王昌龄、李益、王之涣、李颀	高适:《别董大》;岑参:《白雪歌送武判官归京》;王昌龄:《出塞》;李益:《从军北征》;王之涣:《凉州词》;李颀:《古意》
浪漫诗派	李白	李白:《月下独酌》《梦游天姥吟留别》《蜀道难》
现实诗派	杜甫	《三吏》《三别》《兵车行》

3. 诗仙李白

李白(701—762),字太白,号青莲居士,又号谪仙人,盛唐最杰出的诗人,也是我国文学史上继屈原之后又一伟大的浪漫主义诗人,素有"诗仙"之称。李白的乐府、歌行及绝句成就最高。诗歌风格豪迈奔放,清新飘逸,想象丰富,意境奇妙,夸张浪漫,瑰丽动人。

李白留给后世人900多首诗,这些熠熠生辉的诗作,表现了他一生的心路历程,是盛唐社会现实和精神生活面貌的艺术写照。他的代表作品主要有:《将进酒》《蜀道难》《梦游天姥吟留别》《静夜思》《望庐山瀑布》《侠客行》《春思》《秋歌》等。李白的诗歌对后代产生了极为深远的影响。中唐的韩愈、孟郊、李贺，宋代的苏轼、陆游、辛弃疾，明清的高启、杨慎、龚自珍等著名诗人，都受到李白诗歌的巨大影响。

知识拓展

李白经典诗句

1. 长风破浪会有时，直挂云帆济沧海。(《行路难》)
2. 抽刀断水水更流，举杯消愁愁更愁。(《宣州谢朓楼饯别校书叔云》)
3. 天生我材必有用，千金散尽还复来。(《乐府·将进酒》)
4. 君不见黄河之水天上来，奔流到海不复回；君不见高堂明镜悲白发，朝如青丝暮成雪。(《乐府·将进酒》)
5. 人生得意须尽欢，莫使金樽空对月。(《乐府·将进酒》)
6. 两岸青山相对出，孤帆一片日边来。(《望天门山》)

6. 诗圣杜甫

杜甫（712—770），字子美，自号少陵野老，唐代伟大的现实主义诗人，与李白合称为"李杜"。杜甫在中国古典诗歌中的影响非常深远，被后人称为"诗圣"。杜甫忧国忧民，人格高尚，诗艺精湛，其诗记录了唐代由盛转衰的历史巨变，表达了崇高的儒家仁爱精神和强烈的忧患意识，因而被誉为"诗史"，传颂千古，比如《三吏》和《三别》。

杜甫的律诗成就最高，历来被认为是律诗的楷模。他留下了《登高》《秋兴八首》《春夜喜雨》等许许多多的名篇，后世人通常用"沉郁顿挫"四个字来评价杜甫七律的风格。

杜甫的诗歌体现了古代优秀知识分子的良心。他一生心血都用在写诗上，其诗具有坚实的内容、纯真的热情、深沉的激愤、凝重的格调，从这方面说他又是诗人学习的榜样。他"读书破万卷"，善于学习和继承传统；"语不惊人死不休"，写诗的态度严肃认真，无论古体诗或近体诗，都臻于妙境和化境。所谓"诗圣"，就是诗歌领域的圣人，中国3 000多年诗歌史上得此殊荣的只有杜甫一人。

知识拓展

杜甫经典诗句

1. 会当凌绝顶，一览众山小。(《望岳》)
2. 读书破万卷，下笔如有神。(《奉赠韦左丞丈二十二韵》)
3. 朱门酒肉臭，路有冻死骨。(《自京赴奉先县咏怀五百字》)
4. 尔曹身与名俱灭，不废江河万古流。(《戏为六绝句》)
5. 出师未捷身先死，长使英雄泪满襟。(《蜀相》)
6. 安得广厦千万间，大庇天下寒士俱欢颜。(《茅屋为秋风所破歌》)

（三）宋词

宋词是宋代盛行的一种文学体裁，是一种相对于古体诗的新体诗歌之一，标志宋代文学的最高成就。宋词句子有长有短，便于歌唱。因是合乐的歌词，故又称曲子词、乐府、乐章、长短句、诗余、琴趣等。它始于梁代，形成于唐代而极盛于宋代。宋词是中国古代文学皇冠上光辉夺目的明珠，在古代中国文学的阆苑里，它是一座芬芳绚丽的园圃。它以姹紫嫣红、千姿百态的神韵，与唐诗争奇，与元曲斗艳，历来与唐诗并称双绝，都代表一代文学之盛。

1. 宋词类别

（1）按长短规模分，词大致可分小令（58字以内）、中调（59~90字）和长调（91字以上，最长的词达240字）。一首词，有的只有一段，称为单调；有的分两段，称双调；有的分三段或四段，称三叠或四叠。

（2）按音乐性质分，词可分为令、引、慢、三台、序子、法曲、大曲、缠令、诸宫调九种。

（3）按拍节分，常见的有四种：令，也称小令，拍节较短的；引，以小令微而引长之的；近，以音调相近，从而引长的；慢，引而愈长的。

2. 宋词派别

宋词是继唐诗之后的又一种文学体裁，基本分为婉约派（包括花间派）、豪放派两大类。婉约派代表人物有柳永、晏殊、晏几道、周邦彦、李清照、秦观、姜夔、吴文英、李煜、欧阳修等。豪放派代表人物有苏轼、辛弃疾、陈亮、陆游、张孝祥、张元干、刘过、宋江等。

3. 苏轼

苏轼（1037—1101），字子瞻，又字和仲，号东坡居士，世称苏东坡、苏仙，汉族，北宋眉州眉山人，祖籍河北栾城，北宋著名文学家、书法家、画家。其词开豪放一派，与辛弃疾同是豪放派代表人物，并称"苏辛"。

苏轼《定风波·三月七日》

苏轼对词进行了大刀阔斧的开拓和变革，对词的发展有不可磨灭的贡献。苏轼词扩大了词境，提高了词品。他外出打猎，便豪情满怀地说："会挽雕弓如满月，西北望，射天狼。"（《江城子·密州出猎》）他望月思念胞弟苏辙，便因此悟出人生哲理："人有悲欢离合，月有阴晴圆缺，此事古难全。"（《水调歌头·明月几时有》）他登临古迹，便慨叹："大江东去，浪淘尽、千古风流人物。"（《念奴娇·赤壁怀古》）。苏轼从而成为"豪放"词风的开创者，树立了词史上的里程碑，大大促进了宋词的发展，使宋词进入鼎盛时期。

三、元明清文学

（一）元曲

元曲是中华民族灿烂文化宝库中的一朵奇葩，它在思想内容和艺术成就上都体现了独有的特色，和唐诗宋词鼎足并举，成为我国文学史上重要的里程碑。唱（唱词）、科（动作）、白（对白）是元曲三要素；关汉卿、马致远、郑光祖、白朴被誉为元曲四大家。

1. 元曲类别

元杂剧：元杂剧又称北杂剧、北曲、元曲。元杂剧是在金院本和诸宫调的直接影响之下，融合各种表演艺术形式而成的一种完整的戏剧形式，并在唐宋以来话本、词曲、讲唱文学的基础上创造了成熟的文学剧本。四折一楔子的结构形式是其显著的特色之一，"一人主唱"是元杂剧的又一显著特点。元杂剧唱与说白紧密相连，"曲白相生"。作为一种成熟的戏剧，元杂剧在内容上不仅丰富了已在民间传唱的故事，而且广泛地反映了当时的社会现实，成为广大人民群众最喜爱的文艺形式之一。

元杂剧《西厢记》情景图

散曲：元代人称为乐府。最早出现散曲之名的文献，是明代朱有墩的《诚斋乐府》，此书所说的散曲专指小令，不包括套数。明代中叶以后，散曲的范围逐渐扩大，把套数也包括进来。

3. 元曲四大家

关汉卿、马致远、郑光祖、白朴并称为"元曲四大家"，关汉卿位于"元曲四大家"之首。

关汉卿（约1220—1300），元代杂剧作家，是中国古代戏曲创作的代表人物，号已斋（一作一斋）、已斋叟，汉族，解州（今山西运城）人。贾仲明《录鬼簿》吊词称他为

"驱梨园领袖,总编修师首,捻杂剧班头",可见他在元代剧坛上的地位。关汉卿曾写有《南吕一枝花》赠给女演员朱帘秀,说明他与演员关系密切。他曾毫无惭色地自称:"我是个普天下的郎君领袖,盖世界浪子班头。"在《南吕一枝花·不伏老》结尾一段,更狂傲倔强地表示:"我是个蒸不烂、煮不熟、捶不匾、炒不爆、响珰珰一粒铜豌豆。"据各种文献资料记载,关汉卿编有杂剧67部,现存18部。个别作品是否出自关汉卿之手,学术界尚有分歧。其中《窦娥冤》《救风尘》《望江亭》《拜月亭》《鲁斋郎》《单刀会》《调风月》等,是他的代表作。

马致远,汉族,大都(今北京)人,另据考证,马致远是河北省东光县马祠堂村人,东光县志和东光马氏族谱都有记载。马致远以字"千里",晚年号"东篱",表示效陶渊明之志。他是我国元代著名大戏剧家、散曲家,代表作有《汉宫秋》《青衫泪》。

郑光祖,生卒年不详,字德辉,汉族,平阳襄陵(今山西襄汾)人,元代著名的杂剧家和散曲家,所作杂剧在当时"名闻天下,声振闺阁"。其所作杂剧可考者18种,现存《周公摄政》《王粲登楼》《翰林风月》《倩女离魂》《无盐破连环》《伊尹扶汤》《老君堂》《三战吕布》等8种;其中,《倩女离魂》最著名,为其代表作,后3种被质疑非郑光祖作品。除杂剧外,郑光祖还写散曲,有小令6首、套数2套流传。

白朴(1226—1306),原名恒,字仁甫,后改名朴,字太素,号兰谷,汉族,祖籍隩州(今山西河曲附近),后徙居真定(今河北正定),晚岁寓居金陵(今南京),终身未仕。他是元代著名的文学家、杂剧家,元曲四大家之一,代表作为《墙头马上》。

知识拓展

元曲代表作

元曲四大悲剧:《窦娥冤》(关汉卿)、《梧桐雨》(白朴)、《汉宫秋》(马致远)、《赵氏孤儿》(纪君祥)

元曲四大爱情剧:《拜月亭》(关汉卿)、《西厢记》(王实甫)、《墙头马上》(白朴)、《倩女离魂》(郑光祖)

(二)明清小说

明清是中国小说史上的繁荣时期。从明代开始,小说这种文学形式充分显示出其社会作用和文学价值,打破了正统诗文的垄断,在文学史上,取得与唐诗、宋词、元曲并列的地位。清代则是中国古典小说盛极而衰并向近现代小说转变的时期。

1. 明代小说

明代文人创作的小说主要有白话短篇小说和长篇小说两大类。

明代的白话短篇小说创作颇丰。冯梦龙辑纂的《喻世明言》(一名《古今小说》)、《警世通言》、《醒世恒言》合称"三言",凌蒙初编著的拟话本集《初刻拍案惊奇》《二刻拍案惊奇》，合称"二拍"，对后世的白话小说及戏曲都有很大影响。

明代的长篇小说按题材和思想内容，又可概分为五类，即讲史小说、神魔小说、世情小说、英雄传奇小说和公案小说。代表作品有《三国演义》《水浒传》《西游记》《金瓶梅》等。

《三国演义》以陈寿《三国志》为蓝本，经各家说话人熔裁敷演，由罗贯中于元末明初写定。此书生动描述了东汉末年群雄割据，三国鼎立，最后司马氏统一天下的复杂历史，结构宏伟，场面壮观，人物众多。有些人物颇具特色，成为某一类型人物的代表，如曹操、诸葛亮、关羽、张飞等。

《水浒传》，施耐庵著，一说施耐庵、罗贯中合著，描述了北宋宣和年间以宋江为首的一百零八人被逼上梁山，"替天行道"的悲壮故事。《水浒传》情节曲折，故事性强，善于在叙事中刻画人物，李逵、武松、林冲、鲁智深等成为妇孺皆知的文学形象。它是中国第一部用通俗口语写成的长篇小说，在文学史和汉语史上都有很高的价值。

神话小说《西游记》取材于唐代僧人玄奘去天竺（印度）取经的事迹，由吴承恩在民间传说和有关话本、杂剧的基础上改写而成。该书想象丰富、手法浪漫、语言诙谐，是白话小说中独树一帜的优秀之作。书中塑造了神通广大的孙悟空和胆小自私的猪八戒两个受人喜爱的文学形象，孙悟空的形象是人民群众敢于同恶势力作斗争、不怕困难等优秀品质的艺术概括，也寄托了人民战胜邪恶势力的美好理想。

刊行于明万历年间的《金瓶梅词话》在白话长篇小说中占有重要地位，它是摆脱英雄与神怪的传统题材，转而表现现实日常生活的创始之作。该书以《水浒传》中西门庆、潘金莲的故事为线索，演成百回长书，虽假托宋代，反映的却是16世纪北方城市居民的日常生活。作者熟悉市井生活和市民语言，描摹人情世态细致传神，语言泼辣生动。但书中对官僚地主放纵肉欲颇多自然描写，影响了这部书的价值与流布。

此外，较著名的明代长篇小说还有熊大木的《北宋志传》、郭勋的《皇明英烈传》、许仲琳（或曰陆长庚）的《封神演义》、董说的《西游补》、西周生的《醒世姻缘传》等，均在中国文学史占据一定地位。

2. 清代小说

清代的阶级矛盾、民族矛盾和思想文化领域里的斗争，给小说创作以深刻影响。清初至乾隆时期是清小说发展的全盛时期，乾隆年间产生的《聊斋志异》和《红楼梦》，分别把文言小说和白话小说的创作推向顶峰。

文言小说自唐传奇以后虽历代续有新作，如《夷坚志》《剪灯新话》等，但多叙事简单，文采不足，至《聊斋志异》则如异峰突起。作者蒲松龄用文言如白话，颇有传神之笔，小说主人公多为狐鬼，但形象可爱，富于人间情趣。它代表了文言小说的最高成就。

《红楼梦》是中国现实主义文学的经典之作。作者曹沾，号雪芹，满洲正白旗人。曹家曾三代居江宁织造任，后因事被抄而家道衰落。该书以曹家生活为原型，以贾宝玉与林黛玉、薛宝钗的爱情与婚姻悲剧为主要线索，描写了贾氏家族由盛而衰的历史，反映出进入末期的中国封建社会不可避免的崩溃结局和初步的民主主义思想倾向。《红楼梦》情节缜密，细节真实，语言优美。作者善于刻画，如贾宝玉、林黛玉、薛宝钗、王熙凤、晴雯等，取得了卓越的艺术成就。但曹雪芹只写完《红楼梦》的前八十回，今通行本后四十回一般认为系高鹗所续。清代后期还有许多续《红楼梦》的作品，但多为续貂之作。

除《红楼梦》外，比较著名的清代长篇小说还有《儒林外史》《醒世姻缘传》《隋唐演义》《说岳全传》《女仙外史》《镜花缘》《雷峰塔传奇》等。话本小说则有《醉醒石》《五色石》等。李渔的《无声戏》《十二楼》则是白话短篇小说艺术成就的代表。

红楼梦大观园

四、"四书"

"四书"又称四子书，是《大学》《中庸》《论语》《孟子》的合称。它蕴含了儒家思想的核心内容，在中华思想史上产生过深远影响，至今读来，仍不失其深刻的教育意义和启迪价值，堪称源远流长的文化精华。

（一）《大学》

《大学》是一篇论述儒家修身治国平天下思想的散文，是中国古代讨论教育理论的重要著作。全文文辞简约，内涵深刻，影响深远，主要概括总结了先秦儒家道德修养理论，以及关于道德修养的基本原则和方法，对儒家政治哲学也有系统的论述，对做人、处事、治国等有深刻的启迪性。《大学》提出的"三纲领"（明明德、亲民、止于至善）和"八条目"（格物、致知、诚意、正心、修身、齐家、治国、平天下），强调修己是治人的前提，修己的目的是治国平天下，说明治国平天下和个人道德修养的一致性。

《大学》作为"四书"之首，是儒学重要的思想载体。儒学作为中国传统政治的合法性依据，在中国古代廉政文化建设中扮演了重要角色，产生了深远影响。

（二）《中庸》

《中庸》原来也是《礼记》中的一篇，一般认为它出于孔子的孙子子思之手。其中庸之道的主题思想是教育人们自觉地进行自我修养，使自己具有理想的人格。中庸之道的理论基础是天人合一。中庸之道的内在逻辑可以概括"尚中""时中""中正"和"中和"四个方面："尚中"的内涵是"无过无不及"；"时中"的内涵是"无可无不可"；"中正"是中庸的规范准则，其基本内涵是"礼义"；"中和"是中庸的理想目标，其内涵是"天人和谐之美"。

（三）《论语》

《论语》由孔子弟子及再传弟子编写而成，至汉代成书，主要记录了孔子及其弟子的言行，较为集中地反映了孔子的思想，是儒家学派的经典著作之一。全书以语录体为主、叙事体为辅，共20篇492章。

孔子是《论语》描述的中心，即所谓"夫子风采，溢于格言"(《文心雕龙·征圣》)。书中不仅有对孔子的仪态举止的静态描写，而且有对他的个性气质的传神刻画。此外，围绕孔子这一中心，《论语》还成功地刻画了一些孔门弟子的形象。如子路的率直鲁莽，颜回的温雅贤良，子贡的聪颖善辩，曾皙的潇洒脱俗，等等。孔子因材施教，对于不同的对象，考虑其不同的素质、优点和缺点、进德修业的具体情况，给予不同的教诲，表现了诲人不倦的可贵精神。

(四)《孟子》

《孟子》是记载孟子及其学生言行的一部书。孟子(约公元前372—前289)，名轲，字子舆，战国中期邹国人，著名的思想家、政治家、教育家，孔子学说的继承者。由于他的政治主张与孔子一样不被重用，于是便聚徒讲学、著书立说，"序《诗》《书》，述仲尼之意，作《孟子》七篇。"《孟子》有7篇14卷传世，包括《梁惠王》上、下，《公孙丑》上、下，《滕文公》上、下，《离娄》上、下，《万章》上、下，《告子》上、下，《尽心》上、下。

《孟子》一书不仅是儒家的重要学术著作，也是我国古代极富特色的散文专集。《鱼我所欲也》出自《孟子·告子上》，是孟子对人的生死观进行深入讨论的一篇代表作，其强调"正义"比"生命"更重要，主张舍生取义。这一思想是中华民族传统道德修养的精华，对后世影响深远。

趣味故事

孟母断织

孟子最初对学习很有兴趣，时间一长就厌烦了，经常逃学。孟母知道后非常生气，拿起刀来，把织布机上的经线割断，说道："你的废学，就像我割断织布机上的线，这布是一丝一线织起来的，现在割断了线，布就无法织成。君子求学是为了成就功名，博学多问才能增加智慧。你经常逃学怎么能成为有用之才呢？你今天不刻苦读书，而是惰于修身养德，今后就不可以远离祸患，将来不做强盗，也会沦为厮役！"孟母用"断织"来警喻"辍学"，指出做事必须有恒心，一旦认准目标，就不为外界所干扰。半途而废，后果是十分严重的。"断织喻学"的一幕在幼年孟子的心灵中，留下了既惊且惧的鲜明印象，孟子从此旦夕勤学，终于成为我国历史上的儒学大师。

五、中国古代儿童启蒙读物

《三字经》《百家姓》《千字文》《弟子规》《朱子家训》等被誉为"国学启蒙宝典"。这些经典内容丰富，包含天文、地理、历史、治国、修身、道德、伦理等丰富的知识，古往今来的少年儿童从中汲取知识，陶冶情操，提高修养。

《三字经》相传为南宋王应麟所作，是中国蒙学读物中最有代表性的一种，也是影响最大的一种。在某种意义上，它成了中国古代蒙学读物的代称。全书1 248字，三字一句，共416句。《三字经》虽然篇幅有限，却包含了十分丰富的内容。可分为教学之要、幼学之序、读书次第、勤学典范、为学效果五部分，集中概述了经学、历史、数目、名物等知识，并特别指明了力学有成、显世扬名的人生路向。如它开篇就说到教或学的重要性：

人之初，性本善。性相近，习相远。

苟不教，性乃迁。教之道，贵以专。

昔孟母，择邻处，子不学，断机杼。

窦燕山，有义方，教五子，名俱扬。

养不教，父之过；教不严，师之惰。

子不学，非所宜。幼不学，老何为？

玉不琢，不成器；人不学，不知义。

《百家姓》大体成书于宋初，旧本题为"钱唐老孺"作。宋人王明清认为，该书应作于960—978年的吴越，这时吴越未亡国，所以不应该说是宋人所作，而是属于五代十国时期。全书用姓氏堆砌而成，四字一句，押韵，无文理可言。共118句472字。除篇末"百家姓终"四字外，余468字由408个单姓和30个复姓合构。由于它适合记诵并与历史及现实人物相关联，且用韵语写成，读起来非常顺口，因而适合儿童口味，流布极速极广。如：

赵钱孙李，周吴郑王。

冯陈褚卫，蒋沈韩杨。

朱秦尤许，何吕施张。

孔曹严华，金魏陶姜。

戚谢邹喻，柏水窦章。

30个复姓的编排也是这样，如：

万俟司马，上官欧阳。

夏侯诸葛，闻人东方。

郝连皇甫，尉迟公羊。

澹台公冶，宗政濮阳。

《千字文》为周兴嗣受命于梁武帝所作。《千字文》一书，形式整齐，从头至尾，都用四言写成，凡250句，计1 000字，所以称为《千字文》。全篇1 000个字并不是简单的堆积，而是组织成了通顺且有文采并能表达一定意思的250个句子。全文包容的范围很广，几乎涉及传统知识类型的各个方面。

有谈天文岁时的，如：

天地玄黄，宇宙洪荒。日月盈昃，辰宿列张。

寒来暑往，秋收冬藏。闰余成岁，律吕调阳。

云腾致雨，露结为霜。

也有谈上古历史的，如：

龙师火帝，鸟官人皇。始制文字，乃服衣裳。

推位让国，有虞陶唐。吊民伐罪，周发商汤。
坐朝问道，垂拱平章。爱育黎首，臣服戎羌。
遐迩壹体，率宾归王。

第二节　中国现当代文学

中国现代文学是在中国社会内部发生历史性变化的条件下，广泛接受外国文学影响而形成的新的文学。它不仅用现代语言表现现代科学民主思想，而且在艺术形式与表现手法上都对传统文学进行了革新。中国当代文学，首先指的是 1949 年以来的中国文学；其次指的是发生在特定的社会主义历史语境中的文学，它限定在"中国大陆"这一范围内。自 20 世纪末期开始，中国当代文学大踏步进入世界先进文化行列，并使中国当代文学达到历史的顶峰。

一、中国现代文学概述

中国现代文学诞生于中国社会剧烈转型时期，一般把 1917 年至 1949 年的 30 多年的文学发展历史界定为中国现代文学史。

（一）中国现代文学的发展

中国现代文学大致经历了三个大的发展时期，即"三个十年"。

1. 开拓期（1917—1927）

这是中国现代文学的"第一个十年"，又叫五四时期的文学。它是现代文学的开拓与奠基阶段，其基本特征是：从文学革命向革命文学发展，即由文学形式的外在改革逐渐转向思想内涵的深刻变化。

2. 丰收期（1928—1937）

这是中国现代文学的"第二个十年"，通常也称"左联"时期的文学。1928 年前后，为适应蓬勃发展的无产阶级革命运动，以创造社和太阳社为主，积极倡导无产阶级革命文学，并得到了广大进步作家的积极响应。1930 年年初成立的"左联"等左翼文学团体，把这一运动推向了高潮。这一时期包括茅盾等人在内，还有蒋光慈、洪深、田汉、臧克家、丁玲、张天翼、叶紫、洪灵菲以及"左联"五烈士、"东北作家群"、中国诗歌会等作家和群体的创作，都显示了左翼革命文学创作的辉煌成就。值得注意的是，这一阶段还出现了巴金、老舍、沈从文、曹禺等一大批风格独特的作家，并出现了众多各具特色的社团流派，共同形成了现代文学繁荣的局面。

3. 转折期（1937—1949）

中国现代文学的"第三个十年"，通常称为抗日战争与解放战争时期的文学。这一时期以 1942 年延安文艺座谈会的召开分为两个阶段：前一阶段是抗战初期的文学。围绕抗日救亡这一中心主题，出现了大量通俗明快、短小精悍的文艺作品，如街头诗、独幕剧等，也出现了一些大型的集体创作。以艾青为代表的新诗创作在这一时期达到了又一个高峰。这一时期还出现了一系列历史剧。其中，以郭沫若的《屈原》为代表的历史剧最为成功，影响最大。后一阶段文学分为解放区和国统区两大区域。在解放区，毛泽东的《在延安文艺座谈会上的讲话》开辟了无产阶级革命文学的新阶段，由此引发了新文学前所未有的新主题、新题材、新形式，涌现了赵树理、孙犁、丁玲、周立波以及《白毛女》《王贵与李香香》等一大批具有典型民族风格、民族气派的作家和作品，显示了文艺为工农兵服务的重要成就。在国统区，作家的创作主要围绕反压迫、争民主的民主革命运动展开，出现了大量具有讽刺性、揭露性的作品，如茅盾的《腐蚀》、巴金的《寒夜》、袁水拍的《马凡陀的山歌》、陈白尘的《岁寒图》和《升官图》、钱钟书的《围城》，等等。还应该提到的是，以张爱玲为代表的沦陷区的作家，也创作出了一些独具风姿、影响深远的作品。

（二）中国现代文学作家作品

老舍作品《茶馆》

中国现代文学可谓大家纷涌，名作四起，各显风采。代表作家及作品有：鲁迅的小说《呐喊》《彷徨》《故事新编》，散文诗《野草》；郭沫若的《女神》《屈原》；茅盾的《子夜》《林家铺子》；徐志摩、闻一多的诗歌；沈从文的《边城》《柏子》；巴金的《家》《春》《秋》《寒夜》；老舍的《骆驼祥子》《四世同堂》；曹禺的《原野》《雷雨》；赵树理的小说；艾青、穆旦的诗歌；张爱玲的小说等。

现代作家的作品里，还为我们塑造了一系列栩栩如生的人物形象，如鲁迅小说中的阿Q、祥林嫂、华老栓、孔乙己、涓生、子君；叶圣陶小说中的倪焕之、潘先生；茅盾《子夜》中的吴荪甫、《腐蚀》中的赵慧明；巴金《家》中的觉新、觉民、觉慧、高老太爷，《憩园》中的杨梦痴，《寒夜》中的汪文宣、曾树生；老舍《骆驼祥子》中的祥子、虎妞，《四世同堂》中的祁老人、祁瑞宣、"大赤包"、蓝东阳；沈从文《边城》中的翠翠、老船夫；柔石《二月》中的萧涧秋、《为奴隶的母亲》中的春宝娘；孙犁《荷花淀》中的水生嫂；钱钟书《围城》中的方鸿渐、赵辛楣、苏文纨、孙柔嘉、李梅亭；张爱玲《传奇》中的曹七巧、白流苏、葛薇龙；曹禺《雷雨》中的周朴园、繁漪、周萍、四凤，《日出》中的陈白露，《原野》中的仇虎、金子，《北京人》中的愫方、曾文清……五行八作，三教九流，千姿百态，万千气象。作家们还为我们展示了其所达到的心理深度，展示了人的内心世界的丰富多彩。

作家故事

老舍如何写《四世同堂》

老舍在重庆北碚安家后，许多朋友前去看望，向胡絜青询问北平沦陷后的情景。胡一次又一次讲述了北平沦陷后人民的苦难，这些真实的细节为老舍酝酿新作提供了详细的背景材料。1944年元旦，老舍开始写以沦陷了的北京为背景的百万字小说《四世同堂》。他说："必须把它写成，成为从事抗战文艺的一个较大的纪念品。"老舍的卧室兼客厅兼书房,夏天三面受阳光照射,到半夜热气还散不去,老舍说:"墙上还可以烤面包。我睡不好,睡眠不足,当然头昏。"由于头昏和常患疟疾,他到年底才写完第一部30万字的《惶惑》。1945年老舍在《八方风雨》中写道:"三十四年,我的身体特别坏。这些病痛时常使我放下笔。本想用两年的工夫把《四世同堂》写完,可是到三十四年底,只写了三分之二。这简直不是写东西,而是玩命!"

二、中国当代文学的发展及作家作品

中国当代文学的发展可以分为"十七年"时期、"文革"时期、新时期和20世纪90年代以来四个时期。

(一)"十七年"时期的中国文学(1949—1966)

中华人民共和国成立后"十七年"的文学基本特征是:走进历史尤其是当代社会现实生活,展现中华民族除旧布新的、以工农兵为主体的社会变革风貌,表现社会主义的时代精神。

"十七年"的小说在历史和农村现实题材方面,取得了最突出的艺术成就,长篇小说代表作品如杨沫的《青春之歌》、杜鹏程的《保卫延安》、周立波的《山乡巨变》、柳青的《创业史》等;短篇小说有王愿坚的《党费》和《七根火柴》等。"十七年"的诗歌与时代和现实紧密联系,以各种形式反映社会主义革命和建设的伟大斗争,热情赞颂祖国的新时代新生活,代表诗人有:李季、闻捷、郭小川、贺敬之等。"十七年"的散文在整体上超过了20世纪40年代解放区的散文创作,揭开了社会主义时期散文史的新篇章,叶圣陶、冰心、巴金等文坛宿将,徐迟、郭小川、峻青等诗人、小说家,吴伯箫、吴晗、邓拓、陶铸等教育家、历史学家和党政领导,杨石、郁茹等新人,组成了一支庞大的散文创作队伍,并由此形成一个以杨朔、秦牧、刘白羽等中年散文家为骨干的散文作家群,推动散文走向繁荣。"十七年"的话剧创作继承和发扬了解放区戏剧的现实主义传统,成绩显著。著名话剧有老舍的《龙须沟》《方珍珠》,曹禺的《明朗的天》,胡万春的《激流勇进》等;历史剧创作如郭沫若的《蔡文姬》、田汉的《关汉卿》、老舍的《茶馆》、曹禺等人的《胆剑篇》等有很高的思想艺术成就,《茶馆》甚至在世界上享有盛名。

(二)新时期的中国文学(1976—1989)

"文化大革命"十年,是以文学创作的"萧条期""灾难期"。文学的真正"复苏"是在党的十一届三中全会召开之后。20世纪80年代的中国文学充满了生机勃勃的创新精神和活跃气氛。五四新文学传统又渐渐地恢复了活力。

小说创作在新时期的文学中成绩显著,它充满了思考、探索与追求,其数量、质量与所产生的社会影响,在中国当代文学史上都是空前的。1977年年底刘心武发表的短篇小说《班主任》打破了当时创作的僵滞局面,开"伤痕文学"之先河。"伤痕文学"率先否定了"文革",正视社会生活中的矛盾、问题,起到了思想解放的巨大作用。其后的"反思文学"是"伤痕文学"的衔接和深化,高晓声的《李顺大造屋》、维熙的《泥泞》、茹志鹃的《剪辑错了的故事》等都是"反思文学"的优秀作品。1979年蒋子龙发表的《乔厂长上任记》谱写了新的历史时期改革者的第一支响亮的赞歌,成为"改革文学"的先导,拉开了新时期小说第二个阶段的帷幕。代表作有张洁的《沉重的翅膀》、陆文夫的《围墙》、贾平凹的《鸡窝洼人家》、铁凝的《哦,香雪》、高晓声的《陈焕生进城》等。1985年前后,新时期小说进入第三个阶段,开始多角度、全方位地表现社会生活,实现了小说观念的重大更新。"文化小说"如阿城的《棋王》、韩少功的《爸爸爸》、莫言的《红高粱》等,"现代派"小说有刘索拉的《你别无选择》、残雪的《黄泥街》、王蒙的《活动变人记》等。

(三)20世纪90年代以来的文学(1990—21世纪初)

20世纪90年代以来,文学环境的一个重要特征是包罗万象,不同的文化形态和文化立场公开呈现。在文体形式上,比较突出的是"长篇小说热"和"散文热"。

90年代的长篇小说代表作品,有王蒙的"季节四部曲"、余华的《活着》、王小波的《黄金时代》、陈忠实的《白鹿原》、王安忆的《长恨歌》、池莉的《水与火的缠绵》等;随着网络科技的发展,出现了大量的网络小说,如宁肯的《蒙面之城》、安妮宝贝的《告别薇安》、慕容雪村的《成都,今夜请将我遗忘》、南派三叔的《盗墓笔记》等。90年代以来的散文尤其是学者式散文达到高潮,代表作有余秋雨的《文化苦旅》、史铁生的《我与地坛》、韩少功的《夜行者梦游》、张承志的《荒芜英雄路》等。

总之,中国当代文学就是在文学思潮中由单一到多元、由封闭到开放的发展态势和发展过程中成熟的,而且可以预见,今后它也会沿着多元、开放的趋势更加壮大。

第三节 外国文学

外国文学是指除中国文学以外的世界各国文学,大体可分为欧美文学和亚非文学。

(一)19世纪前的欧美文学

1. 古代希腊罗马文学

欧洲文学史上最古的文学是古代希腊罗马文学,这是欧美文学的起源,代表作品有荷马史诗《伊利昂纪》和《奥德修纪》。

2. 中世纪欧洲文学

从476年西罗马帝国灭亡,到15世纪中叶文艺复兴开始,这1 000年的欧洲历史,习惯上称为"中世纪"。中世纪欧洲文学最著名的英雄史诗有法国的《罗兰之歌》、西班牙的《熙德之歌》、德意志的《尼伯龙根之歌》、俄罗斯的《伊戈尔远征记》。最著名的作家是13世纪末14世纪初意大利诗人但丁,他的代表作是长诗《神曲》。

3. 人文主义文学

15、16世纪，欧洲出现了一个发掘、研究古代文化，复兴古代文化的热潮，欧洲的文化科学发展到一个空前繁荣的时期，这就是欧洲历史上有名的"文艺复兴"。文艺复兴时期，资产阶级在反封建斗争中形成了自己的世界观，即人文主义。人文主义思想以人为中心，反对以神为中心、以禁欲主义为基本内容的中世纪宗教世界观，它的矛头指向教会统治和神学思想。代表作品有：法国作家拉伯雷的长篇小说《巨人传》、西班牙作家塞万提斯的长篇小说《堂·吉诃德》、莎士比亚戏剧。

4. 17世纪的欧洲文学

17世纪欧洲文学的最高成就是古典主义文学。古典主义文学有三个特征：一是在政治上拥护王权，维护国家统一；二是唯美主义；三是在艺术创作上提倡模仿古典、遵循规则，符合"三一律"（时间、地点、动作的三个整一）规范。代表作是莫里哀的诗体戏剧《达尔杜弗》。

5. 18世纪的欧洲文学

18世纪欧洲文学的主要成就是启蒙文学，主要包括法国启蒙文学运动、英国现实主义长篇小说和德国民族文学。代表作品有：英国现实主义小说家笛福的《鲁滨孙漂流记》，德国著名作家歌德的小说《少年维特之烦恼》、诗剧《浮士德》。

（二）19世纪的欧美文学

19世纪西方文学史上最重要的两大并存思潮——浪漫主义和现实主义相继兴起，推动了各国文学的发展。从"史"的角度，可把这段文学史分为三个时期：19世纪初期的欧美文学；19世纪中期的欧美文学；19世纪后期的欧美文学。

1. 19世纪初期的欧美文学——浪漫主义文学

浪漫主义文学的基本特征是：作家着重表现主观理想，抒发个人感情；追求奇异事物，歌颂大自然；主张创作自由，反对古典主义的清规戒律，强调创作的主观性；重视中世纪以来的民间文学和民族传统，在创作手法上喜欢用对比、夸张和华丽的词藻，追求强烈的艺术效果。代表作品有：英国拜伦的《唐璜》、雪莱的《西风颂》，德国海涅的《德国，一个冬天的童话》，法国雨果的《克伦威尔序》及长篇小说《巴黎圣母院》《悲惨世界》等。

2. 19世纪中期的欧美文学——现实主义

现实主义文学的特征是：力求真实地描绘现实，照生活的本来面貌反映现实，主张冷静地观察现实，客观地描写现实，注重细节的真实性；具有强烈的批判精神；注重创造典型环境中的典型性格；以资产阶级人道主义和民主主义作为创作的思想基础。代表作品有：法国作家司汤达的小说《红与黑》、巴尔扎克的小说《人间喜剧》、福楼拜的小说《包法利夫人》、莫泊桑的小说《羊脂球》等，英国作家狄更斯的小说《双城记》、夏洛蒂·勃朗特的小说《简·爱》、艾米莉·勃朗特的小说《呼啸山庄》，俄国作家果戈理的小说《死魂灵》、屠格涅夫的小说《父与子》、陀思妥耶夫斯基的小说《罪与罚》、列夫·托尔斯泰的小说《战争与和平》、契诃夫的小说《套中人》等。

3. 19世纪后期的欧美文学

这一时期现实主义文学继续发展，自然主义文学兴盛，浪漫主义文学继续发展，唯美主义、象征主义等新的文学流派相继出现，无产阶级文学也有进一步的发展。其代表作品有：法国左拉的小说《卢贡马卡尔家族》和《小酒店》，英国哈代的小说《德伯家的苔丝》，俄国列夫·托尔斯泰的小说《安娜·卡列尼娜》《复活》，美国马克·吐温的小说《竞选州长》、杰克·伦敦的《马丁·伊登》等。

（三）20世纪的欧美文学

这一时期，传统的欧美现实主义文学出现了新的趋向。与此同时，反传统的现代主义和后现代主义文学开始崛起。后期象征主义的代表作家有英国的艾略特（《荒原》），表现主义的代表作家有奥地利的卡夫卡（《变形记》），意识流小说的代表作家有爱尔兰的乔伊斯（《尤里西斯》）、法国的普鲁斯特（《追忆逝水年华》）存在主义文学的代表作家有法国的萨特（《恶心》），魔幻现实主义的代表作家马尔克斯（《百年孤独》）等。此外还出现了未来主义、超现实主义、荒诞派戏剧、新小说和黑色幽默等众多流派。

莎士比亚四大悲剧和四大喜剧

四大悲剧：《李尔王》（King Lear）、《哈姆雷特》（Hamlet）、《麦克白》（Macbeth）、《奥赛罗》（Othello）

四大喜剧：《威尼斯商人》（The Merchant of Venice）、《第十二夜》（Twelfth Night）、《皆大欢喜》（As You Like It）、《无事生非》（Much Ado About Nothing）

（一）古代亚非文学

亚非两大洲的各个大河流域不仅是人类文化的发源地，也是世界文学的滥觞。在尼罗河流域产生了古代的埃及文学；在两河流域产生了古代的巴比伦文学；在恒河流域产生了古代的印度文学；在地中海和约旦河之间产生了古代的希伯来文学；在黄河和长江流域产生了古代的中国文学。此外，在古代东方，还有喜特、波斯、叙利亚、腓尼基等，也产生了早期的文学。

1. 古代埃及文学

古代埃及文学是世界上最古老的文学，时间从公元前3 000多年到公元几百年，约有4 000年的历史。古埃及文学在世界文学史上占有重要地位，它在题材和体裁上对古代希腊文学和中古东方文学产生了广泛的影响。

古代埃及文学主要包括歌谣、故事、宗教诗歌集三大部分。代表作品有：歌谣《搬谷人的歌谣》，反映了劳动人民的悲苦生活和他们的反抗情绪；故事《乡民与雇工》，反映了当时的社会矛盾，揭露了权势者的专横，赞颂了劳动人民的智慧和斗争；宗教诗歌集《亡灵书》，包括符箓、颂歌、祷词、神话、挽歌、谏词、宗教礼仪等多种文体，表现了古埃及人的宗教信仰和生死观念。

2. 古代巴比伦文学

古代巴比伦文学指古巴比伦王国时期的文学，即古代两河流域文化繁荣时期的文学。主要作品有《埃及玛·埃立什》《伊什塔尔下降冥府》《咏正直受难者的诗》《主人和奴隶的对话》等。史诗《吉尔伽美》是古代巴比伦文学最重要的作品，其中心思想是反映人类与自然的矛盾，表现人类企图战胜自然灾害和死亡威胁的愿望。

3. 古代印度文学

古代印度文学包括公元前2000年至公元600年间的作品。代表作有"四吠陀"：《梨俱吠陀》《婆肇吠陀》《夜柔吠陀》和《阿达婆吠陀》，以《梨俱吠陀》和《阿达婆吠陀》文学价值最高。

古代印度的两大史诗是《摩诃婆罗多》和《罗摩衍那》。

古代希伯来文学作品主要有《旧约》。

知识拓展

世界最长的史诗

长期以来，西方学界一直认为，《摩诃婆罗多》是世界上"最长"的史诗。比较权威的《新普林斯顿诗歌与诗学百科全书》（1993年版）这样表述："《摩诃婆罗多》是这个世界上最长的诗歌。其精校本有大约10万颂，是《伊里亚特》和《奥德赛》相加的近七倍。"有西方学者统计说，仅仅演唱这个宏大叙事的核心部分（两个主要人物的对话部分），按照每分钟唱一个"颂"（一组对句为一个颂）计算，就要连续不断地演唱25个昼夜。

（二）中古亚非文学

中古时期是指亚非地区封建社会产生、发展和衰落的历史时期。中古亚非文学是由文人文学（包括宫廷文学）、民间文学和早期市民文学等几个部分组成的。随着亚非各国进入封建社会和封建王朝的建立，文人作家不得不依靠握有政治经济大权的封建统治者，其中不少人不得不生活在最高统治机构——宫廷的周围，成为统治者和宫廷的附庸。这种处境影响了他们的意识，限制了他们的视野，使他们写出了大量为统治者歌功颂德的作品。与此同时，民间文学创作也获得了蓬勃发展，内容丰富多彩，形式多种多样。民歌、民谣、民间寓言、民间故事、民间史诗、民间说唱、民间戏剧等作品大量涌现。这些民间创作不仅比文人创作更直接地反映了封建时代人民大众的生活和理想，充满了变幻无穷的想象，而且对文人创作产生了积极影响。代表作家有：波斯的菲尔多西、萨迪，印度的杜尔西达斯，越南的阮攸等。

（三）近现代亚非文学

近现代亚非文学指的是从19世纪下半叶到20世纪100多年间，地处亚非两大洲的各个国家的文学。亚非近现代文学发展极不平衡，其中日本和印度成就最突出。

1. 日本和印度的近现代文学

日本近现代文学的代表作品有二叶亭四迷的《浮云》、森鸥外的短篇《舞姬》、夏目漱石的《伦敦塔》、樋口一叶的《青梅竹马》、岛崎藤村的《破戒》、小林多喜二的《蟹工船》及《为党生活的人》。三岛由纪夫善写多卷本长篇，其作品反映了日本战后的动荡不安和畸形心理，如《丰饶之海》。大江健三郎受存在主义影响，表现现实的荒诞和战争的悲剧，获得诺贝尔文学奖。

印度近现代文学由多种语言的作品组成。般吉姆·钱德拉·查特吉的《阿难陀寺院》描写反抗英国侵略者的爱国者。萨拉特·钱德拉·查特吉的《斯里甘特》表现民主思潮和封建意识的冲突，反映印度妇女的不幸遭遇。乌尔都语小说家克里山·钱达尔擅长写短篇小说，反映了广阔的社会生活。泰戈尔和普列姆昌德是印度近现代文学的杰出代表。

日本近现代作家简介

1. 三岛由纪夫

三岛由纪夫（Yukio Mishima，1925年1月14日－1970年11月25日），原名平冈公威，出生于日本东京，毕业于东京帝国大学（今东京大学），是日本当代小说家、剧作家、记者、电影制作人和电影演员。主要作品有《金阁寺》、《鹿鸣馆》、《丰饶之海》等。

2. 川端康成

川端康成，1899年6月14日～1972年4月16日），日本文学界"泰斗级"人物，新感觉派作家，著名小说家。1968年以《雪国》、《古都》、《千只鹤》三部代表作获得诺贝尔文学奖，亚洲第三位获诺贝尔文学奖的人。课文《伊豆的舞女》是川端康成的作品。

2. 东南亚地区的近现代文学

东南亚地区的印度尼西亚、缅甸、泰国等国家现代文学比较发达。耶明是印尼新诗的开拓者。马斯·马尔戈是无产阶级反帝文学的旗手，代表作《自由的激情》在印尼文学史上占有突出地位。阿卜杜尔·慕伊斯是伊斯兰民族主义的代表，《错误的教育》被认为是20世纪20年代最优秀的长篇小说。尔敏·巴奈的《枷锁》被誉为印尼现代小说的里程碑。

缅甸于20年代前后兴起反帝反封建的现代文学。德钦哥都迈是独立斗争中最杰出的作家，主要作品有《洋大人注》《猴子注》。吴登佩敏的《旭日冉冉》描写一个大学生在争取民族独立的斗争中成长为革命者的故事。战后现实主义小说成就突出，貌廷的代表作《鄂巴》描写农民鄂巴一家的悲惨遭遇，谴责日本法西斯暴行。50年代兴起的"新文学运动"是一种进步文学思潮，代表作家有八莫丁昂，其代表作《母亲》描写为民族独立默默奉献的普通妇女。

泰国文学是在欧美文学影响下渐进发展的，代表作品有西巫拉帕的长篇小说《向前看》，其真实再现了20世纪30年代前后泰国社会生活和人物风貌。杜尼·骚瓦蓬是无产阶级文学运动的中坚，代表作是长篇小说《魔鬼》。前总理克立·巴莫也是著名小说家，其代表作《四朝代》是一部史诗性的作品，通过描写贵族妇女帕瑞的一生，展现了曼谷王朝五世到八世半个世纪里泰国社会生活的变迁。

3. 阿拉伯地区的近现代文学

阿拉伯地区近现代文学成就突出的国家是埃及、黎巴嫩、伊拉克和马格里布地区。20世纪20—30年代，埃及文学界发生了新旧文学之争。代表作家有塔哈·侯赛因、迈哈默德·台木尔、陶菲格·哈基姆，以及原笛旺派的阿卡德和马齐尼。塔哈·侯赛因是新旧论战中新派的领袖，被称为"阿拉伯文学之柱"。台木尔是现代阿拉伯短篇小说的先驱和巨匠之一，他又被称为"阿拉伯现代戏剧之父"。

"二战"以后阿拉伯文学有了新发展，代表作为乔治·汉纳的小说《教堂的祭司》。战后阿拉伯社会主义文学也进一步发展，代表作家有埃及的舍尔卡维等。纳吉布·马哈福兹继承了埃及现代派的现实主义传统，创作出著名的"三部曲"：《宫间街》《思宫街》《甘露街》。

4. 西亚地区的近现代文学

西亚地区的伊朗和土耳其的现代文学也取得了一定成就。萨迪克·赫达亚特是现代伊朗最杰出的小说家，其中篇小说《瞎猫头鹰》具有象征荒诞色彩，《哈支老爷》塑造了亦官亦商的"哈支老爷"这一典型形象。尼玛·尤什吉是诗人和理论家，他创立的尼玛体自由诗是伊朗诗歌现代化的标志。

土耳其19世纪后期立宪运动期间兴起了宣传爱国主义和自由主义的新文学。20世纪20年代在"突厥主义"影响下出现了"民族文学"的繁荣，倡导者和代表诗人是齐亚·戈卡尔普。作家雅夏尔·凯马尔的长篇小说《瘦子麦麦德》描述了共和国初期农民与地主的斗争，是一部具有世界影响的杰作。

5. 非洲国家的近现代文学

"二战"后50—60年代非洲国家纷纷开展独立斗争，民族主义文学也出现了繁荣局面。南非著名作家彼得·阿伯拉罕姆斯的代表作长篇小说《怒吼》描写了南非黑人和有色人种的苦难和仇恨。喀麦隆作家费迪南·奥约诺的中篇小说《老黑人和奖章》揭示了非洲被压迫人民与殖民主义者之间不可调和的矛盾，寓意深刻。塞内加尔小说家桑贝内·乌斯曼的代表作《祖国，我可爱的人民》表现了非洲人民反抗殖民统治的艰苦斗争。尼日利亚作家沃莱·索因卡创作了反殖民主义的戏剧《沼泽地居民》，后期创作转向现代主义，代表作是长篇小说《解释者》和戏剧《路》。南非女作家纳丁·戈迪默主要表现南非白人与黑人之间错综复杂的关系，代表作《朱莱的人们》以幻想的方式预言在南非爆发全面战争的情况下，白人只有依靠黑人才能生存，长篇小说《大自然的运动》则构想了废除种族隔离制度后南非未来的发展前景。

思考与练习

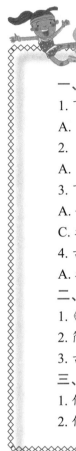

一、选择题

1. 下列人物不属于"元曲四大家"的是（   ）。
   A. 汤显祖　　　　B. 关汉卿　　　　C. 马致远　　　　D. 白朴
2. "五经"中列儒家经典之首的是（   ）。
   A.《周易》　　　B.《春秋》　　　C.《诗经》　　　D.《尚书》
3. 下列作品不属于20世纪90年代以来的散文是（   ）。
   A. 余秋雨的《文化苦旅》　　　　B. 史铁生的《我与地坛》、
   C. 韩少功的《夜行者梦游》　　　D. 王小波的《黄金时代》
4. 古希腊"悲剧之父"是（   ）。
   A. 埃斯库罗斯　　B. 欧里庇德斯　　C. 荷马　　　　　D. 索福克勒斯

二、简答题

1.《诗经》的"六义"是什么？
2. 简述中国现代文学大致经历的三个大的发展时期。
3. 古印度的两大史诗是什么？

三、思考题

1. 你对中外文学史上哪些名篇感兴趣？谈谈对该作品的看法。
2. 你认为哪些作品可以改编运用到幼儿园课程中？如何运用？

第八章 政策法规知识

学习目标

1. 了解国家主要的教育法规的基本内容，能用有关法律法规分析教育实践中的实际问题。
2. 熟悉教师的权利和义务，依据国家的教育法规规范教师的教育行为，依法从教。
3. 能依据有关教育法规保护幼儿的合法权利。

第一节 教育法规与政策

教育法规是有关教育方面的法令、条例等规范性文件的总称，对人们接受教育的权利和义务起着保护和规范的作用。教育政策是依据党和国家在一定时期的基本任务、基本方针而制定的关于教育的行动准则。

一、《中华人民共和国教育法》（1995年颁布，2015年修订）

（一）法律地位

《中华人民共和国教育法》（以下简称《教育法》）是教育的根本大法，在我国法律体系和教育法规体系中占有重要地位。《教育法》是国家全面调整各类教育关系、规范我国教育工作的基本法律，在我国教育法规体系中处于"母法"的地位，具有最高的法律权威，是我国依法治教之本。

教育法规与政策

（二）颁行的意义

《教育法》为教育的改革和发展提供了法律保障，对我国教育事业的发展起着极大的促进作用。

① 《教育法》对于落实优先发展教育的战略提供了法律保障。
② 《教育法》对保证我国教育的社会主义方向提供了法律依据。

③《教育法》对维护教育主体的合法权益提供了法律保障。
④《教育法》对巩固教育改革成果，促进教育改革深化提供了法律保障。

（三）部分内容

第十七条　国家实行学前教育、初等教育、中等教育、高等教育的学校教育制度。国家建立科学的学制系统。学制系统内的学校和其他教育机构的设置、教育形式、修业年限、招生对象、培养目标等，由国务院或者由国务院授权教育行政部门规定。

第二十条　国家实行国家教育考试制度。国家教育考试由国务院教育行政部门确定种类，并由国家批准的实施教育考试的机构承办。

第二十一条　国家实行学业证书制度。经国家批准设立或者认可的学校及其他教育机构按照国家有关规定，颁发学历证书或者其他学业证书。

第二十二条　国家实行学位制度。学位授予单位依法对达到一定学术水平或者专业技术水平的人员授予相应的学位，颁发学位证书。

第二十四条　国家实行教育督导制度和学校及其他教育机构教育评估制度。

第二十五条　国家制定教育发展规划，并举办学校及其他教育机构。国家鼓励企业事业组织、社会团体、其他社会组织及公民个人依法举办学校及其他教育机构。任何组织和个人不得以营利为目的举办学校及其他教育机构。

第三十一条　学校及其他教育机构具备法人条件的，自批准设立或者登记注册之日起取得法人资格。学校及其他教育机构在民事活动中依法享有民事权利，承担民事责任。学校及其他教育机构中的国有资产属于国家所有。学校及其他教育机构兴办的校办产业独立承担民事责任。

第三十六条　受教育者在入学、升学、就业等方面依法享有平等权利。学校和有关行政部门应当按照国家有关规定，保障女子在入学、升学、就业、授予学位、派出留学等方面享有同男子平等的权利。

第五十三条　国家建立以财政拨款为主、其他多种渠道筹措教育经费为辅的体制，逐步增加对教育的投入，保证国家举办的学校教育经费的稳定来源。企业事业组织、社会团体及其他社会组织和个人依法举办的学校及其他教育机构，办学经费由举办者负责筹措，各级人民政府可以给予适当支持。

第五十四条　国家财政性教育经费支出占国民生产总值的比例应当随着国民经济的发展和财政收入的增长逐步提高。具体比例和实施步骤由国务院规定。全国各级财政支出总额中教育经费所占比例应当随着国民经济的发展逐步提高。

第七十一条　违反国家有关规定，不按照预算核拨教育经费的，由同级人民政府限期核拨；情节严重的，对直接负责的主管人员和其他直接责任人员，依法给予行政处分。违反国家财政制度、财务制度，挪用、克扣教育经费的，由上级机关责令限期归还被挪用、克扣的经费，并对直接负责的主管人员和其他直接责任人员，依法给予行政处分；构成犯罪的，依法追究刑事责任。

第七十二条　结伙斗殴、寻衅滋事，扰乱学校及其他教育机构教育教学秩序或者破坏校舍、场地及其他财产的，由公安机关给予治安管理处罚；构成犯罪的，依法追究刑事责任。侵占学校及其他教育机构的校舍、场地及其他财产的，依法承担民事责任。

第七十三条　明知校舍或者教育教学设施有危险，而不采取措施，造成人员伤亡或者重大财产损失的，对直接负责的主管人员和其他直接责任人员，依法追究刑事责任。

二、《中华人民共和国劳动法》（1994年颁布）

（一）立法目的

《中华人民共和国劳动法》是为了保护劳动者的合法权益，调整劳动关系，建立和维护适应社会主义市场经济的劳动制度，促进经济发展和社会进步，根据宪法制定的。

（二）适用范围

在中华人民共和国境内的企业、个体经济组织（以下统称用人单位）和与之形成劳动关系的劳动者，适用本法。国家机关、企事业组织、社会团体和与之建立劳动合同关系的劳动者，依照本法执行。

（三）部分内容

第三条　劳动者享有平等就业和选择职业的权利、取得劳动报酬的权利、休息休假的权利、获得劳动安全卫生保护的权利、接受职业技能培训的权利、享受社会保险和福利的权利、提请劳动争议处理的权利以及法律规定的其他劳动权利。劳动者应当完成劳动任务，提高职业技能，执行劳动安全卫生规程，遵守劳动纪律和职业道德。

第四条　用人单位应当依法建立和完善规章制度，保障劳动者享有劳动权利和履行劳动义务。

第五条　国家采取各种措施，促进劳动就业，发展职业教育，制定劳动标准，调节社会收入，完善社会保险，协调劳动关系，逐步提高劳动者的生活水平。

第十二条　劳动者就业，不因民族、种族、性别、宗教信仰不同而受歧视。

第十三条　妇女享有与男子平等的就业权利。在录用职工时，除国家规定的不适合妇女的工种或者岗位外，不得以性别为由拒绝录用妇女或者提高对妇女的录用标准。

第十五条　禁止用人单位招用未满十六周岁的未成年人。文艺、体育和特种工艺单位招用未满十六周岁的未成年人，必须依照国家有关规定，履行审批手续，并保障其接受义务教育的权利。

第二十一条　劳动合同可以约定试用期。试用期最长不得超过六个月。

第二十六条　有下列情形之一的，用人单位可以解除劳动合同，但是应当提前三十日以书面形式通知劳动者本人：

（1）劳动者患病或者非因工负伤，医疗期满后，不能从事原工作，也不能从事由用人单位另行安排的工作的；

（2）劳动者不能胜任工作，经过培训或者调整工作岗位，仍不能胜任工作的；

（3）劳动合同订立时所依据的客观情况发生重大变化，致使原劳动合同无法履行的。

第三十一条　劳动者解除劳动合同，应当提前三十日以书面形式通知用人单位。

第三十二条　有下列情形之一的，劳动者可以随时通知用人单位解除劳动合同。

（1）在试用期内的；

（2）用人单位以暴力、威胁或者非法限制人身自由的手段强迫劳动的；

（3）用人单位未按照劳动合同约定支付劳动报酬或者提供劳动条件的。

知识拓展

关于签订劳动合同的有关规定

1. 1个月内不签订劳动合同，赔劳动者两倍工资。用人单位自用工之日起即与劳动者建立劳动关系，且应当在1个月内订立书面劳动合同，满1年不与劳动者订立书面劳动合同的，视为用人单位与劳动者已订立无固定期限劳动合同。超过1个月不满1年未与劳动者订立书面劳动合同的，应向劳动者每月支付两倍的工资。

2. 签订无固定期限合同，出现法定事由仍可解除。无固定期限劳动合同是没有终止时间的合同，签订后不能随便解聘职工，但是出现法定事由可以解除合同。

3. 合同期时间有长短，续签两次为无固定期限。劳动合同中最稳定的是无固定期限劳动合同，连续订立两次固定期限劳动合同，用人单位就必须与该劳动者签订无固定期限劳动合同。

4. 解聘要给经济补偿，辞职履行告知义务。无论什么理由解聘，都要给予劳动者经济补偿。补偿方法，按劳动者在该单位的工作年限，每满1年支付1个月工资。如果劳动者提出辞职，要求解除劳动合同，须提前30天以书面形式通知用人单位（试用期内提前3天通知）。不提前通知，造成经济损失的，劳动者就要赔偿。

三、《中华人民共和国义务教育法》（1986年颁布，2015年修订）

（一）法律地位

《中华人民共和国义务教育法》（以下简称《义务教育法》）是关于教育的单行法，也是我国历史上第一部关于基础教育的法律。它的颁布意味着我国开始实施九年制义务教育，使我国普及义务教育事业开始走上依法治教的轨道。这一制度的确立，对于落实教育优先发展的战略地位和义务教育"重中之重"的地位，提高全民族的素质具有十分重要的现实意义和深远的历史意义。

（二）性质与特征

义务教育作为一项教育制度和法律制度，具有不同于其他教育制度和教育工作的属性。

1. 强制性（义务性）

强制性是义务教育的最本质特征。通过立法程序宣布实施义务教育，正是这种强制性的集中体现。义务教育不仅是受教育者的权利，而且是国家的义务，国家、社会、学校和家庭必须依法予以保证。对不履行应承担的各项义务的行为,《义务教育法》作出了强制性的处罚规定。

2. 普及性（统一性）

普及性是义务教育的基本性质。普及性是指全体适龄儿童、少年,除依照法律规定办理缓学或免学手续的以外,都必须入学接受教育,并且必须完成规定年限的义务教育。

3. 免费性

免费性是义务教育的重要特征。免费性是指国家对接受义务教育的适龄儿童、少年免除学杂费。《义务教育法》规定:"实施义务教育,不收学费、杂费。"这说明我国的义务教育是真正意义上的免费教育。

4. 公共性

公共性是义务教育的一个重要特征,是指义务教育是一种社会公共事业,属于国民教育的范畴。"国家实行九制义务教育制度","实施义务教育所需事业费和基本建设投资,由国务院和地方各级人民政府负责筹措,予以保证",这些措施表明义务教育是与国家利益紧密相关的事,不再是个人或家庭的私事,它代表了广大人民群众的利益。

5. 基础性

基础性是义务教育的重要特征,是指义务教育是基础教育,其目的是提高民族素质,为培养社会主义建设人才奠定基础。基础性还表现在义务教育是一种全民性的教育,而不是英才教育,是为了使全体适龄儿童、少年在德、智、体等方面全面发展。

（三）部分内容

第二条　国家实行九年义务教育制度。义务教育是国家统一实施的所有适龄儿童、少年必须接受的教育,是国家必须予以保障的公益性事业。

实施义务教育,不收学费、杂费。

国家建立义务教育经费保障机制,保证义务教育制度实施。

第七条　义务教育实行国务院领导,省、自治区、直辖市人民政府统筹规划实施,县级人民政府为主管理的体制。

县级以上人民政府教育行政部门具体负责义务教育实施工作;县级以上人民政府其他有关部门在各自的职责范围内负责义务教育实施工作。

第十一条　凡年满六周岁的儿童,其父母或者其他法定监护人应当送其入学接受并完成义务教育;条件不具备的地区的儿童,可以推迟到七周岁。

适龄儿童、少年因身体状况需要延缓入学或者休学的,其父母或者其他法定监护人应当提出申请,由当地乡镇人民政府或者县级人民政府教育行政部门批准。

第十二条　适龄儿童、少年免试入学。地方各级人民政府应当保障适龄儿童、少年在户籍所在地学校就近入学。

父母或者其他法定监护人在非户籍所在地工作或者居住的适龄儿童、少年,在其父母或者其他法定监护人工作或者居住地接受义务教育的,当地人民政府应当为其提供平等接受义务教育的条件。具体办法由省、自治区、直辖市规定。

县级人民政府教育行政部门对本行政区域内的军人子女接受义务教育予以保障。

第二十二条 县级以上人民政府及其教育行政部门应当促进学校均衡发展，缩小学校之间办学条件的差距，不得将学校分为重点学校和非重点学校。学校不得分设重点班和非重点班。

县级以上人民政府及其教育行政部门不得以任何名义改变或者变相改变公办学校的性质。

第二十五条 学校不得违反国家规定收取费用，不得以向学生推销或者变相推销商品、服务等方式谋取利益。

第二十六条 学校实行校长负责制。校长应当符合国家规定的任职条件。校长由县级人民政府教育行政部门依法聘任。

第二十七条 对违反学校管理制度的学生，学校应当予以批评教育，不得开除。

第二十八条 教师享有法律规定的权利，履行法律规定的义务，应当为人师表，忠诚于人民的教育事业。全社会应当尊重教师。

第二十九条 教师在教育教学中应当平等对待学生，关注学生的个体差异，因材施教，促进学生充分发展。教师应当尊重学生的人格，不得歧视学生，不得对学生实施体罚、变相体罚或者其他侮辱人格尊严的行为，不得侵犯学生合法权益。

第三十条 教师应当取得国家规定的教师资格。

国家建立统一的义务教育教师职务制度。教师职务分为初级职务、中级职务和高级职务。

义务教育免除学杂费

义务教育禁止设立重点班

案例分析

陈XX是XX省XX初级中学的初三学生，临近中考，学校举行了一次摸底考试，并划定了分数线，规定凡低于这个分数线的学生都将被班主任"劝退"，不能报名参加当年的中考。考试结果出来后，陈XX的名字赫然在被"劝退"之列。小陈的父亲曾找过班主任和学校领导，要求学校准许孩子报名，但被学校拒绝。

这个案例中学校的做法对不对？

四、《中华人民共和国教师法》（1993年颁布，2009年修订）

（一）法律地位

《中华人民共和国教师法》是我国教育史上第一部关于教师的单行法律，它的制定和颁布体现了党和国家对人民教师的重视。有利于从根本上提高教师的社会地位，保障教师的合法权益，使教师成为社会上受人尊重的职业；有利于加强教师队伍的建设，造就一批具有高素质的教师队伍，促进社会主义教育事业的发展。

（二）立法宗旨

为了保障教师的合法权益，建设具有良好思想品德修养和业务素质的教师队伍，促进社会主义教育事业的发展，制定本法。具体包括三个方面：一是保障教师的合法权益；二是提高教师队伍素质；三是促进我国社会主义教育事业的发展。

（三）部分内容

第七条　教师享有下列权利：

（1）进行教育教学活动，开展教育教学改革和实验；

（2）从事科学研究、学术交流，参加专业的学术团体，在学术活动中充分发表意见；

（3）指导学生的学习和发展，评定学生的品行和学业成绩；

（4）按时获取工资报酬，享受国家规定的福利待遇以及寒暑假期的带薪休假；

（5）对学校教育教学、管理工作和教育行政部门的工作提出意见和建议，通过教职工代表大会或者其他形式，参与学校的民主管理；

（6）参加进修或者其他方式的培训。

第八条　教师应当履行下列义务：

（1）遵守宪法、法律和职业道德，为人师表；

（2）贯彻国家的教育方针，遵守规章制度，执行学校的教学计划，履行教师聘约，完成教育教学工作任务；

（3）对学生进行宪法所确定的基本原则的教育和爱国主义、民族团结的教育，法制教育以及思想品德、文化、科学技术教育，组织、带领学生开展有益的社会活动；

（4）关心、爱护全体学生，尊重学生人格，促进学生在品德、智力、体质等方面全面发展；

（5）制止有害于学生的行为或者其他侵犯学生合法权益的行为，批评和抵制有害于学生健康成长的现象；

（6）不断提高思想政治觉悟和教育教学业务水平。

第十条　国家实行教师资格制度。中国公民凡遵守宪法和法律，热爱教育事业，具有良好的思想品德，具备本法规定的学历或者经国家教师资格考试合格，有教育教学能力，经认定合格的，可以取得教师资格。

第十三条　中小学教师资格由县级以上地方人民政府教育行政部门认定。中等专业学校、技工学校的教师资格由县级以上地方人民政府教育行政部门组织有关主管部门认定。

普通高等学校的教师资格由国务院或者省、自治区、直辖市教育行政部门或者由其委托的学校认定。具备本法规定的学历或者经国家教师资格考试合格的公民，要求有关部门认定其教师资格的，有关部门应当依照本法规定的条件予以认定。取得教师资格的人员首次任教时，应当有试用期。

第十七条　学校和其他教育机构应当逐步实行教师聘任制。教师的聘任应当遵循双方地位平等的原则，由学位和教师签订聘任合同，明确规定双方的权利、义务和责任。实施教师聘任制的步骤、办法由国务院教育行政部门规定。

第二十五条　教师的平均工资水平应当不低于或者高于国家公务员的平均工资水平，并逐步提高。建立正常晋级增薪制度，具体办法由国务院规定。

第二十六条　中小学教师和职业学校教师享受教龄津贴和其他津贴，具体办法由国务院教育行政部门会同有关部门制定。

第二十七条　地方各级人民政府对教师以及具有中专以上学历的毕业生到少数民族地区和边远贫困地区从事教育教学工作的，应当予以补贴。

第三十条　教师退休或者退职后，享受国家规定的退休或者退职待遇。县级以上地方人民政府可以适当提高长期从事教育教学工作的中小学退休教师的退休金比例。

第三十五条　侮辱、殴打教师的，根据不同情况，分别给予行政处分或者行政处罚；造成损害的，责令赔偿损失；情节严重，构成犯罪的，依法追究刑事责任。

第三十七条　教师有下列情形之一的，由所在学校、其他教育机构或者教育行政部门给予行政处分或者解聘：

（1）故意不完成教育教学任务给教育教学工作造成损失的；

（2）体罚学生，经教育不改的；

（3）品行不良、侮辱学生，影响恶劣的。

教师有前款第（2）项、第（3）项所列情形之一，情节严重，构成犯罪的，依法追究刑事责任。

第三十九条　教师对学校或者其他教育机构侵犯其合法权益的，或者对学校或者其他教育机构作出的处理不服的，可以向教育行政部门提出申诉，教育行政部门应当在接到申诉的三十日内，作出处理。教师认为当地人民政府有关行政部门侵犯其根据本法规定享有的权利的，可以向同级人民政府或者上一级人民政府有关部门提出申诉，同级人民政府或者上一级人民政府有关部门应当作出处理。

案 例 分 析

班干部维持纪律造成损害学校承担赔偿

2003年12月8日上午第四节课，某小学一年级1班学生在没有教师在场的情况下做作业。教师在上课前曾到教室给该班学生布置作业，并让各小组组长维持纪律。7岁的陈某在写作业时，多次与同桌说话。陈某所在小组组长郭某（7岁）便拿起课本击打陈某的头部数下，致使陈某当场昏倒。事故发生后，学校立即派人把陈某送往医院，经诊断为癫痫病（击打行为系诱发因素）。陈某住院45天，其间花去医疗费、住宿费、交通费等各项费用共计7 600元。后因赔偿问题未达成协议,陈某将学校和郭某及监护人诉至法院。

【案例分析】学校应对教师疏于管理、安排未成年班干部维持课堂纪律的职务行为承担侵权责任。郭某是无民事行为能力人,是按教师的指示维持课堂纪律的,对此造成的后果应由学校承担,受害人陈某虽有违纪行为,但并不成为他人实施侵权的理由,陈某本人没有责任。

【法律评述】根据《中华人民共和国教师法》第七条规定,教师有管理学生的权力,但这是一种职权,只能依法行使而不能随意转让。教师在上课期间不到课堂维持秩序,应告知学校安排其他教师代管班级,而不能将管理学生的职责交给未成年的班干部。

五、《中华人民共和国未成年人保护法》(1991年颁布,2012年修订)

(一)立法宗旨

《中华人民共和国未成年人保护法》(以下简称《未成年人保护法》)的立法宗旨包括三层含义:其一,保护未成年人的身心健康;其二,保障未成年人的合法权益;其三,促进未成年人在品德、智力、体质等方面全面发展,把他们培养成为有理想、有道德、有文化、守纪律的社会主义事业的接班人。这三个宗旨也是保护未成年人最终应达到的目标,它们是相互关联密不可分的。

《未成年人保护法》修订案

(二)立法依据

1.《未成年人保护法》的制定以宪法为准绳。宪法是我国的根本大法,是治国安邦的总章程,在国家的法律体系中居于首要地位。

2.《未成年人保护法》的制定还依据了《中华人民共和国民法通则》。儿童是未成年的公民,他们与社会上的一切人都是平等的,其财产关系和人身关系也是民法调整的对象。

3.制定《未成年人保护法》是从未成年人自身发展的规律和特点来考虑的。未成年人是人类的幼稚个体,其身心还未成熟,若要其健康成长就必须受到保护。

(三)部分内容

第二条 本法所称未成年人是指未满十八周岁的公民。

第五条 保护未成年人的工作,应当遵循下列原则:

(1)尊重未成年人的人格尊严;

(2)适应未成年人身心发展的规律和特点;

(3)教育与保护相结合。

第八条 父母或者其他监护人应当依法履行对未成年人的监护职责和抚养义务,不得虐待、遗弃未成年人；不得歧视女性未成年人或者有残疾的未成年人；禁止溺婴、弃婴。

第九条 父母或者其他监护人应当尊重未成年人接受教育的权利，必须使适龄未成年人按照规定接受义务教育，不得使在校接受义务教育的未成年人辍学。

第十七条 学校应当全面贯彻国家的教育方针，实施素质教育，提高教育质量，注重培养未成年学生独立思考能力、创新能力和实践能力，促进未成年学生全面发展。

第十八条 学校应当尊重未成年学生受教育的权利，关心、爱护学生，对品行有缺点、学习有困难的学生，应当耐心教育、帮助，不得歧视，不得违反法律和国家规定开除未成年学生。

第二十一条 学校、幼儿园、托儿所的教职员工应当尊重未成年人的人格尊严，不得对未成年人实施体罚、变相体罚或者其他侮辱人格尊严的行为。

第二十八条 各级人民政府应当保障未成年人受教育的权利，并采取措施保障家庭经济困难的、残疾的和流动人口中的未成年人等接受义务教育。

第三十六条 中小学校园周边不得设置营业性歌舞娱乐场所、互联网上网服务营业场所等不适宜未成年人活动的场所。营业性歌舞娱乐场所、互联网上网服务营业场所等不适宜未成年人活动的场所，不得允许未成年人进入，经营者应当在显著位置设置未成年人禁入标志；对难以判明是否已成年的，应当要求其出示身份证件。

第三十七条 禁止向未成年人出售烟酒，经营者应当在显著位置设置不向未成年人出售烟酒的标志；对难以判明是否已成年的，应当要求其出示身份证件。任何人不得在中小学校、幼儿园、托儿所的教室、寝室、活动室和其他未成年人集中活动的场所吸烟、饮酒。

第三十八条 任何组织或者个人不得招用未满十六周岁的未成年人，国家另有规定的除外。任何组织或者个人按照国家有关规定招用已满十六周岁未满十八周岁的未成年人的，应当执行国家在工种、劳动时间、劳动强度和保护措施等方面的规定，不得安排其从事过重、有毒、有害等危害未成年人身心健康的劳动或者危险作业。

第三十九条 任何组织或者个人不得披露未成年人的个人隐私。对未成年人的信件、日记、电子邮件，任何组织或者个人不得隐匿、毁弃；除因追查犯罪的需要，由公安机关或者人民检察院依法进行检查，或者对无行为能力的未成年人的信件、日记、电子邮件由其父母或者其他监护人代为开拆、查阅外，任何组织或者个人不得开拆、查阅。

第四十三条 县级以上人民政府及其民政部门应当根据需要设立救助场所，对流浪乞讨等生活无着未成年人实施救助，承担临时监护责任；公安部门或者其他有关部门应当护送流浪乞讨或者离家出走的未成年人到救助场所，由救助场所予以救助和妥善照顾，并及时通知其父母或者其他监护人领回。

第八章 政策法规知识

知识拓展

未成年人应对敲诈勒索和抢劫的方法

反抗法：寻找薄弱，攻其不备
感召法：通之以理，晓之以法
周旋法：佯装服从，伺机脱逃
耍赖法：号叫哭喊，引起围观
呼叫法：呼喊救命，以求援助
认亲法：碰到大人，佯装亲戚
放线法：佯装害怕，迷惑对方
抛物法：扔掉物品，引开视线

六、《国家中长期教育改革和发展规划纲要（2010—2020年）》（2010年颁布）

（一）《国家中长期教育改革和发展规划纲要（2010—2020年）》颁布的意义

2010年5月5日，国务院常务会议审议通过《国家中长期教育改革和发展规划纲要（2010—2020年）》（以下简称《教育规划纲要》）。《教育规划纲要》是我国教育改革发展的纲领性文件。它的颁布是我国教育改革发展史上的一个新的里程碑。它不仅对推动我国教育事业科学发展具有重要意义，而且对全面建设小康社会、加快推进社会主义现代化、实现中华民族伟大复兴将产生重大而深远的影响。

（二）部分内容

1. 战略目标

到2020年，基本实现教育现代化，基本形成学习型社会，进入人力资源强国行列。

（1）实现更高水平的普及教育。基本普及学前教育；巩固提高九年义务教育水平；普及高中阶段教育，毛入学率达到90%；高等教育大众化水平进一步提高，毛入学率达到40%；扫除青壮年文盲。新增劳动力平均受教育年限从12.4年提高到13.5年；主要劳动年龄人口平均受教育年限从9.5年提高到11.2年，其中受过高等教育的比例达到20%，具有高等教育文化程度的人数比2009年翻一番。

（2）形成惠及全民的公平教育。坚持教育的公益性和普惠性，保障公民依法享有接受良好教育的机会。建成覆盖城乡的基本公共教育服务体系，逐步实现基本公共教育服务均等化，缩小区域差距。努力办好每一所学校，教好每一个学生，不让一个学生因家庭经济困难而失学。切实解决进城务工人员子女平等接受义务教育问题。保障残疾人受教育权利。

（3）提供更加丰富的优质教育。教育质量整体提升，教育现代化水平明显提高。优质教育资源总量不断扩大，更好满足人民群众接受高质量教育的需求。学生思想道德素质、科学文化素质和健康素质明显提高。各类人才服务国家、服务人民和参与国际竞争能力显著增强。

（4）构建体系完备的终身教育。学历教育和非学历教育协调发展，职业教育和普通教育相互沟通，职前教育和职后教育有效衔接。继续教育参与率大幅提升，从业人员继续教育年参与率达到50%。现代国民教育体系更加完善，终身教育体系基本形成，促进全体人民学有所教、学有所成、学有所用。

（5）健全充满活力的教育体制。进一步解放思想，更新观念，深化改革，提高教育开放水平，全面形成与社会主义市场经济体制和全面建设小康社会目标相适应的充满活力、富有效率、更加开放、有利于科学发展的教育体制机制，办出具有中国特色、世界水平的现代教育。

2.关于学前教育的规定

（1）基本普及学前教育。学前教育对幼儿身心健康、习惯养成、智力发展具有重要意义。遵循幼儿身心发展规律，坚持科学保教方法，保障幼儿快乐健康成长。积极发展学前教育，到2020年，普及学前一年教育，基本普及学前两年教育，有条件的地区普及学前三年教育。重视0至3岁婴幼儿教育。

（2）明确政府职责。把发展学前教育纳入城镇、社会主义新农村建设规划。建立政府主导、社会参与、公办民办并举的办园体制。大力发展公办幼儿园，积极扶持民办幼儿园。加大政府投入，完善成本合理分担机制，对家庭经济困难幼儿入园给予补助。加强学前教育管理，规范办园行为。制定学前教育办园标准，建立幼儿园准入制度。完善幼儿园收费管理办法。严格执行幼儿教师资格标准，切实加强幼儿教师培养培训，提高幼儿教师队伍整体素质，依法落实幼儿教师地位和待遇。教育行政部门加强对学前教育的宏观指导和管理，相关部门履行各自职责，充分调动各方面力量发展学前教育。

（3）重点发展农村学前教育。努力提高农村学前教育普及程度。着力保证留守儿童入园。采取多种形式扩大农村学前教育资源，改扩建、新建幼儿园，充分利用中小学布局调整富余的校舍和教师举办幼儿园（班）。发挥乡镇中心幼儿园对村幼儿园的示范指导作用。支持贫困地区发展学前教育。

 七、《学生伤害事故处理办法》（2002年颁布，2010年修订）

（一）立法目的

制定《学生伤害事故处理办法》是为了加强学校安全工作，积极预防学生伤害事故的发生，根本目的是保护学生的合法权益，同时也保护学校的合法权益，不能无限扩大学校在学生伤害事故中的责任。

（二）立法依据

《学生伤害事故处理办法》的立法依据是《中华人民共和国教育法》《中华人民共和国

未成年人保护法》和其他相关法律、行政法规及有关规定。

（三）部分内容

第十二条　因下列情形之一造成的学生伤害事故，学校已履行了相应职责，行为并无不当的，无法律责任：

（1）地震、雷击、台风、洪水等不可抗的自然因素造成的；

（2）来自学校外部的突发性、偶发性侵害造成的；

（3）学生有特异体质、特定疾病或者异常心理状态，学校不知道或者难以知道的；

（4）学生自杀、自伤的；

（5）在对抗性或具有风险性的体育竞赛活动中发生意外伤害的；

（6）其他意外因素造成的。

第十三条　下列情形下发生的造成学生人身损害后果的事故，学校行为并无不当的，不承担事故责任；事故责任应当按有关法律法规或者其他有关规定认定：

（1）在学生自行上学、放学、返校、离校途中发生的；

（2）在学生自行外出或者擅自离校期间发生的；

（3）在放学后、节假日或者假期等学校工作时间以外，学生自行滞留学校或者自行到校发生的；

（4）其他在学校管理职责范围外发生的。

第十四条　因学校教师或者其他工作人员与其职务无关的个人行为，或者因学生、教师及其他个人故意实施的违法犯罪行为，造成学生人身损害的，由致害人依法承担相应的责任。

第三十三条　学校管理混乱，存在重大安全隐患的，主管的教育行政部门或者其他有关部门应当责令其限期整顿；对情节严重或者拒不改正的，应当依据法律法规的有关规定，给予相应的行政处罚。

第三十四条　教育行政部门未履行相应职责，对学生伤害事故的发生负有责任的，由有关部门对直接负责的主管人员和其他直接责任人员分别给予相应的行政处分；有关责任人的行为触犯刑律的，应当移送司法机关依法追究刑事责任。

第三十五条　违反学校纪律，对造成学生伤害事故负有责任的学生，学校可以给予相应的处分；触犯刑律的，由司法机关依法追究刑事责任。

案例分析

教师让学生买早点造成伤害学校应承担责任

2003年9月，某城区中学正在晨读。初一年级二班的班主任齐某上让本班学生于某到校外为自己买早点，于某在过公路时，不幸遭遇车祸，经抢救无效死亡，肇事司机下落不明。

【案例分析】教师让学生买早餐的行为是教师的个人意志和个人行为，同时教师违背职业道德，利用职务之便，置学生安全于不顾，私自差遣学生为其个人买早点，虽纯属于个人私事，但也属职务行为，因而判决学校和教师个人共同承担责任。

【法律评述】《学生伤害事故处理办法》规定，因学校教师或其他工作人员与其职务无关的个人行为，或者学生、教师及其他个人故意实施的违法犯罪行为，造成学生人身损害的，由致害人承担相应的责任。学校违反有关规定，组织或安排未成年学生从事不宜未成年人参加的劳动、体育运动或者其他活动的；学校教师或其他工作人员体罚或者变相体罚学生，或者在工作过程中违反工作要求、操作规程、职业道德或者其他有关规定的，学校应当承担相应的责任。本案例中教师让学生买早点属过错行为，对买早点潜在的安全隐患估计不足。

八、《中华人民共和国预防未成年人犯罪法》（1999年颁布，2012年修订）

（一）立法目的

为了保障未成年人身心健康，培养未成年人良好品行，有效地预防未成年人犯罪。立足于教育和保护，从小抓起，对未成年人的不良行为及时进行预防和矫治。

（二）部分内容

第十五条　未成年人的父母或者其他监护人和学校应当教育未成年人不得吸烟、酗酒。任何经营场所不得向未成年人出售烟酒。

第十六条　中小学生旷课的，学校应当及时与其父母或者其他监护人取得联系。未成年人擅自外出夜不归宿的，其父母或者其他监护人、其所在的寄宿制学校应当及时查找，或者向公安机关请求帮助。收留夜不归宿的未成年人的，应当征得其父母或者其他监护人的同意，或者在二十四小时内及时通知其父母或者其他监护人、所在学校或者及时向公安机关报告。

第十七条　未成年人的父母或者其他监护人和学校发现未成年人组织或者参加实施不良行为的团伙的，应当及时予以制止。发现该团伙有违法犯罪行为的，应当向公安机关报告。

第十九条　未成年人的父母或者其他监护人，不得让不满十六周岁的未成年人脱离监护单独居住。

第二十条　未成年人的父母或者其他监护人对未成年人不得放任不管，不得迫使其离家出走，放弃监护职责。未成年人离家出走的，其父母或者其他监护人应当及时查找，或者向公安机关请求帮助。

第二十一条　未成年人的父母离异的，离异双方对子女都有教育的义务，任何一方都不得因离异而不履行教育子女的义务。

第二十三条　学校对有不良行为的未成年人应当加强教育、管理，不得歧视。

第三十三条　营业性歌舞厅以及其他未成年人不适宜进入的场所，应当设置明显的未成年人禁止进入标志，不得允许未成年人进入。营业性电子游戏场所在国家法定节假日外，不得允许未成年人进入，并应当设置明显的未成年人禁止进入标志。对于难以判明是否已成年的，上述场所的工作人员可以要求其出示身份证件。

第三十七条　未成年人有本法规定严重不良行为，构成违反治安管理行为的，由公安机关依法予以治安处罚。因不满十四周岁或者情节特别轻微免予处罚的，可以予以训诫。

第三十八条　未成年人因不满十六周岁不予刑事处罚的，责令他的父母或者其他监护人严加管教；在必要的时候，也可以由政府依法收容教养。

第三十九条　未成年人在被收容教养期间，执行机关应当保证其继续接受文化知识、法律知识或者职业技术教育；对没有完成义务教育的未成年人，执行机关应当保证其继续接受义务教育。解除收容教养、劳动教养的未成年人，在复学、升学、就业等方面与其他未成年人享有同等权利，任何单位和个人不得歧视。

案例分析

石家庄一所中专学校发生了一起男老师醉酒进女生宿舍的事件。2020年10月10日，学生们没有课，还在床上躺着睡觉。9时左右，门外传来敲门声，然后敲门人来到受害女生宿舍。来人是学生们的班主任，负责学生们的生活起居，当时这名男教师进来后就开始催学生们起床，还将手伸进离他最近的一个女生的被子里。女生吓了一跳，赶紧将被子蜷缩起来躲了过去，男教师又将目标转向下铺的一个女生，还突然用脚踹了女生腹部，当时学生心里都处在极度恐慌中，但是男教师并没有停止他的骚扰行为。他开始去拽对面上铺女生的被子，女生一边拽进被子，一边哭着骂老师："我没穿衣服，你要死啊！"可面对女生的质问谩骂，男教师并没有什么意识到不对，还反问女生："你们要脸吗？"据学生表示，这种事情已经发生不止一次了，这名老师平时是一种非常好的状态，但就是喜欢喝酒，每次喝完酒都喜欢来女生宿舍闹，一直说话或者辱骂学生，有时还会有些乱七八糟的行为，使得学生们都很害怕。

这种行为触犯了哪些法律法规？

知识拓展

发生校园伤害事故，该怎么办？

1. 发生学生伤害事故，学校应当及时救助受伤害学生，并应当及时告知未成年学生的监护人。

2. 发生学生伤害事故，情形严重的，学校应当及时向主管教育行政部门及有关部门报告。

3. 学校的主管教育行政部门应指导、协助学校进行事故的处理工作，尽快恢复学校正常的教育教学秩序。

4. 发生学生伤害事故，学校与受伤害学生或者学生家长可以通过协商方式解决；双方自愿，可以书面请求主管教育行政部门进行调解。监护人也可以依法直接提起诉讼。

5. 事故处理结束，学校应当将事故处理结果书面报告主管的教育行政部门。

第二节　学前教育法律法规与政策

学前教育法律法规与政策是实施学前教育的依据，贯彻学前教育法律法规与政策对于提高幼儿园保教质量，促进社会主义学前教育事业的发展具有重要意义。

一、《国务院关于当前发展学前教育的若干意见》（2010年颁布）

（一）出台背景

改革开放以来，我国学前教育事业有了很大发展，普及程度逐步提高，但从整体上看，学前教育仍然是各级各类教育中的薄弱环节，集中表现在资源短缺，投入不足，"入园难""入园贵"问题突出，人民群众意见较多。《国家中长期教育改革和发展规划纲要（2010—2020年）》提出到2020年基本普及学前教育，这是国家在2000年基本普及义务教育之后，为实现更高水平的普及教育而做出的又一重大决策。要实现这一历史性目标，任务紧迫。因此，2010年11月，颁布了《国务院关于当前发展学前教育的若干意见》。

（二）主要内容

1. 明确学前教育的公益性和普惠性

《国务院关于当前发展学前教育的若干意见》把学前教育摆在国计民生的重要位置，突出强调了它的教育属性和社会公益属性，明确指出，学前教育是国民教育体系的重要组成部分，是重要的社会公益事业。因此，要求做好以下几点。

第一，发展学前教育，必须坚持公益性和普惠性，努力构建覆盖城乡、布局合理的学前教育公共服务体系；

第二，保障适龄儿童接受基本的、有质量的学前教育；

第三，必须坚持政府主导，落实政府责任，充分调动各方面的积极性；

第四，必须坚持改革创新，破除体制机制障碍，必须坚持科学育儿，遵循幼儿身心发展规律。

2. 多种渠道加大学前教育投入

各级政府要将学前教育经费列入财政预算。新增教育经费要向学前教育倾斜。财政性学前教育经费在同级财政性教育经费中要占合理比例，未来三年要有明显提高。各地根据实际研究制定公办幼儿园生均经费标准和生均财政拨款标准。制定优惠政策，鼓励社会力量办园和捐资助园。家庭合理分担学前教育成本。建立学前教育资助制度，资助家庭经济困难儿童、孤儿和残疾儿童接受普惠性学前教育。

3. 加强幼儿园准入管理

完善法律法规，规范学前教育管理。严格执行幼儿园准入制度。各地根据国家基本标准和社会对幼儿保教的不同需求，制定各种类型幼儿园的办园标准，实行分类管理、分类指导。县级教育行政部门负责审批各类幼儿园，建立幼儿园信息管理系统，对幼儿园实行动态监管。完善和落实幼儿园年检制度。未取得办园许可证和未办理登记注册手续,任何单位和个人不得举办幼儿园。对社会各类幼儿培训机构和早期教育指导机构,审批主管部门要加强监督管理。

4. 规范幼儿园收费管理

国家有关部门2011年出台幼儿园收费管理办法。省级有关部门根据城乡经济社会发展水平、办园成本和群众承受能力,按照非义务教育阶段家庭合理分担教育成本的原则,制定公办幼儿园收费标准。加强民办幼儿园收费管理,完善备案程序,加强分类指导。幼儿园实行收费公示制度,接受社会监督。加强收费监管,坚决查处乱收费。

5. 坚持科学保教,促进幼儿身心健康发展

加强对幼儿园保教工作的指导,2010年国家颁布幼儿学习与发展指南。遵循幼儿身心发展规律,面向全体幼儿,关注个体差异,坚持以游戏为基本活动,保教结合,寓教于乐,促进幼儿健康成长。加强对幼儿园玩教具、幼儿图书的配备与指导,为儿童创设丰富多彩的教育环境,防止和纠正幼儿园教育"小学化"倾向。研究制定幼儿园教师指导用书审定办法。建立幼儿园保教质量评估监管体系。健全学前教育教研指导网络。要把幼儿园教育和家庭教育紧密结合,共同为幼儿的健康成长创造良好环境。

资料链接

破解"入园难"抓住"四关键"

2011年11月24日,时任教育部长袁贵仁在北京举办的热点问题形势报告会上指出,破解"入园难"抓住"四关键"。

一是资源。要以启动实施学前教育三年行动计划为抓手,通过大力发展公办幼儿园,鼓励社会力量多种形式办园,增加城镇普惠性学前教育资源。

二是教师。从来源上,要办好中等幼儿师范学校和高等师范院校学前教育专业,建设一批幼儿师范专科学校。在培训方面,三年内要对1万名幼儿园园长和骨干教师进行国家级培训,各地五年内对幼儿园园长和教师进行一轮全员专业培训。在待遇方面,要完善落实幼儿园教职工工资保障办法、专业技术职称(职务)评聘机制和社会保障政策。

三是投入。需要建立健全政府投入、社会举办者投入和家庭合理负担的投入机制。

四是管理。要规范办园,分类治理,督促整改,妥善解决目前存在的无证办园问题,严防事故发生。

二、《幼儿园工作规程》（1996年颁布，2015年修订）

（一）制定目的

《幼儿园工作规程》（以下简称《规程》）是为加强幼儿园的科学管理，规范办园行为，提高保育和教育质量，促进幼儿身心健康，依据《中华人民共和国教育法》等法律法规制定的。

（二）新《规程》特点

与1996年的《规程》相比，2016年的新《规程》主要在四个方面提高了标准、增加了细节要求，即幼儿安全问题、幼儿身心健康、家园共育、幼儿园管理规范化。强调幼儿园应当结合幼儿年龄特点和接受能力开展反家庭暴力教育，发现幼儿遭受或者疑似遭受家庭暴力的，应当依法及时向公安机关报案。同时，针对多起幼师虐童案，再次强调，严禁虐待、歧视、体罚和变相体罚、侮辱幼儿人格等损害幼儿身心健康的行为。

（三）部分内容

第二条　幼儿园是对三周岁以上学龄前幼儿实施保育和教育的机构。幼儿园教育是基础教育的重要组成部分，是学校教育制度的基础阶段。

第四条　幼儿园适龄幼儿一般为三周岁至六周岁。幼儿园一般为三年制。

第十条　幼儿入园前，应当按照卫生部门制定的卫生保健制度进行健康检查，合格者方可入园。幼儿入园除进行健康检查外，禁止任何形式的考试或测查。

第十一条　幼儿园规模应当有利于幼儿身心健康，便于管理，一般不超过360人。幼儿园每班幼儿人数一般为：小班（三周岁至四周岁）25人，中班（四周岁至五周岁）30人，大班（五周岁至六周岁）35人，混合班30人。寄宿制幼儿园每班幼儿人数酌减。幼儿园可以按年龄分别编班，也可以混合编班。

第二十二条　幼儿园应当配备必要的设备设施，及时为幼儿提供安全卫生的饮用水。幼儿园应当培养幼儿良好的大小便习惯，不得限制幼儿便溺的次数、时间等。

第二十九条　幼儿园应当将游戏作为对幼儿进行全面发展教育的重要形式。幼儿园应当因地制宜创设游戏条件，提供丰富、适宜的游戏材料，保证充足的游戏时间，开展多种游戏。幼儿园应当根据幼儿的年龄特点指导游戏，鼓励和支持幼儿根据自身兴趣、需要和经验水平，自主选择游戏内容、游戏材料和伙伴，使幼儿在游戏过程中获得积极的情绪情感，促进幼儿能力和个性的全面发展。

第三十一条　幼儿园的品德教育应当以情感教育和培养良好行为习惯为主，注重潜移默化的影响，并贯穿于幼儿生活以及各项活动之中。

第三十九条　幼儿园教职工应当贯彻国家教育方针，具有良好品德，热爱教育事业，尊重和爱护幼儿，具有专业知识和技能以及相应的文化和专业素养，为人师表，忠于职责，身心健康。幼儿园教职工患传染病期间暂停在幼儿园的工作。有犯罪、吸毒记录和精神病史者不得在幼儿园工作。

第四十一条　幼儿园教师必须具有《教师资格条例》规定的幼儿园教师资格，并符合

本规程第三十九条规定。幼儿园教师实行聘任制。幼儿园教师对本班工作全面负责,其主要职责如下:

(1) 观察了解幼儿,依据国家有关规定,结合本班幼儿的发展水平和兴趣需要,制订和执行教育工作计划,合理安排幼儿一日生活;

(2) 创设良好的教育环境,合理组织教育内容,提供丰富的玩具和游戏材料,开展适宜的教育活动;

(3) 严格执行幼儿园安全、卫生保健制度,指导并配合保育员管理本班幼儿生活,做好卫生保健工作;

(4) 与家长保持经常联系,了解幼儿家庭的教育环境,商讨符合幼儿特点的教育措施,相互配合共同完成教育任务;

(5) 参加业务学习和保育教育研究活动;

(6) 定期总结评估保教工作实效,接受园长的指导和检查。

第五十四条 幼儿园应当成立家长委员会。家长委员会的主要任务是:对幼儿园重要决策和事关幼儿切身利益的事项提出意见和建议;发挥家长的专业和资源优势,支持幼儿园保育教育工作;帮助家长了解幼儿园工作计划和要求,协助幼儿园开展家庭教育指导和交流。家长委员会在幼儿园园长指导下工作。

校车安全

谨防幼儿烫伤

资料链接

幼儿园校车发生事故该怎么逃生?

1. 上车时:务必有位置坐并且系上安全带,事故中大多数的死亡都是发生在车祸发生的瞬间,车辆骤然停下,人被巨大的惯性甩出去头部撞击硬物造成的。

2. 若车发生落水时:等汽车稳定以后,再设法从门窗处逃离。若水较深,先不要急于打开车门与车窗,这时车门由于水压的原因是难以打开的。此时,车厢内的氧气可供司机和乘客维持5~10分钟。不要慌张,将头部伸出水面,迅速用力推开车门或车窗,同时深吸一口气,再从车门或车窗逃离。

3. 当车发生碰撞时:孩子应学会自己解开安全带,尽快紧紧扒住座位或内侧厢板。在车辆停下以后迅速打开车门跑出去。一定注意,千万不可以返回车辆拿东西。离开车辆至少100米,防止车辆爆炸发生二次伤害。

三、《幼儿园管理条例》(1989年颁布)

(一)背景及意义

随着幼儿教育事业得到迅速发展和托幼机构出现多样性,产生了一系列问题,如有的行政管理部门对自己的责任不够明确,有些幼儿园有乱收费现象等。为了加强幼儿园管理,促进学前教育事业的健康发展,1989年国务院颁布《幼儿园管理条例》(以下简称《条例》)。

《条例》是政府加强对幼儿教育管理和指导的重要行政法规,将使我国幼儿教育逐步走上依法治教的轨道,推动幼教事业的健康发展和管理工作的科学化,推动和深化幼儿教育改革。

(二)部分内容

第二条 本条例适用于招收三周岁以上学龄前幼儿,对其进行保育和教育的幼儿园。

第七条 举办幼儿园必须将幼儿园设置在安全区域内。严禁在污染区和危险区内设置幼儿园。

第八条 举办幼儿园必须具有与保育、教育的要求相适应的园舍和设施。幼儿园的园舍和设施必须符合国家的卫生标准和安全标准。

第十条 举办幼儿园的单位或者个人必须具有进行保育、教育以及维修或扩建、改建幼儿园的园舍与设施的经费来源。

第十一条 国家实行幼儿园登记注册制度,未经登记注册,任何单位和个人不得举办幼儿园。

第十二条 城市幼儿园的举办、停办,由所在区、不设区的市的人民政府教育行政部门登记注册。农村幼儿园的举办、停办,由所在乡、镇人民政府登记注册,并报县人民政府教育行政部门备案。

第十六条 幼儿园应当以游戏为基本活动形式。幼儿园可以根据本园的实际,安排和选择教育内容与方法,但不得进行违背幼儿教育规律,有损于幼儿身心健康的活动。

第十七条 严禁体罚和变相体罚幼儿。

第二十条 幼儿园发生食物中毒、传染病流行时,举办幼儿园的单位或者个人应当立即采取紧急救护措施,并及时报告当地教育行政部门或卫生行政部门。

第二十七条 违反本条例,具有下列情形之一的幼儿园,由教育行政部门视情节轻重,给予限期整顿、停止招生、停止办园的行政处罚:

(1)未经登记注册,擅自招收幼儿的;

(2)园舍、设施不符合国家卫生标准、安全标准,妨害幼儿身体健康或者威胁幼儿生命安全的;

(3)教育内容和方法违背幼儿教育规律,损害幼儿身心健康的。

第二十九条 当事人对行政处罚不服的,可以在接到处罚通知之日起十五日内,向作出处罚决定的机关的上一级机关申请复议,对复议决定不服的,可在接到复议决定之日起十五日内,向人民法院提起诉讼。当事人逾期不申请复议或者不向人民法院提起诉讼又不履行处罚决定的,由作出处罚决定的机关申请人民法院强制执行。

体罚和变相体罚的现象及危害

1. 体罚幼儿是指通过对少年儿童的身体进行的惩罚而企图达到教育训练目的的手段，是伤害学生身体或心灵的行为，常见的形式为用手脚殴打、用器物打、罚站、顶砖、罚跪、饿饭、罚劳动或身体运动、掌掴或令儿童自掴。体罚是处罚儿童的错误教育方式。教师用体罚的方法来处理违反纪律的同学也应称为体罚。

2. 变相体罚是指用上述体罚方式以外的其他形式来体罚学生。变相体罚同样会侮辱学生人格，伤害学生心灵。其形式归纳有以下几种：

（1）罚抄：强制性罚抄过量作业。（罚抄词语、定律等超过五遍，诗歌、规则等超过两遍，课文超过一遍。）

（2）罚钱：不论数目多少，不论形式如何。

（3）罚做值日或罚其打扫卫生并连续几天。

（4）逐出教室而不及时处理。

（5）辱骂学生，讽刺挖苦学生。

（6）敲教鞭，甩东西。

（7）未经领导同意，随意停课或停止学生参加一切活动。

3. 危害：体罚和变相体罚对学生的身心健康有极大的伤害，在生理方面，可能使学生致伤致残，甚至导致死亡；在心理方面，使儿童变得恐惧，缺乏安全感，并摧残学生的心灵，扭曲学生的人格，损害学生的尊严，窒息学生的思想。

四、《幼儿园教师专业标准》（2012年颁布）

（一）制定目的

为促进幼儿园教师专业发展，建设高素质幼儿园教师队伍，根据《中华人民共和国教师法》制定。《幼儿园教师专业标准》是国家对合格幼儿园教师专业素质的基本要求，是幼儿园教师实施保教行为的基本规范，是引领幼儿园教师专业发展的基本准则，是幼儿园教师培养、准入、培训、考核等工作的重要依据。

（二）主要特点

教师专业标准具有基础性和导向性双重特点。基础性表现在为教师专业伦理、专业知识和专业能力方面所应具备的素质规定了基本标准；导向性表现在规定了合格教师基础标准的同时，还起到引导教师朝着不断提高综合素质方向发展的作用。

（三）主要内容

1. 基本理念

师德为先，幼儿为本，能力为重，终身学习。

2. 对幼儿园教师的基本要求

（1）幼儿保育和教育的态度与行为：注重保教结合；注重保护幼儿的好奇心，培养幼儿的想象力；重视环境和游戏对幼儿发展的独特作用；重视丰富幼儿多方面的直接经验，将探索、交往等实践活动作为幼儿最重要的学习方式；重视自身日常态度言行对幼儿发展的重要影响与作用；重视幼儿园、家庭和社区的合作。

（2）一日生活的组织与保育：合理安排和组织一日生活的各个环节，将教育灵活地渗透到一日生活中；科学照料幼儿日常生活，指导和协助保育员做好班级常规保育和卫生工作；充分利用各种教育契机，对幼儿进行随机教育；有效保护幼儿，及时处理幼儿的常见事故，有危险情况优先救护幼儿。

（3）沟通与合作：使用符合幼儿年龄特点的语言进行保教工作；善于倾听，和蔼可亲，与幼儿进行有效沟通；与同事合作交流，分享经验和资源，共同发展；与家长进行有效沟通合作，共同促进幼儿发展；协助幼儿园与社区建立合作互助的良好关系。

五、《儿童权利公约》（1989年发布）

（一）意义与作用

《儿童权利公约》（Convention on the Rights of the Child）于1989年11月20日第44届联合国大会第25号决议通过，是第一部有关保障儿童权利且具有法律约束力的国际性约定。1990年9月2日生效。截至2015年10月，缔约国为196个。该公约旨为世界各国儿童创建良好的成长环境。

《儿童权利公约》包含了一整套普遍商定的准则和义务，在追求一个公正、彼此尊重以及和平的社会的过程中，将儿童放在中心位置。

《儿童权利公约》确立了世界各地所有儿童时时刻刻应享有的基本人权：生存权，全面发展的权利，免遭有害影响、虐待和剥削的受保护权，全面参与家庭生活、文化生活和社会生活的权利。首次清晰地阐明了所有与儿童有关的权利：经济权利、社会权利、文化权利、公民权利及政治权利。它也是首个明确将儿童视为社会参与者及自身权利的积极持有者的国际文书，为我们看待儿童的方式提供了指导性原则。要求通过各种方式，保护儿童免受忽视、剥削和虐待的侵害。

《儿童权利公约》确立了童年条款，概述了所有18岁以下的个人在被对待、照料、生存、发展、保护及参与等方面权利的最低标准。

（二）儿童权利及主要原则

1. 儿童权利

《儿童权利公约》指出儿童享有一个人的全部权利。《儿童权利公约》共54条，实质性条款41条，其中被提到的儿童权利多达几十种，但最基本的权利可以概括为如下4种。

（1）生存权。每个儿童都有其固有的生命权和健康权，包括有权接受可达到的最高标准的医疗保健服务。

（2）受保护权。不受危害自身发展影响的、被保护的权利，包括保护儿童免受歧视、剥削、酷刑、虐待或疏忽照料，以及对失去家庭的儿童和难民儿童的基本保证。

（3）发展权。充分发展其全部体能和智能的权利。儿童有权接受正规和非正规的教育，有权享有促进其身体、心理、精神、道德和社会发展的生活条件。

（4）参与权。参与家庭、文化和社会生活的权利。儿童有参与社会生活的权利，有权对影响他们的一切事项发表自己的意见。

2. 基本原则

《儿童权利公约》认为关于儿童权利，应遵循四项基本原则。

（1）无歧视原则。每一个儿童都平等地享有公约所规定的全部权利，儿童不应因其本人及其父母的种族、肤色、性别、语言、宗教、政治观点、民族、财产状况和身体状况等受到任何歧视。

（2）儿童的最大利益原则。涉及儿童的一切行为，必须首先考虑儿童的最大利益。

（3）确保儿童的生命权、生存权和发展权的完整。所有儿童都享有生存和发展的权利（两者完整兼具），应最大限度地确保儿童的生存和发展。

（4）尊重儿童的意见。任何事情涉及儿童，均应听取儿童的意见；所有儿童，无论他们出生在哪里，属于哪个种族或民族，无论是男孩还是女孩，富有还是贫穷，都必须得到充分的机会，成为社会有用的成员，并且必须享有发言权，他们的声音也必须获得倾听。

（三）部分内容

第一条　为本公约之目的，儿童系指18岁以下的任何人，除非对其适用之法律规定成年年龄低于18岁。

第十七条　缔约国确认大众传播媒介的重要作用，并应确保儿童能够从多种的国家和国际来源获得信息和资料，尤其是旨在促进其社会、精神和道德福祉和身心健康的信息和资料。为此目的，缔约国应：

（1）鼓励大众传播媒介本着第二十九条的精神散播在社会和文化方面有益于儿童的信息和资料；

（2）鼓励在编制、交流和散播来自不同文化、国家和国际来源的这类信息和资料方面进行国际合作；

（3）鼓励儿童读物的著作和普及；

（4）鼓励大众传播媒介特别注意属于少数群体或土著居民的儿童在语言方面的需要；

（5）鼓励根据第十三条和第十八条的规定制定适当的准则，保护儿童不受可能损害其福祉的信息和资料之害。

第十八条　（1）缔约国应尽其最大努力，确保父母双方对儿童的养育和发展负有共同责任的原则得到确认。父母或视具体情况而定的法定监护人对儿童的养育和发展负有首要责任。儿童的最大利益将是他们主要关心的事。

（2）为保证和促进本公约所列举的权利，缔约国应在父母和法定监护人履行其抚养儿童的责任方面给予适当协助，并应确保发展育儿机构、设施和服务。

（3）缔约国应采取一切适当措施确保就业父母的子女有权享受他们有资格得到的托儿服务和设施。

第二十八条　缔约国确认儿童有受教育的权利，为在机会均等的基础上逐步实现此项权利，缔约国尤应：

（1）实现全面的免费义务小学教育；

（2）鼓励发展不同形式的中学教育，包括普通和职业教育，使所有儿童均能享有和接受这种教育，并采取适当措施，诸如实行免费教育和对有需要的人提供津贴；

（3）根据能力以一切适当方式使所有人均有受高等教育的机会；

（4）使所有儿童均能得到教育和职业方面的资料和指导；

（5）采取措施鼓励学生按时出勤和降低辍学率。

劣父教子

禁止使用童工

案例分析

幼儿园老师虐童事件

2017年某月的一天下午，某教育局接到某幼儿园家长举报电话，即刻深入该幼儿园了解情况，目击者拍摄的现场视频显示：两名幼童靠墙站在室内，一红衣女子（幼儿教师）不停地推搡一红衣短发女童并拍打其脸部，幼儿教师将女童推倒在地后，又将旁边另一白衣男童推倒在地，又将男童举过头顶并放开，落地时再接住，接着多次将该男童往墙上推，男童倒地后，女子用膝盖压着男童。

针对该幼儿园幼师涉嫌虐童事件，教育局认定该幼儿园系未经教育局审批的无资质幼儿园，对其做出了停止办园决定。涉事幼儿教师已被行政拘留15天，并予以罚款。教育局将对在园幼儿妥善安置，加大对无资质幼儿园的整治力度。

第八章 政策法规知识

思考与练习

一、选择题

1. 教师王某经常让班里的幼儿在活动室外面罚站，王某的做法（　　）。
A. 不合法，侵犯了幼儿的受教育权
B. 不合法，侵犯了幼儿的荣誉权
C. 合法，教师有管理幼儿的权利
D. 合法，教师有教育幼儿的权利

2. 从外地来打工的陈某向工作所在地教育行政部门提出申请，请求批准他年满7周岁的孩子晓宝在工作地附近的公立小学就读，对于这一申请，当地教育行政部门应当（　　）。
A. 拒绝，晓宝只能选择当地民办学校就读
B. 拒绝，晓宝只能选择户口所在地学校就读
C. 批准，并为其提供平等接受义务教育的条件
D. 批准，但要求陈某缴纳额外的学费和杂费

3. 某幼儿在手工活动中吵闹不休，班主任一怒之下扯着该幼儿的耳朵把他拉到一旁。该班主任的做法（　　）。
A. 正确，班主任有维护班级秩序的职责
B. 正确，是班主任批评教育幼儿的权利
C. 错误，违反了不得体罚幼儿的规定
D. 错误，侵犯了幼儿言论自由的权利

4. 某幼儿园为实现管理工作的规范化，要求保育员采取措施控制幼儿的小便时间和次数，该幼儿园的做法（　　）。
A. 正确，有利于培养幼儿的良好的生活习惯
B. 正确，体现了保育员管理幼儿生活的权利
C. 错误，违反了《幼儿园工作规程》的规定
D. 错误，违反了联合国《儿童权利公约》的规定

5. 根据《幼儿园工作规程》的规定，下列选项不正确的是（　　）。
A. 幼儿园是对3周岁以上学龄前幼儿实施保育和教育的机构
B. 幼儿园以游戏为基本活动，寓教育于各项活动中
C. 幼儿入园前必须进行简单的测试，通过者方可入园
D. 幼儿入园前须进行健康检查，合格者方可入园

二、思考题

1. 夏老师教唱儿歌，可可总是唱错歌词，夏老师当全班幼儿的面，严肃地对可可说："你怎么这么笨，脑子进水了啊！"小朋友们哄堂大笑。夏老师的做法对吗？为什么？

2.公办幼儿园教师张某多次申报职称未果，认为是幼儿园领导故意为难她。此后，张某经常迟到、早退，教学敷衍了事，园长对其进行批评教育，但张某仍然我行我素，幼儿园上报教育主管部门后将其解聘。该幼儿园做法是否正确？请说明原因。

3.暑假期间，小学生王某和李某相约在学校打篮球，在争抢的过程中，王某不慎将李某撞倒在地，导致李某小腿骨折。对于李某所受的伤害，谁应承担主要责任？为什么？

三、材料分析题

幼儿园大班的黑板旁边贴着班规：值日卫生不整洁者，每人每次罚款1元；上课教师提问回答不出者，每次罚款2元；上课迟到者，每次罚款3元；上课不专心听讲或交头接耳者，每次罚款4元；老师布置的任务完不成者，罚款5元。罚款由老师统一收取、保管，奖励给表现好的小朋友。笑笑是该班的孩子，他上学迟到了，成了第一位受罚者。第二天，他以买笔为由向母亲要了3元钱，"主动"交给了老师。这条班规实施仅一个月，就有13个孩子受罚。老师们则认为对违纪者实行经济制裁，会起到激励先进鞭策后进的作用。

请问这样的班规合法吗？幼儿园是否有罚款权？

第九章 人口与资源知识

学习目标

1. 了解世界人口、人种与语言的分布情况。
2. 了解世界城市化的进程、特点及中国当前城市化的发展现状。
3. 了解中国自然资源及面临的问题。
4. 了解中国面临的主要的食品安全问题及应对策略。

第一节 人口与发展

人口与发展是人类永恒的主题，人口的数量增长及质量情况直接影响到一国的经济和社会的发展。本节首先介绍世界人口的增长过程及特点，介绍世界主要人种及语言的种类，重点对中国的人口分布特点及老龄化问题进行阐述和分析。

一、世界人口分布、种族及语言

人类作为一个独特的物种在地球上生活已有300多万年了。随着生产力和科学技术的进步，人口增长逐渐加速。

（一）世界人口增长

1. 农业革命之前的人口

农业革命之前是现代人类形成的漫长时期，由于生产力水平极其低下，原始人过着群居、闭塞的流动生活，物质产品极端贫乏，仅靠采集植物以及狩猎、捕鱼为生，人口规模较小，人口增长缓慢。这一时期人口发展的特征：一是极低的人口密度，约每平方千米0.08人；二是高出生率和高死亡率。

2. 农业革命与人口增长

进入农业社会以后，农牧业基本上取代了原始的采集和狩猎，成为人类主要的生产方式。稳定的农业生产能够支持养活更多的人口，因此，自从人类跨入农业社会之后，人口总量比以前大幅度增长。这一时期人口增长出现如下特征：即婴儿存活率低；由于阶段性的饥荒和低营养，对流行病的抵抗力差；高出生率，高死亡率，死亡率呈现大幅度波动状态，出生率也相应变化，平均寿命低。

3. 工业革命对人口增长的影响

工业革命使得社会生产力水平迅速提高，在工业化早期，人口出生率和人口的自然增长率都曾一度上升，但是从19世纪后半期开始，出生率就逐渐下降。这一方面是由限制家庭规模的意愿而非由限制生育的避孕方法引起的，另一方面是人们受教育的水平提高和观念的改变、妇女社会地位的提高等因素都促使出生率逐渐下降。

在工业革命过程中，人口增长及自然变动情况在发达国家和地区与发展中国家和地区之间出现了明显的差异和分化。从总体上讲，发达国家和地区的出生率和死亡率都趋于下降，发展中国家和地区在工业革命后期死亡率开始下降，出生率却居高不下。

4. 世界人口增长趋势

联合国人口基金会发布的《2021世界人口状况》全球报告显示，现阶段世界人口总数为78.75亿人，虽仍保持正增长的趋势，但增速在放缓，更多国家开始出现人口萎缩的现象。根据联合国经济和社会事务部发布的《2022年世界人口展望》报告，全球人口预计将在2022年11月15日达到80亿。报告同时预测，世界人口预计将在2080年代达到约104亿的峰值，并在2100年之前保持这一水平。

（二）世界人口分布

人口分布是指一定时间内人口在一定地区的空间分布状况。人口分布是人口发展过程中自然、社会、经济、历史、文化等多种因素综合作用的产物。这些因素通过影响人口的自然增长和机械增长（即人口迁移），不断地重塑着世界人口分布的格局。

1. 自然因素

自然因素中对人口的分布产生直接影响的主要是气候、土壤、水体和资源能源的赋存条件等。一般来说，世界人口分布表现出明显的趋向性，即趋向暖湿地区（中低纬度地区）、低平地区和岸边（河岸、海岸）。原因是中低纬度地区和低平地区气候较为适宜，利于耕种，便于开发建设，有利于人类的生存和发展，因此成为人类分布最集中的地区。

2. 社会经济因素

人口分布虽然受自然因素的影响较大，但是社会经济因素特别是生产力发展水平及其分布对人口分布起到决定性的作用。从当今世界人口的分布格局来看，大城市往往是人口最为密集的地区，因为工商业和金融业都集中在大城市，大批农民不断地涌进城市，使城市人口的数量大增。与此同时，城市的规模和数量也在不断地扩大。

政治因素对人口的影响也较大，有时短时间内便可改变人口分布状况。例如，欧洲殖民者侵入拉丁美洲，印第安人不得不迁入内陆荒山区。除此之外，国家制定的人口政策、文化因素等对人口分布也有一定的影响。

（三）世界人种划分及语言

1. 世界人种的划分

人种，即人类的种族，是指具有共同起源并在体质形态上具有某些共同遗传特征的人群。目前，按国际上比较统一的看法，种族的划分是以肤色为主。根据肤色将人类划分为四大种群：白色、黄色、黑色和棕色种族群。

（1）白色种族群。

白种人的基本特征是皮肤呈白色、浅棕色，波状金发或棕发，鼻梁高挺，瞳孔多为蓝色。白色种族群在世界上分布最广。不仅分布在欧亚大陆的西部，也分布在从毛里塔尼亚到索马里的北非地区以及西亚、南亚地区。白色人种根据内部差异，可分为北欧种族、南欧种族、印度种族。

（2）黄色种族群。

黄种人的基本特征是皮肤呈黄色，毛发黑而直，瞳孔为黑褐色。黄色种族群主要分布在欧亚大陆的东部和美洲大陆的土著居民集中区。根据内部差异，可分为蒙古族、美洲印第安种族、因纽特人。

（3）黑色种族群。

黑种人的基本特征是皮肤呈黑棕色，发黑而且呈羊毛卷状，嘴唇较厚且向外翻。黑种人分布比较广泛，主要以撒哈拉以南的非洲大陆为中心。此外，美洲也有2 000多万黑人，他们是奴隶贸易时期被殖民者从非洲贩卖过去的黑人奴隶后裔。根据内部差异，可分为尼格罗种族、布须曼种族。

（4）棕色种族群。

棕种人的基本特征是肤色呈棕色，儿童的头发多为红色或亚麻色，毛发卷曲，鼻梁高，嘴唇较厚但不向外翻。棕种人主要分布在太平洋的美拉尼西亚、密克罗尼西亚和波利尼西亚等群岛上。根据内部差异，可分为澳大利亚种族、美拉尼西亚种族、密克罗尼西亚种族和波利尼西亚种族。

2. 世界语言的分类

语言是指用习惯的记号、姿势、符号，特别是音节分明的口头声音交流思想和感情的工具，是人类思维的物质外壳。语言的重要属性就是人类表达思想、促进交流的一种信息交际工具。

世界的语言种类繁多。目前世界上的语言有5 640余种，使用人数超过5 000万的语言有17种。同一种语言的分布区大都在地域上相连成片。世界上的语言被划分为汉—藏语系、印欧语系、乌拉尔—阿尔泰语系、闪—含语系、芬兰—乌戈尔语系、达罗毗荼语系、伊比利亚—高加索语系、马来—波利尼西亚语系、南亚语系、尼日利亚—刚果语系、科依桑语系、尼罗—撒哈拉语系等。

目前，英语是最重要的国际语言，说英语的人口有3.7亿，再加上将英语作为第二语言与官方语言的人数，则超过10亿，占世界人口的20%以上。

二、中国人口问题

（一）中国人口的分布及特点

中国是世界上第一人口大国。我国人口分布的特点：一是东南地区人口稠密，西北地区人口稀少；二是具有明显低地指向性，绝大多数人口集中分布在较为低平的地区，地势高的高原、山地人口稀少。

（二）中国的老龄化问题

老龄化社会是指老年人口占总人口达到或超过一定比例的人口结构模型。按照联合国的传统标准是一个地区60岁以上老人达到总人口的10%，新标准是65岁以上老人占总人口的7%，即该地区视为进入老龄化社会。根据国家统计局截至2021年度数据及第七次人口普查数据显示，2021年末中国人口总数为14.1260亿（年度统计的全国人口总数内未包括香港、澳门特别行政区和台湾省以及海外华侨人数）；从人口结构看，近10年间，中国已跨过了第一个快速人口老龄化期，我们很快还需应对一个更快速的人口老龄化期。2020年，大陆地区60岁及以上的老年人口总量为2.64亿人，已占到总人口的18.7%，其中65岁及以上人口为1.91亿人，占13.50%。自2000年步入老龄化社会以来的20年间，老年人口比例增长了8.4个百分点，其中，从2010年"六人普"到2020年第七次全国人口普查的10年间升高了5.4个百分点，后一个10年明显超过前一个10年。"十四五"时期，20世纪60年代第二次出生高峰所形成的更大规模人口队列则会相继跨入老年期，中国的人口老龄化水平将进入增长的"快车道"。如果应对不当，中国也可能会发生像一些发达国家，如日本在20多年前出现的"经济通缩"问题，即由于未采取转攻老年人市场等经济对策，导致商品供给过剩、价格下降，陷入人口问题引发的经济困境。

中国特有的"421家庭"

人口与发展

知识拓展

第七次人口普查

2020年，中国将开始第七次全国人口普查，普查标准时点是2020年11月1日0时。2020年10月11日至12月10日，第七次全国人口普查开展入户工作。彻查人口出生变动情况以及房屋情况。普查对象是普查标准时点在中华人民共和国境内的自然人以及在中华人民共和国境外但未定居的中国公民，不包括在中华人民共和国境内短期停留的境外人员。普查主要调查人口和住户的基本情况，内容包括：姓名、公民身份证号码、性别、年龄、民族、受教育程度、行业、职业、迁移流动、婚姻生育、死亡、住房情况等。第七次全国人口普查将采取电子化方式开展普查登记，同时倡导普查对象自主填报的方式，鼓励大家使用手机等移动终端自行申报个人和家庭信息。此次普查将采用互联网云技术、云服务和云应用部署，全流程加强对公民个人信息的保护，确保公民个人信息安全。目前第七次全国人口普查各项准备工作进展顺利，700多万普查人员将于11月1日起走入千家万户，正式开启普查现场登记。

第七次人口普查

第二节　城市与城镇化

城市和乡村是当今世界人类聚居的两种主要形式，城市是非农业人口和非农产业集聚的地区，是区域生产、生活的中心。本节介绍世界人口的增长情况、世界主要人种及语言的种类，重点对我国城市化发展的进程及特点进行分析。

一、城市产生与世界主要城市

城市作为人口的集聚地，是物质、能量、信息交流与转化的场所，是人口和社会经济活动的空间集中地，是一个区域的"中心"。城市及城市群往往是国家进行开发建设的重点所在，对其周边的社会经济发展具有很强的辐射带动作用。

（一）城市的产生与发展

1. 城市的产生

在漫长的原始社会，我们的先民过着穴居、树居等群居生活，没有固定的居所。随着生产力水平的提高，有了农业，就逐渐产生了固定的居民点。原始的居民点大多靠近河流、湖泊，而且多位于向阳的河岸台地上。世界四大文明古国的发源地基本上都是农业发展较早的地区。随着人们生活水平的提高，生活需求日益多样化，开始出现一些专门的手工业者，于是商业和手工业从农业中分离出来，这就是人类历史上的第二次劳动大分工。原来的居民点也发生了分化，其中以农业为主的就是农村，而具有商业和手工业职能的就是城市。

2. 城市的发展

城市的发展大致可以分为两个大的阶段，即农业社会和工业社会阶段，或称为古代城市和近现代城市阶段。

（1）中国古代城市的发展。

春秋战国时期，诸侯争霸，群雄逐鹿，战事不断，因此筑城防御十分重要，坚固的城墙、庞大的城池便因战争而产生。秦始皇统一中国后，将全国划分为四大经济区，强调了区域规划。之后出现的汉唐长安城和洛阳城都是规模宏大、布局规整的都城规划的代表。宋开封城在城市建设中突破了旧的坊里体制约束，促进了商品经济的繁荣。到了元明清三朝，我国最大的城市是北京，北京被誉为"都市设计的无比杰作"，成为我国封建礼制的典型代表。城分内城、外城，内城大体呈方形，内有皇城，皇城内有内宫，即紫禁城；城内建筑以宫城为中心，沿中轴对称，前朝后市，左祖右社，分列宫城四周。城内街道呈棋盘式，民宅沿胡同排列，一般以四合院为基本格局。我国古代城市及城市规划体系在相当长的时期内都是走在世界前列，有些成就甚至领先于西方数百年的时间。

（2）中国近现代城市的发展。

鸦片战争以后，不平等条约的签订使我国被迫开放了许多沿海、沿江与沿边的城市，如上海、青岛、哈尔滨、大连、天津和汉口等；一些沿交通运输线的城市发展起来，如郑州、石家庄、徐州等；此外还出现了一些工矿业城市，如唐山、鞍山、抚顺等城市。

中华人民共和国成立以后，我国城市及城市化有较大发展。改革开放以后，我国经济发展速度较快，城市数量和规模的增长速度也是空前的。我国的城市和城市规划事业步入了发展和改革的新阶段。当前，我国已进入高速城市化发展时期，城市的发展将更加蓬勃而有活力，将更加绿色而可持续，"城市与大自然和谐共存"是城市未来发展的必然趋势，是我们共同的理想和目标。

（二）世界主要城市及城市群

当今世界，国际竞争正越来越表现为城市特别是国际性城市之间的竞争。可以称得上是全球性的城市主要存在于发达国家，如美国纽约、英国伦敦、法国巴黎、日本东京等。纽约是美国人口最多的城市，是全球性城市，是世界第一大经济中心，直接影响着全世界的金融、媒体、政治和时尚界。纽约的金融区以曼哈顿下城和华尔街为龙头，是世界的金融中心。世界500强企业中，有56家企业总部位于纽约，如西格拉姆、利华、百事可乐

等就分布在派克大街上。曼哈顿的唐人街是西半球最密集的华人集中地。日本东京作为继纽约、伦敦之后的全球性城市,发展非常迅速,是亚洲第一大、世界第二大城市,全球最大的经济中心之一。东京商务区已经形成分别由丸之内金融区、新宿办公区及临海信息港三个中心构成的商务中心网络,其辐射强度是全球性的。

城市不是一个绝对独立发展的单元,而是以区域整体的力量进行全球合作与竞争。一定区域内的多个城市由于彼此相互联系、分工协作,并依托交通网络逐渐形成一个相互制约、相互依存的统一体,从而形成具有较强竞争力的城市群和城市带。如从美国东北的波士顿经纽约、费城、巴尔的摩到华盛顿,就成为世界上最著名的城市群,它面积只占美国的2%,而人口则占到20%。还有日本的京(东京)滨(横滨)、阪(大阪)神(神户)城市群,都是具有较强竞争力和影响力的世界著名的城市群。在当前经济全球化进一步发展的情况下,出现了一种全新的地域空间现象——全球城市区域。全球城市区域不同于普通意义的城市,也不同于以往仅有地域联系的城市群或城市带,而是在高度全球化下以经济联系为基础,由全球城市及其腹地内经济实力较雄厚的二级大中城市扩展联合而形成的独特空间现象。

(三)中国主要城市及城市群

我国自改革开放以来,经济得到快速发展的同时,城市化也飞速发展。目前,我国已经拥有一批巨型城市和超大城市,如上海、北京、广州、天津、武汉、重庆、沈阳、南京、西安等。其中上海是中国的经济、交通、科技、工业、金融、贸易、会展和航运中心,也是中国第一大、亚洲第二大城市,是全球著名的金融中心。上海地处长江入海口,上海港的货物吞吐量和集装箱吞吐量均居世界第一,是一个良好的滨江滨海国际性港口。上海也是中国大陆首个自贸区——中国(上海)自由贸易试验区所在地。

城市化的加速发展极大地增强了大城市的集聚效应和辐射效应。随着区域工业化、现代化以及区域基础设施的完善,目前我国已经出现了若干个规模大小不同的城市群,其中比较成熟的有"长三角"城市群、"珠三角"城市群、京津冀城市群、山东半岛城市群、中原城市群、辽中南城市群、长江中游城市群、海峡西岸城市群、成渝城市群、长株潭城市群、关中城市群等。而以上海、南京、杭州等城市为核心,范围包括上海、江苏、浙江、安徽等地的"长三角"城市群已经成为全球六大世界级城市群之一。城市群日益成为区域内社会经济发展的先导和区域竞争力的集中体现,其经济发展速度和城市化进程在区域中起到支柱作用,并成为我国社会经济发展的重要载体。

粤港澳大湾区

粤港澳大湾区(英文名 Guangdong-Hong Kong-Macao Greater Bay Area,GBA)由香港、澳门两个特别行政区和广东省广州、深圳、珠海、佛山、惠州、东莞、中山、江门、肇庆九个珠三角城市组成,总面积5.6万平方公里,2018年末总人口已达 7 000 万人，是中国开放程度最高、经济活力最强的区域之一，在国家发展大局中具有重要战略地位。"粤港澳大湾区"从学术界的讨论到地方政策的考量，再到国家战略的提出，历时 20 余年。1994 年，时任香港科技大学校长吴家玮提出，对标旧金山，建设深港湾区。二十一世纪初，广州率先提出依托南沙港，对标东京湾区。

2009 年 10 月 28 日，粤港澳三地政府有关部门在澳门联合发布《大珠江三角洲城镇群协调发展规划研究》，提出构建珠江口湾区，粤港澳共建世界级城镇群。2014 年，深圳市政府工作报告提出"打造湾区经济"。

港珠澳大桥

二、城镇化及大城市病

城镇化，简单地解释就是农业人口及农用土地向非农业人口和城市用地转化的现象及过程。

（一）城镇化及其含义

城镇化（或城市化）是工业革命后的重要现象，是产业结构中非农产业的比重不断上升、农业的比重不断下降，而与这种产业结构变化相对应的是非农人口比重不断上升、农业人口比重不断下降的动态过程。具体的含义如下：

1. 人口职业的转变

在城镇化的过程中，人口由从事农业生产转变为从事非农业的第二、第三产业，具体表现为农业人口比重不断下降，非农产业人口比重不断上升。

2. 产业结构的转变

工业革命后，工业发展迅速，第二、第三产业在整个国民经济中的比重不断提高，而第一产业农业的比重则相对下降，工业化的发展也带来农业生产的现代化，大批的农村剩余劳动力涌向城市转而从事非农的第二、第三产业。

3. 土地及地域空间的变化

随着城市的发展、产业结构的变化，农业用地转化为非农业用地，由比较分散、低密度的居住形式转变为比较集中、高密度的居住形式，从与自然环境较接近的空间转变为以人工环境为主的空间形态。

总的来说，城镇化既包括人口、产业向城市集中、强化、分异以及城市景观变化等物质性的发展，也包括城市的经济、社会、技术以及城市文明、生活方式、价值观念向外扩散的精神性变化。

（二）大城市病

随着经济的快速发展，城市的规模也急剧扩大，越来越多的人在城市集聚，城市出现了住房困难、房价高涨、交通拥堵和环境污染等一系列问题，也就是俗称的"大城市病"。就拿我国首都北京来说，北京已经成为名副其实的"世界堵城"，还有就是严重的雾霾。北京曾是人人向往的地方，可如今空气污染、雾霾笼罩已经成为一种常态。可见，解决大城市的环境问题是一项长期而艰巨的任务。

大城市病的出现一方面使得城市中心区的环境恶化，另一方面也大大降低了城市的运行效率，影响社会经济发展的速度。因此，必须对大城市进行科学合理的规划和管理，在完善各项基础设施的基础上，通过科学高效的城市管理，有效缓解大城市病，提高城市的宜居性和综合效能，从而带动地区经济的发展和社会的全面进步。

延伸阅读

规划建设雄安新区

2017年4月1日，中共中央、国务院决定设立雄安新区。这是以习近平同志为核心的党中央作出的一项重大的历史性战略选择，是继深圳经济特区和上海浦东新区之后又一具有全国意义的新区。

国家设立雄安新区对于集中疏解北京非首都功能，探索人口经济密集地区优化开发新模式，调整优化京津冀城市布局和空间结构，培育创新驱动发展新引擎，具有重大现实意义和深远历史意义。

（三）中国的城镇化发展道路

城市化是社会经济发展的结果，是历史的必然趋势。中国的城市化进程比西方晚，在19世纪后半期开始，速度很慢，发展也不平衡，东南沿海发展较快，内陆大部分地区发展较慢。中华人民共和国成立以后，我国的经济有较大发展，为城市化的发展提供了基础。改革开放以来，在城市发展方针和各级城镇体系规划、城市总体规划的指导下，我国经济发展和城镇建设进入了快车道，城市化发展的速度也是空前的，大城市的数量和规模都增加迅速。以深圳和上海浦东新区为代表的一批新城市（新城区）在沿海、沿边和内陆地区迅速崛起，小城镇蓬勃发展。不同区域的中心，各级城市的功能不断完善，中心地位和辐射能力不断增强，带动和促进了各级区域的发展。截止到2015年年底，我国的城镇化率已经达到56.1%。

当今的中国正在走一条具有中国特色的新型城镇化道路，我们要努力提高城镇化发展的质量和内涵，而不仅限于城镇化发展的速度和规模。未来中国要立足城乡区域的协调发展，逐步走向理性、健康、永续与和谐。

第三节 交通与旅游

交通问题一直是世界关注的焦点，在社会经济发展的各个阶段，总是面临种种不同的交通问题。而旅游与交通也是密不可分的，旅游业的快速稳定发展离不开交通运输业的发展。

一、中国交通发展现状

交通与旅游

（一）公路交通

20世纪90年代以后，国家将公路的发展作为国民经济发展的全局性、战略性和紧迫性任务，公路建设得以迅速发展。截至2015年年末，全国公路总里程457.73万公里，全国等级公路里程404.63万公里，其中，二级及以上公路里程57.49万公里。

1988年沪嘉高速公路的建成通车实现了中国大陆高速公路零的突破，到2015年，中国高速公路通车总里程达到12.35万公里，超过美国居于世界第一。

全国农村公路（含县道、乡道、村道）里程398.06万公里，村道231.31万公里，通硬化路面的乡（镇）占全国乡（镇）总数的98.62%，通公路的建制村占全国建制村总数的99.87%。

（二）铁路交通

铁路运输具有良好的通过能力和较高的速度，且不受季节气候条件的限制，是当前我国客货运输的主要方式。我国铁路自1997年至2004年进行了五次大面积提速，基本形成了京沪、京哈、京广、京九铁路组成的"四纵"以及陇海加兰新、沪杭加浙赣铁路组成的"两横"的快速铁路网络，快速线路达1.6万公里。经过五次大提速，全路时速120公里以上的线路里程达16 500公里，其中时速160公里及以上的提速线路7 700公里，时速200公里的线路里程达1 960公里。2007年4月18日零时起，我国铁路正式实施第六次大面积提速和新的列车时刻表，最高时速达到250公里，这已是既有线上的最高速度。第六次提速使得旅客列车最高运行时速达到120公里及以上的线路里程达2.2万公里，比"五提"增加了6 000公里。经过六次大面积提速，极大地提高了我国铁路运输的生产能力，有效地促进了社会经济的发展。

我国的高速铁路发展神速，现有运营里程超过2万公里，高居世界第一位。高铁技术已经在国际上处于领先地位，建设了一批在世界上具有一定影响力的高铁项目。高速铁路客运专线的建设和投入运营，有利于从根本上缓解铁路运输紧张的状况，提高通道内铁路运输能力和服务质量，且有利于促进资源节约和环境保护，可以发挥节约土地、能源以及安全性好等比较优势，降低全社会的运输成本，促进沿线经济社会协调发展，并将进一步加快我国铁路客运高速化的进程。

知识拓展

从五纵三横到八纵八横

普铁时代，全国铁路规划了"五纵三横"的铁路网。五纵：京沪线，京九线，京哈－京广线，焦柳线，宝成－成昆线。三横：京包－包兰线，陇海－兰新线，沪杭－浙赣－湘黔－贵昆线。

"八纵八横"是中国高速铁路网络的短期规划图。2016年7月，国家发展改革委、交通运输部、中国国家铁路集团有限公司联合发布了《中长期铁路网规划》，勾画了新时期"八纵八横"高速铁路网的宏大蓝图。

"八纵"通道包括沿海通道、京沪通道、京港（台）通道、京哈～京港澳通道、呼南通道、京昆通道、包（银）海通道、兰（西）广通道。

"八横"通道包括绥满通道、京兰通道、青银通道、陆桥通道、沿江通道、沪昆通道、厦渝通道、广昆通道。

（三）我国城市地铁的发展情况

大城市目前普遍面临着交通拥堵的问题，而缓解城市地面交通问题的最有效的手段之一就是修建城市轨道交通网络。地铁是地下铁道的简称。它是一种独立的有轨交通系统，不受地面道路情况的影响，能够快速、安全、舒适地运送乘客。地铁运行效率高，基本无污染，能够实现大运量的要求，具有良好的社会效益。根据中国城市轨道交通协会的统计，截至2015年年末，我国累计有25个城市建成投运城轨线路111条，路网长度达3 286公里。据中国产业调研网发布的《中国地铁建设市场现状调研与发展趋势分析报告》（2016—2022年）显示，目前，我国的地铁建成规模还处于较低水平，总体覆盖率较低。

知识拓展

上海轨道交通

上海轨道交通1号线于1993年5月28日正式运营，是继北京地铁、天津地铁建成通车后中国大陆投入运营的第三个城市轨道交通系统。现已开通运营的线路里程达600公里，预计到2020年，上海轨道交通运营线路将长达1 000公里，将成为全世界规模最大的地铁运营网络。目前上海地铁的平均间隔时间为一分半钟，而世界上地铁间隔最短的是俄罗斯首都莫斯科，平均间隔时间为一分十五秒。莫斯科地铁是被公认为世界上最漂亮的地铁。

二、世界旅游

旅游活动是随着人类社会的发展而产生的,具有很长的历史。随着世界经济的复苏、交通条件的改善,现代旅游业获得了空前的发展,旅游成为一种大众性的消费活动,旅游业也成为世界主要产业之一。

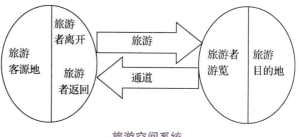

旅游空间系统

从地理学的观点来看,旅游的构成要素有:旅游主体——旅游者,旅游客体——旅游资源,旅游媒介——旅游业和贯穿在其中的旅游活动。旅游业是指从旅游者居住地到目的地再回到居住地的旅游活动全过程服务的全部相关企业的总和。旅游业的三大支柱是旅行社、饭店业、旅游交通运输业。旅游系统是旅游客源地与旅游目的地通过旅游通道相互作用的一个空间系统(如上图所示)。

旅游客源地是产生旅游者的地域,即游客的来源地。旅游目的地是旅游吸引物比较集中、有旅游接待服务设施、具备旅游功能的区域。旅游通道将客源地与目的地两个区域连接起来。旅游通道的特征和效率将影响和改变旅游流的规模和方向,它是整个系统的桥梁。

(一)世界旅游资源分布

1. 亚洲旅游资源

亚洲的旅游资源分区特色明显,东亚主要特色是壮美的山水风光和悠久的历史文化交相辉映。这里是世界上山地旅游资源最丰富的地区之一。集中分布着以"世界屋脊"青藏高原和"地球之巅"珠穆朗玛峰为代表的高山巨川,这里群峰争雄,峡谷幽深,垂直景观变化剧烈,蔚为壮观。本区还有古老文明孕育的人文旅游资源。四大文明古国之一的中国,历史文物、名胜古迹数不胜数;日本则是一个融悠久历史文化与辉煌的现代文明于一体,兼具东西方文化的发达国家,不仅经济、科技发达,而且境内历史古迹众多,奈良、京都、镰仓等是探寻日本历史最著名的三大古都。

东南亚是由亚洲东南部的中南半岛和马来群岛组成,因此绚丽多姿的热带滨海滩岛就成为本区旅游资源的突出特色。不仅如此,东南亚还是佛教、伊斯兰教、基督教这世界三大宗教的交汇之处,宏伟壮丽的宗教建筑构成了一道亮丽的风景。

西亚是人类古代文明的发祥地之一。几千年的文明史留下了丰富多彩的历史文化遗迹。这里有被公认的世界七大奇迹中的两个:伊拉克的"巴比伦空中花园"、土耳其的"阿苔密斯神殿"遗迹,还拥有风景秀丽的自然风光。其中世界知名的"死海"就位于这里,因其湖水含盐度极高,人可浮在水面上而不会下沉,故称"死海不死",让人称奇。

2. 欧洲旅游资源

欧洲的自然环境条件复杂多样,自然风光多姿多彩。既有乌拉尔地区的林海雪原、壮丽的湖光山色,也有阿尔卑斯山脉秀丽的层峦叠嶂、优质的积雪冰川,还有沿岸风光旖旎的伏尔加河、莱茵河、多瑙河等流动的风景线，简直是美不胜收，让人目不暇接。

欧洲还是一个人文色彩浓厚的地区，本区人文旅游资源数量之多、类型之多样、分布之广泛举世罕见。这里是人类文明发展较早的地区之一。古希腊、古罗马是西方古代文明的代表，意大利是欧洲文艺复兴的发源地。各个不同时期不同风格的古建筑遍布欧洲各地，记载着欧洲历史发展的进程，是欧洲人文景观中一朵绚丽的奇葩。其中，城堡、宫殿、教堂堪称欧洲"三绝"，享誉世界。欧洲不仅有着悠久的历史，而且现代科技和物质文明也高度发达，许多著名的历史文化名城同时也是高度现代化的国际大都市，如英国伦敦是世界的金融中心之一，法国巴黎是举世闻名的时尚之都、购物天堂，还有比利时的布鲁塞尔号称"欧洲的首都"，目前有几百个国际组织或办事处设在这里，每年的国际会议数以千计；德国是世界著名博览会与展览会举办国。此外，本区的民俗风情也非常浓郁，西班牙的斗牛表演、法国的葡萄节、德国慕尼黑的啤酒节、芬兰的仲夏节气氛热烈，家喻户晓，游人络绎不绝。

法国的凡尔赛宫

欧洲的古堡

3. 美洲旅游资源

美洲包括北美洲和南美洲，本区的旅游资源多姿多彩，别具一格。这里地域辽阔，自然环境和人文条件差异很大，旅游资源的地域特色十分突出。

北美是世界上旅游业最发达的地区之一。旅游资源开发利用的深度和广度都位居世界前列。这里拥有世界上规模庞大、管理先进的国家公园系统。如美国有国家公园42处、自然保护区669处、国家名胜80多处；其中美国的黄石国家公园创立于1872年，是世界上第一个国家公园，占地面积广大，有8 956平方公里，几乎完整地保持了原生态的自然环境，野趣甚浓，温泉和间歇泉构成了公园最负盛名的风景特色。此外，本区还有列入世界自然遗产名录的科罗拉多大峡谷、阿拉斯加的冰河湾、肯塔基州的猛犸洞等。美洲大陆西部规模宏大、雄伟壮观的科迪勒拉山系，几乎囊括了北美的风景名山，其中以落基山最负盛名。这里除了优美的自然风光之外，还有众多的人文景观，主题公园、博物馆、博览会以及高度现代化的城市带、建筑群等。其中位于美国洛杉矶的迪士尼乐园、佛罗里达奥兰多的"迪士尼世界""未来世界中心""魔幻王国"等主题公园，寓教于乐，老少皆宜，享誉全球。

美国黄石公园

拉丁美洲是以灿烂独特的印第安文化和神奇美丽的热带自然风光而著称。其中的墨西哥湾及加勒比海地区，充满着热带和新大陆特有的浓郁风情，是世界上最受欢迎的海滨度假胜地之一。这里还有世界上最高的瀑布——安赫尔瀑布，落差达979米，以及最宽的瀑布——伊瓜苏瀑布，宽度达到4 000米，都有"世界之最"的美誉。更有具有大自然空调器作用的巴西热带雨林，面积为世界最大，是世界上公认的最神秘的"生命王国"，其中的哺乳动物多达700余种、鸟类1 800余种，掩映在热带雨林中的亚马孙河是世界第二长河，仅鱼类就多达1 500余种，植物种类更是多得不胜枚举，千姿百态。

拉丁美洲的人文旅游资源以灿烂的古代印第安文明最为引人注目。西部的科迪勒拉山系是孕育印第安文化的摇篮。这里遗留下来许多规模宏大的石结构建筑及其废墟，都是独树一帜的人类建筑艺术瑰宝，多民族融合、多元文化荟萃形成绚丽多彩的民俗风情。仅墨西哥全国性和地区性的大节日就达1 000多个。此外，这里还有许多大都市，如基多、利马、里约热内卢、巴西利亚、墨西哥城、圣地亚哥、哈瓦那、圣保罗等，都是闻名世界各具特色的旅游胜地。

4. 非洲旅游资源

非洲的旅游资源独具特色，充满热带异域风情。其中北非是孕育世界古代文明的摇篮之一。埃及、摩洛哥、突尼斯等都是非洲著名的文明古国。这里悠久的历史、灿烂的文化都深深地烙印在众多的历史遗迹上。埃及的金字塔古老而神秘，至今仍有许多未解之谜，每年吸引世界各地无数的游人前去参观。还有亚历山大庞贝柱、底比斯古城遗址及其神庙、突尼斯的迦太基城遗址等，都是非洲古代文明的见证，是世界文化遗产的重要组成部分。

北非不仅人文景观独特，而且还拥有迷人的自然风光。这里有世界上最大的撒哈拉沙漠，茫茫沙海浩瀚无边，点点绿洲如世外桃源，丰富多彩的沙漠旅游活动成为一大特色，吸引着越来越多的游人前来体验。北非的名胜古迹和大漠风情让人流连忘返。

南部非洲的野生动植物与古朴的民俗文化也同样让人痴迷沉醉。这里优越的自然条件，造就了千姿百态、种类繁多的自然景观。赤道雪峰乞力马扎罗山、肯尼亚山雄伟峻峭，垂直景观变化剧烈。东非大裂谷壮美奇特，自然山水生机盎然。本区野生动植物资源极其丰富，享有"动物世界"的美誉。

埃及金字塔和狮身人面像

5. 大洋洲旅游资源

太平洋岛屿众多，星罗棋布，在浩瀚无垠的太平洋中，灿若繁星，闪烁多姿。原始的热带海岛风光与古朴的风土民情构成了本区的旅游资源特色。本区自然条件得天独厚，宜人的海洋性气候温和湿润，特有的动植物资源珍稀丰富，形态万千、景观独特的火山岛、珊瑚岛绚丽迷人，带给游客返璞归真的清新、愉悦体验。澳大利亚是本区的一大亮点，也是世界上旅游资源丰富的国家之一。

（二）世界主要旅游地国家

1. 美国

美国是世界上的旅游大国之一，不仅自然风光绮丽，而且投资兴建了很多主题公园等旅游场所。美国境内的许多大城市和著名建筑都成为吸引游客的旅游景区和景点。如美国的政治中心华盛顿是一座整洁、美丽、宁静的现代化城市，市内绿草如茵、建设规整。纽约是美国的经济金融中心，也是全国最大的对外贸易中心和港口。登上 100 多层的帝国大厦顶部，可以鸟瞰整个纽约市区。世界知名的自由女神像就坐落在纽约港口的自由岛上，成为美国的象征。美国还有数量众多的国家公园和风景名胜，其中最著名的有黄石国家公园、科罗拉多大峡谷、尼亚加拉大瀑布等。

美国的自由女神像

2. 西班牙

西班牙的旅游业非常发达,是著名的旅游目的地国家,素有"旅游王国"之称。西班牙旅游的王牌项目是"三S",即 sun(太阳)、shore(海滩)和 sea(海洋)。这里有着阳光普照的海岸旅游区,是繁忙的旅游度假胜地。西班牙不仅自然旅游资源丰富,还有很多独具特色的人文旅游资源,西班牙的斗牛表演紧张刺激、享誉世界,还有王宫、教堂和城堡也很有代表性,例如圣地亚哥市的圣马丁·皮纳里奥大教堂,马德里附近的耶斯科略修道院、科尔多瓦的大清真寺、巴塞罗那的格尔公园等都是西班牙古文明的重要遗存。

西班牙的斗牛表演

3. 澳大利亚

澳大利亚位于南半球,气候宜人,是世界上旅游资源丰富的国家之一。这里空气清新、海岸线绵长,海水清澈,到处可见大片的珊瑚礁。世界知名的大堡礁就位于本区,是世界最大最长的珊瑚礁群,至少有 350 种色彩缤纷、形态多样的珊瑚,景色迷人,险峻莫测。澳大利亚还被誉为"骑在羊背上的国家"和"坐在矿车里的国家",畜牧业发达,矿产资源丰富。"世界活化石博物馆"与独特的豪华都市景观都成为本区的特色,悉尼、堪培拉、墨尔本都是闻名世界的旅游胜地。

澳大利亚大堡礁

二、中国旅游

（一）中国旅游资源分布

中国的旅游资源种类齐全、数量丰富，自然风光和人文景观旅游资源遍布各地，大部分地区都具有明显的中国特色和民族风格。在我国，西北和西南地区主要以自然山水风光和少数民族风情为主，如西北地区的宁夏、青海、甘肃、新疆等地，有很多的山地旅游资源和具有特色的宗教建筑景观，青海的塔尔寺、甘肃的敦煌、崆峒山，新疆的天山、天池、喀纳斯湖等都极具特色；西南地区是少数民族聚居的地区，云南的路南石林、西双版纳、大理、丽江古城，贵州的黄果树瀑布、织金洞岩溶地貌景观都秀美壮丽，同时独特的少数民族风情也极具魅力。我国东南沿海地区也拥有各具特色的自然美景和历史文物古迹，如福建的客家土楼、厦门的鼓浪屿、浙江的温州雁荡山、杭州的西湖，江苏的扬州瘦西湖、苏州的园林、南京的中山陵和明孝陵等都是游人云集的风景名胜区。

甘肃敦煌莫高窟

（二）中国旅游资源特色

1. 山河锦绣、风光秀丽

中国是世界第三大国，陆地有960万平方公里的辽阔疆域，地质地貌复杂多样，具有从热带到亚寒带、从海洋到内陆、从沙漠到雪山的各种不同的气候带和生物群落。自然风光壮美，是我国旅游资源的优势所在。在我国境内，遍布名山大川，有雄踞世界之巅的珠穆朗玛峰巍然屹立，有世界第三长河——长江奔流不息，有被称为"母亲河"的黄河源远流长，有甲天下的桂林山水奇峰竞秀，还有许许多多的自然风景名胜区都各具特色、景色秀美。

九寨沟

九寨沟是世界自然遗产、国家重点风景名胜区、国家AAAAA级旅游景区、国家级自然保护区、国家地质公园、世界生物圈保护区网络，是中国第一个以保护自然风景为主要目的的自然保护区。九寨沟位于四川省阿坝藏族羌族自治州九寨沟县境内。地处青藏高原、川西高原、山地向四川盆地过渡地带，南距成都市300多公里，是一条纵深50余千米的山沟谷地，总面积64 297公顷，森林覆盖率超过80%。因沟内有树正寨、荷叶寨、则查洼寨等九个藏族村寨坐落在这片高山湖泊群中而得名。

九寨沟景区

九寨沟国家级自然保护区主要保护对象是以大熊猫、金丝猴等珍稀动物及其自然生态环境。有74种国家保护珍稀植物，有18种国家保护动物，还有丰富的古生物化石、古冰川地貌。"九寨归来不看水"，是对九寨沟景色真实的诠释。泉、瀑、河、滩108个海子，构成一个个五彩斑斓的瑶池玉盆。长海、剑岩、诺日朗、树正、扎如、黑海六大景观，呈"Y"字形分布。翠海、叠瀑、彩林、雪峰、藏情、蓝冰，被称为"六绝"。神奇的九寨，被世人誉为"童话世界"，号称"水景之王"。2017年8月9日起，受地震影响，九寨沟景区于停止接待游客。2019年9月27日九寨沟景区试开园。11月28日起九寨沟景区对散客开放。

2. 历史悠久、文化灿烂

我国有5 000年的文明史，拥有难以计数的历史文物古迹。历朝历代留存下来的遗址、遗物、遗迹及遗风等，都是历史真实的客观表现，凝聚着古人的智慧，昭示着特定的历史特征，成为人类弥足珍贵的财富。在中国众多的文物古迹中，北京的故宫和颐和园、万里长城；西安的钟鼓楼、秦始皇陵兵马俑、华清池和大雁塔；还有四大石窟和四大佛教名山、承德的避暑山庄、成都的都江堰、苏州园林、东岳泰山、西岳华山等都享誉世界、名扬天下，成为极具中国特色的经久不衰的旅游胜地。

3. 民族众多、民俗多彩

中国是有着56个民族的大家庭，千百年来，各民族由于历史渊源、宗教信仰、地理环境和生活方式各不相同，形成了多姿多彩的风俗民情，民族特色异常鲜明。因此各地居民的民族构成、特殊的风土人情、生活习俗、节日庆典、服饰装束、工艺特产、风味佳肴、民族歌舞、精神风貌等都对游人有着强大的吸引力，也为展示中华风情和独特魅力提供了广阔的舞台。在我国的西南、西北、东北等少数民族聚居区就具有开展民俗旅游的巨大优势。尤其是我国的云南、贵州、西藏等地，以其优美的自然风光和独特的少数民族风情吸引着来自海内外的众多游人。

万里长城

第四节 资源与粮食问题

自然资源是人类与社会经济赖以生存和发展的先决条件和基础。当前人口的迅速增长，给资源、环境以及社会带来各种各样的问题。自然资源的稀缺和冲突成为当代全球性问题，而其中粮食问题成为非常突出的问题之一。

一、资源问题

（一）自然资源基本属性

1. 稀缺性

自然资源的稀缺性表现在自然资源本身的数量有限和空间分布的不均衡，而人类的需求实质上是无限的。当自然资源的总供给不能满足人类的总需求时，就必然会造成自然资源价格的上升和供应的稀缺，出现"资源危机"。这是人类社会与自然资源之间关系的核心问题。

2. 整体性

各种自然资源之间是相互联系、相互制约的，构成一个整体的系统。当人类改变一种自然资源或生态系统的某种成分的同时，也必然会引起其他自然资源和环境的变化。也正因如此，我们在进行环境治理时，才应该进行综合整治。

3. 地域性

自然资源的形成和分布具有一定的地域分异规律，其空间分布是很不均衡的。例如矿产资源的分布因为其形成所需要的特殊地质构造条件的原因，就会集中分布于某些区域之中。正因为自然资源分布的地域性使得它的稀缺性也更加突出。

4. 多用性

大部分自然资源都具有多种功能和用途。例如煤和石油,既可以做燃料,也是化工原料,是工业生产的重要能源和原材料。又比如一条河流,既可以用作水力发电,也可以灌溉、养鱼,还能够通航运输,同时还可以作为风景资源来发展旅游业。自然资源的这种多用性就需要我们在开发时进行综合权衡和利用。

5. 动态性

自然资源的概念、类型、利用的深度和广度都在历史进程中不断演变。从小的时间尺度看,不可更新资源不断被消耗,但同时随着地质勘探的进展又不断有新的发现;可更新资源有日变化、季节变化还有年变化。自然资源和人类社会构成了"人类—资源生态系统",这个系统就在不断的运动和变化之中。

6. 社会性

自然资源的社会性表现在人类的社会文化和科学技术水平决定了对自然资源的需求和开发利用的能力。从古至今,人类活动已经在方方面面渗透进自然资源中,自然资源中附加的人类劳动是人类世代代利用自然、改造自然的结晶,是自然资源中的社会因素。

(二)我国自然资源的基本特点

1. 总量大,类型多

我国陆地面积960万平方公里,居世界第三位。从总量上看,我国是世界资源大国之一。我国已发现矿产168种,矿产地20余万处,已探明储量的有151种,其中有20余种矿产储量居世界前列。我国地质地貌和气候条件复杂多样,形成了多种多样的可更新资源。中国生物多样性居世界前列。我国是世界上植物种类最丰富的国家之一。

2. 人均资源量少

我国的主要自然资源的人均占有水平低,并将继续降低。各类可再生资源人均占有量,中国与世界平均水平相比:土地资源为1/3,森林资源是1/6,草地资源是1/3;尤其是耕地和水资源,前者人均0.1公顷,约为世界平均水平0.37公顷的27%,后者人均2 150立方米,不足世界平均水平的1/5。我国主要矿产资源的人均占有量也很低。

3. 空间分布不均

我国自然资源分布的东西差异极其明显,南北资源组合的差异也很大。耕地资源、森林资源、水资源的90%以上集中分布在东部,而能源、矿产等地下资源和天然草地相对集中于西部。长江以北平原广、耕地多,但水资源少;而长江以南则相反,山地面积广,耕地少,但水资源丰富。能源矿产主要分布在北方,长江以南地区能源严重缺乏。资源分布与需求分布严重失调。

4. 资源禀赋欠佳

我国的自然资源禀赋欠佳。如耕地,一等地只占总数的40%,而中下等地和有限制因素的地占60%。多数矿产资源是贫矿多而富矿少,小型矿山多而大型露采矿山少,共生伴生矿多而单矿种少,这些都加大了矿产资源开发利用的难度和成本。

5. 资源潜力很大

我国国土面积广大,内部分异复杂,随着科学技术的进步,未来自然资源开发利用的潜力还很大。中国大陆是不同时代、多种类型地质单元的多重拼合体，演化历史复杂，成矿条件良好，预示着巨大的找矿远景和资源潜力。而且我国自然资源节流的潜力也很可观，在提高资源利用率方面还大有可为。

（三）我国自然资源稀缺形势

随着我国经济的高速发展，自然资源的稀缺形势日益严峻。

1. 矿产资源供给保障不足

我国现有的化石能源储量中，煤炭占世界总量的16%、石油占1.8%、天然气占0.7%，三者总和折合成标准油当量占世界化石能源总储量的比例不足11%，与我国占世界21%的人口相比，主要矿产资源已发现的储量非常贫乏。当前我国自身的资源已很难满足日益增长的矿产资源需求，许多重要的矿产品需要大量进口，对国际矿产品市场的依赖性很强。再加上目前我国正处于工业化、城市化高速发展的重要时期，在今后相当长的时期内，矿产资源的消费需求还会继续增长，矿产资源供给和需求之间的矛盾会更加突出。

2. 耕地资源总量和人均耕地面积有减少之势

我国改革开放以来，经济一直呈高速发展的态势。一方面随着城市化、工业化的快速发展，城市用地、工业用地不断扩展，不可避免地占用宝贵的耕地资源；另一方面由于水土流失、沙漠化等不可抗拒因素不断损毁耕地，同时农业结构调整、生态退耕等必要的土地利用变化也使耕地面积总量逐年减少。在耕地总量减少的同时，人口仍在不断增加，致使我国目前人均耕地面积只有1.4亩①，大大低于世界平均水平（4.17亩），预计2020—2030年人均耕地面积将下降到1.2亩，耕地资源的前景不容乐观。

3. 水资源严重短缺且利用低效

我国水资源严重短缺，而且时空分布极不均衡，南方水资源丰富，北方水资源贫乏，夏秋季节降水丰沛，冬春季节降水偏少。由于人口庞大且逐年增加，人均占有的水资源量下降严重。随着工农业和人民生活用水量的增加，水资源的供需矛盾将更加突出。其中农业用水量所占比重最大。根据中国工程院研究预测，我国2030年和2050年的用水量将分别达到7 200亿立方米和7 550亿立方米，过量取水将会给水文系统和生态系统带来极大风险。从总体上讲，我国水资源一方面严重短缺，另一方面利用低效、浪费严重，工业万元产值用水量定额远远高于其他工业化国家。

（四）自然资源可持续利用

面对当今世界日益严重的人口资源和环境问题，人类不得不重新认识与自然之间的关系问题。人类要继续生存和发展，就必须协调好人口、资源、环境和社会与经济发展之间的关系。20世纪80年代人们对全球环境与发展问题进行了广泛而深入的讨论，并提出了一个全新的概念，即可持续发展，它是人类对传统发展模式进行长期深刻反思的结晶。1992年在巴西的里约热内卢召开的联合国环境与发展大会（UNCED），将可持续发展作为人类迈向21世纪的共同发展战略，在人类历史上第一次将可持续发展战略由概念落实为全球性的行动。实现自然资源可持续利用、人类可持续发展成为人类共同追求的美好目标。

---

① 1亩=666.667平方米。

自然资源的开发利用一般是有限度的，超过这个限度就会发生生态灾难。自然资源的可持续利用，要求在没有达到资源利用的限度以前，必须保证公平地分配有限的资源并调整技术上的努力方向，以减轻资源的压力。

（一）粮食的生产现状

粮食是人类生存最重要的生活必需品。粮食生产是农业生产的基本方向。经过漫长的农业发展，我国的粮食种植已基本上进入现代农业生产阶段，农业生产的机械化、专业化和商品化程度较高。作为食物的农作物主要有小麦、水稻和玉米三大类。这些作物的生长对自然条件的要求不同，所以种植的布局也不尽相同。我国粮食的生产状况如下。

1. 主要粮食作物生产总量居世界前列，但有减少之势

小麦在世界粮食作物中居首要地位，是一种温带作物，在我国主要集中分布于华北平原和东北平原，我国的小麦总产量居世界第一。其次是水稻，水稻在我国的集中产区是长江三角洲地区，我国的稻谷总产量和亩产量均居世界之首。据国家统计局公布的全国粮食生产数据显示，2016年全国粮食总产量61 623.9万吨（12 324.8亿斤[①]），比2015年减少520.1万吨（104.0亿斤），减少0.8%。其中，全国粮食播种面积113 028.2千公顷（169 542.3万亩），比上年减少314.7千公顷（472.1万亩），减少0.3%。全国粮食作物平均单产每公顷5 452.1千克（363.5千克/亩），每公顷比2015年减产30.7千克（2.0千克/亩），减少0.6%。2016年粮食产量下降同时受到播种面积减少和单产下降的影响。粮食播种面积减少的主要原因是各地针对粮食品种的供需矛盾，主动优化农业生产结构和区域布局，适当调减非优势区玉米种植面积，采取"玉米改大豆""粮改饲"和"粮改油"等措施调整农业种植结构，所以粮食播种面积和总产量都有下降的趋势。

2. 粮食净进口量增加，自给率逐年降低

虽然我国主要粮食作物的总产量居世界前列，但事实上，这些年来三大主粮，即小麦、水稻和玉米净进口的常态化趋势已经出现，其所带来的影响也日益显现。从数字来看，三大主粮2015年净进口总数为1 900万吨左右。不仅如此，继玉米在2011年进入"全面进口元年"后，我国即将超越埃及，成为全球最大的小麦进口国。主粮进口常态化的表面原因是内外粮食价差日益缩小，但在国内粮食生产规模化短期内难以全面完成，耕地及多种资源日益短缺等多种原因导致粮食生产成本居高不下、产量提升空间日益缩减的前提下，这一局面在短期甚至长期内可能均会处于"不可逆转"的态势。在我国大豆及主粮的进口来源国集中程度甚至超过石油的现状之下，维护我国自身粮食安全、提高粮食的自给率就变得日益紧迫。

---

① 1斤=500克。

第九章 人口与资源知识

"杂交水稻之父"袁隆平

资料链接

袁隆平团队研发的杂交水稻双季亩产刷新纪录

2021年10月17日,湖南省衡阳市衡南县清竹村,由"杂交水稻之父"袁隆平院士专家团队研发的杂交水稻双季亩产1603.9公斤,继去年突破1500公斤大关后,再次刷新纪录。"同一生态区连续两2年双季亩产超过1500公斤,这意味着袁隆平院士生前提出的攻关目标实现了。"在测产现场的湖南杂交水稻研究中心栽培生理生态室主任李建武说,在前期持续高温的极端天气下,此次高产结果来之不易,表明品种的适应性较强,也为下一步推广打下了良好基础。

(二)食品安全问题

中国人有句老话"民以食为天、食以安为先",食品安全的重要性不言而喻。进入21世纪以来,我国食品安全事件多发,不仅对产业发展造成很大的负面影响,也给老百姓的身体健康和安全带来严重威胁,成为社会普遍关注的重大民生问题。

1. 我国食品安全的现状

(1)农药、化肥、抗生素、激素残留和重金属污染等问题。由于不按规定使用农药和化肥,使农药、化肥等对人体有害的物质残留于农产品中,造成农产品农药超标;为了预防和治疗家禽、家畜和养殖的鱼类等患病而滥用抗生素、磺胺类等化学药物,造成药物残留于家禽、家畜和鱼等水产品体内;重金属污染造成水产品及相关产品的安全问题,如镉、汞、铅等超标。当这样的食物摆上餐桌,必然会对居民的身体健康造成危害。

(2)滥用各种食品添加剂,非法添加,使用劣质原料生产加工食品。在食品加工过程中过量使用各种食品添加剂,如防腐剂、甜味剂、香精、色素等;还有一些企业在食品生产中使用工业添加剂，如甲醛等，用工业酒精勾兑白酒；一些食品生产者、小摊贩使用病死畜禽肉加工成熟肉、卤制品；一些餐饮企业使用地沟油等都严重危害到居民的身体健康。

（3）微生物及其毒素污染导致的食源性疾病问题。食品在生产、包装、运输过程中受到污染，或杀菌不彻底，或使用病畜、病禽加工的食品就会导致大量霉菌、细菌、寄生虫滋生，引起食物中毒。其中细菌性污染是食品安全问题中涉及面最广、影响最大的一种污染。除此之外，真菌毒素也是食品污染的一个重要原因，如常见的霉变花生、大豆、谷物中能检出含有黄曲霉素，这是一种强致癌物质。

（4）环境污染导致的食品安全问题日益突出。改革开放以来，我国经济迅猛发展，同时也引起了严重的环境污染等问题，环境污染所导致的食品安全问题也随之而来，如近海水域、湖泊、河流等水体污染使得污染物和毒素在水生生物体内富集，而人类由于处于食物链的顶端，有毒有害物质也会在人体内累积，严重危害人体的健康。

（5）食品新技术、新资源的使用带来新的食品安全隐患。随着科学技术的进步，食品工业飞速发展，大量食品新资源、添加剂新品种、新型包装材料以及现代生物技术等不断出现，造成与食品直接或间接接触的化学物质越来越多。这一方面带来了食品的革新和增产，另一方面也带来了新的安全隐患。

2. 我国食品安全问题的解决对策

（1）强化我国食品安全的监督保障机制。由于食品安全涉及多个行业和部门，而农业则是食品生产的源头，必须确保农业能够提供安全优质的农产品。因此，必须实施农业生产标准化，加强"从农田到餐桌"全过程的食品安全监督管理体系建设，尤其要加强职能部门的监管力度和成效，严把质量关，保证食品的质量安全。

（2）构建并完善我国食品安全的法律法规体系，加大对食品企业违规违法行为的处罚力度。构建和完善食品安全方面的法律法规建设，尽快建立强制性的食品安全标准化体系，从而构建科学的食品安全法律法规体系。另外，要加大对违反食品安全法律法规的涉事企业的处罚力度，让危害食品安全的生产者、经营者在社会声誉、经济等方面付出巨大的代价，使其不敢违法，甚至没有能力违法。

（3）建立完善的食品安全检测体系，提高检测技术水平。目前，我国食品质量的检测手段和技术还很有限，一些在国内检测合格的出口产品却达不到国际标准，还有前期检测不合格后来复检又合格的情况出现，食品安全检测机构的服务意识和检测技术水平都亟待提高。食品安全检测技术水平对保障食品安全起着极其重要的作用，应该不断提高我国在食品安全领域的科技水平和创新能力，为国家食品安全提供强有力的技术支撑。不仅如此，还要不断学习借鉴国外的先进技术和经验，积极发展第三方检测机构。

（4）加快推进全社会的食品安全诚信体系建设。众所周知，食品安全问题是无良企业和个人缺乏诚信、道德缺失，一味地追求经济利益所导致的。因此，要汇集全社会的力量，加快推进食品安全诚信体系建设，让"食品安全第一"成为相关企业和个人自觉遵守的准则，让食品安全监管部门和每一位公民都成为食品安全的监督者和卫士，让违规违法企业和个人没有市场、没有空子，确保食品安全问题落到实处。

第九章 人口与资源知识

知识拓展

节约粮食，杜绝浪费

习近平总书记一直高度重视粮食安全和提倡"厉行节约、反对浪费"的社会风尚，多次强调要制止餐饮浪费行为。强调要进一步加强宣传教育，切实培养节约习惯，在全社会营造浪费可耻、节约为荣的氛围。

风尚的养成，须从青少年抓起。新华社记者近期在不少学校采访看到，"光盘养成计划"、食堂小份菜双拼菜、节约教育进课堂等举措逐渐深入人心，学校师生正用实际行动践行勤俭节约良好美德，以"小餐桌"带动厉行节约"大文明"。

午餐时间，重庆徐悲鸿中学的食堂里，初三（1）班的陈镜好有滋有味地吃着学校的午餐新品——鸡腿饭。不一会儿，餐盘里的食物就被全部"消灭"。

"食堂往年只有基础套餐，时间久了学生会吃腻，剩饭剩菜比较多。"徐悲鸿中学服务中心主任童杰说，学校从学生营养需求出发，新增土耳其烤肉、鸡腿、鸭腿等10余种新菜品，尽量满足不同学生就餐需求，减少因饭菜质量、口味因素导致的食物浪费。"以前一个中午，食堂可以回收7至8桶泔水，现在4桶都不到了。"

教育部今年9月制定了行动方案，深入推进学校食堂"光盘行动"，采取多种措施激励引导广大师生树立勤俭节约意识、养成勤俭节约良好习惯。

新学期伊始，广西北海市北海中学在食堂中设置了自助添饭区，食堂师傅打饭时先按小份提供，不够吃的同学可以免费按需添饭。"这样一来，原来吃不完都倒掉的现象基本没有了。"校长杨仲林说，通过这样的方式引导学生们自觉参与到节约粮食中来，比单纯的张贴标语、喊口号效果要好得多。

如何让一些挑食的学生做到"光盘"？一些学校拿出"妙招"：河北省临城县石城中学制定了"光盘积分制"，用餐做到"光盘"的同学每次将获得1个积分，累积起来后可以兑换饮料、水果、饭盒等奖品；西南政法大学食堂推出小份菜、半份菜、双拼菜等多种规格的菜品，还发起"光盘养成计划"，师生就餐后凭"光盘"即可获赠水果、餐巾纸等小礼物……这些做法受到同学们的欢迎。

除了在用餐环节鼓励同学们"光盘"，一些学校还在后厨下功夫，减少餐饮各个环节的食物浪费。"菜花帮子把皮去了，切切片还可以做泡菜；芹菜用来炒菜，择下来的叶子还能拿来做馅饼……"在河北临城县贾村小学，学校食堂加强了厨师技能培训，提升精细化管理水平，让食材物尽其用。校长孙栋说，食堂还把制作豆腐产生的豆渣以及做菜剩下的芹菜叶等利用起来，掺在杂粮中，做成特色窝窝头。"这样既充分利用了厨房边角料，又营养健康，做出的小点心很受学生欢迎。"

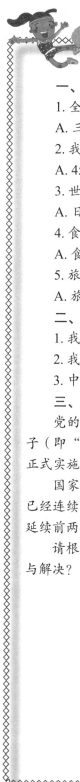

思考与练习

一、单选题

1. 全世界一共划分为（　　）人种。
   A. 三大　　　　B. 四大　　　　C. 五大　　　　D. 六大
2. 我国目前的城市化水平约为（　　）。
   A. 45%　　　　B. 35%　　　　C. 55%　　　　D. 60%
3. 世界上水稻亩产量最高的国家是（　　）。
   A. 日本　　　　B. 美国　　　　C. 印度　　　　D. 中国
4. 食品安全的源头是（　　）。
   A. 食品企业　　B. 农产品　　　C. 食品运输环节　D. 食品销售环节
5. 旅游活动的主体是（　　）。
   A. 旅游资源　　B. 旅游产品　　C. 旅游目的地　　D. 旅游者

二、问答思考题

1. 我国旅游资源的特色是什么？
2. 我国城市化的特点是什么？
3. 中国的粮食生产现状如何？

三、材料分析题

党的十八届三中全会后，我国决定实施一方是独生子女的夫妇可生育两个孩子（即"单独二孩"）的政策，从2016年的1月1日开始，"全面放开二胎"政策正式实施。

国家卫计委2016年1月12日公布的数据显示，近几年中国的劳动人口数量已经连续下降；全年的经济社会发展数据也显示，未来中国劳动适龄人口可能还将延续前两年的下降趋势。

请根据以上材料，分析我国目前主要存在的人口问题有哪些，应该如何应对与解决？

第十章 人类产业活动与地理环境知识

学习目标

1. 了解农业的起源、特点、世界主要农业地域类型和中国农业的基本情况，以及农业生产对地理环境的影响。
2. 了解工业化发展历程、工业区位因素和世界主要工业区的分布，以及工业生产对地理环境的影响。
3. 了解动植物生存环境现状和数量减少的原因，以及生物多样性破坏的影响。
4. 了解中国面临的环境问题，以及供给侧结构性改革和巴黎气候大会成果。

第一节 农业生产与地理环境

农业生产活动是指人类利用土地的自然生产力，栽培植物或者饲养动物，以获得所需产品的活动。广义的农业包括种植业、林业、畜牧业、渔业、副业五种产业形式。

一、农业的起源

农业的起源距今有1万年左右，起源地较多，包括东亚、西亚、南亚、中东、中美洲、南安第斯山地区和地中海地区。关于农业起源的理论大体分为两类：一是人口压力说，二是宴享说。

人口压力说与宴享说

人口压力说以博塞洛普（E.Boserup）为代表。他认为在冰川后期生态环境发生了很大变化，使世界人口有了较大幅度的增长；与此同时，采集和狩猎的强度逐渐上升，加上狩猎技术的进步，过度捕猎导致动物数量下降，食物出现短缺。人类不得不转向新的食物来源，以满足自身的生存需要。在新食物来源中有一部分是植物的种子，于是出现了驯化植物的农业。其发展模式如下：人口增长——动物捕杀过度、食物短缺——新食物——驯化植物的农业。

宴享说是海登（B.Hayden）提出的，其说法与人口压力说相反。他认为，在农业出现的起始时期，其生产量不大，产品在人类原有的食物结构中所占比重也不可能很大。因此，海登认为在这种条件下，农业所驯化的植物种类，更多的可能是扩大了食物的品种结构。比如，有些植物纯粹是香料或者调味品，有的谷物适于酿酒，葫芦科植物的驯化可能是为了获得宴饮的器皿。

农业的出现是人类社会演进的革命性事件，它不仅为人类的生存提供了更加丰富的生活资料。同时，也为人类的定居生活和城市的发展创造了必要条件，对人类社会的进步起了极大的推动作用。

二、农业的基本特点

（一）地域性

生产对象决定了农业生产活动与自然环境密切相关。不同的生物生长所需要的自然条件不同，不同的地区也具有不同的自然环境条件，因此，农业生产具有明显的地域性。例如我国南方种植业以水稻为主，而东北地区则以小麦、大豆、玉米为主。

另外，不同国家和地区千差万别的农业产业政策，参差不齐的社会经济和科技发展水平，在一定程度上加强了农业的地域性特点。

（二）季节性和周期性

动植物的生长发育有一定的规律，并受自然因素的影响和制约。自然因素，特别是与农业生产密切相关的气候因素，如光照、热量、降水等，随着时间的变化而呈现出周期性变化特点。因此，决定了农业生产活动随季节的变化而具有季节性和周期性的特点。一些农业谚语深刻地体现了农业生产的这一特点：如"霜降起葱，菜收立冬""寒露到霜降，种麦日夜忙""立秋处暑天渐凉，要割玉米和高粱"等。

知识拓展

美国的现代农业

美国位于北美洲中部，北邻加拿大，南接墨西哥，东濒大西洋，西临太平洋。国土面积为937万平方公里，其中海拔500米以下的平原占国土面积的55%；耕地面积28亿多亩，占国土总面积的20%以上，占世界耕地总面积的13%。而且，约70%以上的耕地都是以大面积连片分布的方式集中在大平原和内陆低原，且土壤多以草原黑土（包括黑钙土）、栗钙土和暗棕钙土为主，有机质含量高，特别适宜农作物生长；天然草原面积36.3亿亩，占国土总面积的26.5%，占世界天然草原面积的7.9%，居世界第三位；森林面积约2.7亿公顷，森林覆盖率约33%，即国土面积的1/3为森林。本土为北温带和亚热带气候；而佛罗里达南端属热带气候；阿拉斯加为亚寒带大陆性气候；夏威夷则是热带海洋性气候；全国大部分地区雨量充沛而且分布比较均匀，平均年降雨量为760毫米。这种独特的地理环境、多样化的适宜气候以及富饶的国土资源为美国成为全球农业最发达的国家提供了必要的物质基础。

三、世界主要农业区位

由于世界各地的自然条件和社会经济条件各不相同，因此从原始农业到现代农业的发展历程中，在多重因素的交织影响下，不同地区的农业生产都表现出明显的地区特色，体现为不同的农业区位类型。

（一）水稻种植业

世界上的水稻种植业主要分布在东亚、南亚、东南亚的季风区，以及东南亚的热带雨林区。

亚洲水稻种植业受当地土地资源状况、人口压力以及历史传统等因素的影响，有以下几方面的特点：小农经营；单位面积产量高，但商品率低；机械化和科技水平较低；水利工程量大。

（二）商品谷物农业

商品谷物农业，又称大农场种植业。主要分布在美国、加拿大、澳大利亚、阿根廷、俄罗斯、乌克兰等国，其中美国是世界上最大的商品谷物农业生产国。所种植的农作物主要是小麦和玉米，生产规模大，机械化程度高，产品商品率高，一般为家庭经营。在我国东北和西北地区也有这类农业生产，但一般为国有农场，在生产组织和经营管理上与发达国家存在较大差别。

（三）混合农业

混合农业生产形式多样。世界上最主要的混合农业是将饲养牲畜和谷物生产有机结合起来的谷物—畜牧混合农业。这种类型的混合农业，主要分布在欧洲、北美、南非、澳大利亚以及新西兰等地，种植小麦、玉米等谷物以及牧草和饲料作物，饲养的牲畜主要是牛、羊、猪等。

我国广大农耕区也有混合农业分布。农民在谷物生产的同时，饲养猪、羊、兔以及各种家禽。但家禽、家畜的饲养往往只是作为副业，规模较小，与发达国家和地区的谷物—畜牧混合农业存在较大差距。

（四）大牧场放牧业

大牧场放牧业是一种面向市场的农业地域类型。主要分布在美国、澳大利亚、新西兰、阿根廷、南非等国家和地区的干旱、半干旱气候区。这些地区地广人稀，地表植被稀疏，不适宜耕种，但可以大规模放牧牲畜，因而形成了大牧场放牧业这种农业地域类型。在美国和阿根廷牧牛占重要地位；在澳大利亚、新西兰、南非养羊占重要地位。大牧场放牧业一般生产规模大、商品率高、专业化程度高。

资料链接

潘帕斯草原的牧牛业

阿根廷潘帕斯草原上的大牧场牧牛业，因其良好的经济效益，成为世界大牧场经营的杰出代表。

潘帕斯草原气候温和，草类茂盛，是世界上优良的天然草场之一；地广人稀，土地租金低，为牧场的大规模经营提供了可能性。而且距海港近，有利于牧场的商品经营，依靠铁路和海港优势，所产牛肉主要供出口。潘帕斯畜牧业商品化、专业化、地域化程度高，已成为牧场放牧业的典型。

（五）乳畜业

乳畜业是随着城市发展而产生的一种商业性农业。影响这种农业生产的因素主要有两个：一是市场的远近；二是饲料的供应。其产品以城市需要的流质牛奶、乳酪、黄油等各种乳制品为主。因此，以生产牛奶为主的农场多分布在大城市的附近。

从世界范围来看，商业乳品农业主要分布在美国与加拿大交界的五大湖周围地区、西欧和中欧地区，以及澳大利亚的东南与新西兰等地。澳大利亚与新西兰由于距欧美市场较远，乳品加工为制成品后运销国际市场。在欧洲，商业性乳品农场仍以家庭式农场为主。

除上述农业地域类型外，世界农业还有热带迁移农业、种植园农业和游牧业等地域类型。

四、中国农业的区域分布

中国地域辽阔，东西南北跨度大，纬度地带性和经度地带性分异规律作用明显。复杂的地形结构和强烈的季风作用，进一步加剧了农业自然条件的地域分异。中国农业生产门类齐全，结构完整，但数千年来一直以种植业为主，粮食生产地位尤其突出。随着社会经济的发展，畜牧业的比例明显提高。

（一）种植业

中国农业长期以来以种植业为主。在粮食作物种植结构中，占据前三位的是水稻、小麦和玉米，其中水稻是最主要的粮食作物。

1. 水稻

我国水稻分布很广，南起海南岛的三亚市，北至黑龙江的黑河市，东从乌苏里江河口的抚远县，西至新疆边陲的附疏县，均有水稻分布。根据热量和水分的组合状况，水稻主要分布在秦岭—淮河一线以南地区，包括长江、淮河流域，华南和云贵高原等地，其种植面积占全国总量的90%以上。北方水稻主要分布在水源充足、水利条件较好的地区，如松辽平原、三江平原、银川平原等，布局相对比较分散。

2. 小麦

小麦作为温带作物，适应性很强，分布范围广，在我国是仅次于水稻的主要粮食作物，是我国北方地区的主粮。按照播种季节的不同，小麦分为冬小麦和春小麦两种，我国以冬小麦为主。从地区分布来看，华北、长江中下游、四川盆地、西北、东北等地为小麦主产区，其中华北麦区为我国最大的小麦产区。

3. 玉米

玉米是我国仅次于水稻和小麦的粮食作物，主要分布在吉林、黑龙江、辽宁、河北、陕西、湖南、四川等地，形成东北—华北—西南玉米分布带。其中，东北地区最为集中，并逐渐取代了高粱、大豆等低产作物。

（二）经济作物分布

经济作物又称工业原料作物，是指除粮食、饲料、绿肥等作物之外的其他各种作物的总称。我国多样的自然环境条件，使几乎所有的经济作物都有种植。按其生态环境的适应性及经济布局特点，可分为四大类：

1. 以橡胶、咖啡为代表的热带作物

其分布具有明显的地带性，主要分布在海南等北回归线以南的热带地区。

2. 以甘蔗、柑橘、茶叶为代表的喜温作物

集中程度较高，主要分布在亚热带地区，如湖南、广西、福建等地。

3. 棉花、花生、芝麻、麻类、烟草等作物

地带性分布不明显，但种植区域相对集中。其中棉花、油料作物、糖类等大宗经济作物生产规模大，分布广。

4. 蔬菜、花卉等鲜活产品

其分布的广泛性类似粮食作物，每个省、市、自治区都有种植。

（三）畜牧业

根据畜牧业生产发展的条件和特点，以及民族的生活、生产习惯与历史发展的地区差异等，我国畜牧业可划分为牧区、农区、半农半牧区等类型。

牧区畜牧业主要分布于内蒙古高原、新疆和青藏高原。从东向西呈明显的地带性变化。

农区畜牧业以从属于种植业并带有副业性质的舍饲畜牧业为特点，以猪和家禽占主要地位，而黄牛、水牛、马、驴、骡等畜种则主要供役用，大致以秦岭、淮河为界，可分为北方和南方农区。

半农半牧区沿长城南北呈狭长的带状分布，是农区役畜和肉食牲畜的主要供应基地之一。这一地区历史上曾是农牧业交替发展变化较大的地区，以具有汉族经营纯农业与蒙古族经营纯牧业的生产方式为特色。

五、农业生产对地理环境的影响

农业生产在改变人类食物来源和结构的同时，也影响着地理环境。农业生产的发展会引起自然植被、地表环境及地表辐射特性和自然界的碳循环等发生改变。农业生产技术的改进在大大增加农作物产量的同时，也会给生态环境带来某些负面影响，主要有以下几个方面：水土流失、土地荒漠化、土壤盐渍化、土壤板结、环境污染和生态破坏等。

##

第二节　工业生产及对地理环境的影响

在人类社会的发展历程中，工业的出现是一场生产的变革，并给社会带来了空前的变化。工业社会至今只有200多年的历史，却使物质生产、社会制度、思想文化以及世界各地的景观都发生了根本性的改变。其发展速度之快、影响程度之深都是前所未有的。

一、世界工业化进程

工业生产及对地理环境的影响

18世纪以来，世界工业化经历了蒸汽机革命、电气革命和信息技术革命三个主要发展阶段。

20世纪下半叶以来，以计算机、微电子和通信技术为主的信息技术革命席卷全球，掀起了第三次工业革命，使人类社会的生产方式从工业化为主向信息化与工业化融合转变。当今世界工业化发达国家有美国、日本、德国、英国、法国等，20世纪下半期以来的中国、印度、巴西等国家工业化也取得了积极进展。

二、世界主要工业区的分布

（一）影响工业区位的因素

自然条件：影响工业分布的自然条件主要是地形、气候和水文。

资源条件：工业是加工原料成为成品的产业，各种原料由于其数量、质量等的差异，对工业企业的区位选择有很大影响。

能源条件：工业生产过程中往往都需要大量的能源，因此，能源也是重要的工业区位因素。

市场条件：商品生产的特点决定了市场不仅决定工业生产的规模与产品类型，往往也是企业选址考虑的重要因素。

劳动力条件：劳动力是工业生产过程中的重要条件，也是使产品增值的重要因素。因此，企业选址对劳动力供应的数量、技术状况和工资水平十分重视。

工业发展的环境条件：随着工业的发展，人们不仅看到其对经济发展、提高居民生活水平起着显著作用，也日益注意到其对环境所产生的不利影响。因此，各国开始关注工业的发展、工业的区位选择对不同范围的环境所带来的影响。同时，一些企业在选址时也对环境提出了较高的要求。

（二）世界主要工业区的分布

世界工业的地域分布很不均衡，主要集中在北美、西欧、东欧、日本和亚洲东部沿海，成不连续的带状分布。

1. 北美工业区

北美的制造业主要集中在美国东北部和加拿大南部，即北美工业区。该区资源丰富，交通便利，农业发达，人口稠密，工业部门齐全，尖端技术和高新技术居世界领先地位。该区包括10个子工业区。

（1）新英格兰工业区：北美工业带中最古老的工业区，其中心位于波士顿。工业以高附加值的纺织品、成衣、电机、金属加工、电子产品为主。

（2）中大西洋工业区：中心位于纽约，包括巴尔的摩、费城、华盛顿。工业有服装、钢铁、化学、机械、金属加工、食品等。

（3）摩霍克河谷区：位于纽约州中部，工业有电机、化学、光学、机械、钢铁等。

（4）匹兹堡—伊利湖岸区：北美最古老的钢铁工业区，除钢铁工业外，还有电气设备、机械、橡胶产业等。

（5）大湖西岸工业区：该工业区包括芝加哥、底特律等城市，是美国的运输网络中心。工业有运输装备、钢铁、汽车、机械、金属加工、印刷、出版等。

（6）圣劳伦斯河谷—安大略工业区：加拿大最重要的工业区，多伦多是该区的最大城市。工业有钢铁、机械、食品、造纸、炼铝、汽车装配等。

（7）西海岸工业区：位于美国加州西南部，以洛杉矶、圣迭戈为中心，闻名于世的"硅谷"就位于该工业区。除电子和计算机产业外，该区还有宇航、飞机制造、炼油等工业。

另外还有东南工业区、海湾工业区、佛罗里达中部工业区。

2. 西欧工业区

位于欧洲西部，包括英国、法国东部和北部、德国、荷兰、比利时、卢森堡、瑞士、意大利北部，以及斯堪的纳维亚各国的南部。西欧工业区属于混合工业区位，其中以知识、技术密集型工业，如核能、航空、汽车、化工等部门最为重要。该区包括4个子工业区。

（1）英国工业区：位于英格兰的中部、北部以及苏格兰的南部。在19世纪，该工业区在世界上垄断了钢铁、煤炭和纺织品的生产。目前，该工业区内传统的工业衰落，迫使英国进行产业结构转型，在地域上向东南沿海转移。

（2）莱茵—鲁尔工业区：该工业区包括比利时、荷兰、德国西北部、法国东部和北部，是欧洲最重要的工业区。该工业区煤铁资源丰富，有利于钢铁、机械、军工等行业的发展。

知识拓展

鲁尔工业区

鲁尔工业区，是德国，也是世界最重要的工业区之一，位于德国西部、莱茵河下游支流鲁尔河与利珀河之间的地区，在北莱茵—威斯特法伦州境内；通常将鲁尔煤管区规划协会所管辖的地区，作为鲁尔区的地域界限，其面积4 593平方公里，占全国面积的1.3%。区内人口和城市密集，人口达570万，占全国人口的9%，核心地区人口密度超过每平方公里2 700人；区内5万人口以上的城市24个，其中埃森、多特蒙德和杜伊斯堡人口均超过50万。鲁尔区南部的鲁尔河与埃姆舍河之间的地区，工厂、住宅和稠密的交通网交织在一起，形成连片的城市带。并且它形成于19世纪中叶，是典型的传统工业地域，被称为"德国工业的心脏"。它位于德国中西部，地处欧洲的十字路口，又在欧洲经济最发达的区域内，邻近法国、荷兰、比利时、丹麦、瑞典等国的工业区。

如今的鲁尔已经为全世界的旧工业区改造范本。没有废旧立新，没有全部推倒重建，而是利用原有建筑、设施和场地，既再现了工业区的历史，又为人们提供了文化、娱乐的功能。鲁尔区属于北莱茵——北威州行政区划内，位于德国西部、莱茵河下游，鲁尔和与利珀河之间，它不是一个独立的行政机构，从地理概念上来讲，它是指"鲁尔区城市联盟"。鲁尔区既是生产中心，也是消费中心，人口占全国人口的9%。德语中"鲁尔区"的一个译法为"饭锅"，由此也可见鲁尔区对于德国的重要性。

在1985年左右，政府开始时间"新产业化"政策，重点在园区老工业部门基础上，发展新兴产业和新工业景观建设来改善城市面貌。这次的改变为改变鲁尔形象和潜在价值进行了深度挖掘，提高了环境质量，也为后期重振鲁尔地区经济和推进结构性调整的寻找到了有效途径。在鲁尔区徘徊在更新创造的困境时，英美等老工业区出现了以旅游开发为导向的工业遗产再开发项目，不仅可以有效降低成本，而且可以有效地保护城市文化脉络和独特的历史记忆。鲁尔区也就借鉴这些成功案例开始初步尝试，将一些废弃厂房改造为工业博物馆、餐厅、会议中心等，这些新空间作为公共服务设施解决了城市基础设施不足的现状，将原有的工业以及也进行了保护，强化了市民原有的城市记忆，极大的改观了鲁尔区原来在人们心目中的负面形象，因此这个项目也得到了广泛的认可。

（3）莱茵中部工业区：位于德国的西南部、法国的东部，仅次于莱茵—鲁尔工业区。该区位置优越，人口较集中。法兰克福是该区的中心，也是交通、金融和商业中心。斯图加特是世界名牌汽车（奔驰、奥迪）公司总部所在地。

（4）意大利北部工业区：位于意大利北部的波河流域。工业主要有钢铁、运输装备、纺织和食品。

3. 俄罗斯—乌克兰工业区

俄罗斯—乌克兰工业区过去为苏联重要的工业基地。该区的发展晚于西欧，经多年建设亦有相当基础，又分为以下子工业区。

（1）中央工业区：位于俄罗斯首都莫斯科及附近地区。工业以纺织、化学、机械、精密仪器、运输车辆、电子为主，该区工业产值超过俄罗斯全国总产值的1/4。

（2）伏尔加工业区：位于伏尔加河与卡马河沿岸，是"二战"后迅速发展起来的工业区。以石油、化工、冶金为主，也是重要的汽车生产基地。

（3）乌克兰工业区：位于顿涅茨大煤田地区，是一个以钢铁为主的综合性工业区。

（4）乌拉尔工业区：位于乌拉山东麓，那里是世界上矿种最丰富、最集中的地区，有上千种矿物，冶金工业发达。

（5）库兹涅茨克工业区：位于西伯利亚，是铁矿和大煤田所在地，工业有机械、冶金、化工和轻工业。

3. 日本太平洋沿岸工业区

日本资源贫乏，"二战"后通过合理的工业复兴计划与措施，依托沿海港口，进口原料，输出产品，发展高新技术产业，在该国的太平洋沿岸地区形成世界著名的工业区。其包括4个子工业区。

（1）京滨工业区：位于日本的首都东京及东京湾的附近地区，鹿岛是工业最集中的地区。工业以钢铁、汽车、机械、仪器、电子为主。

（2）阪神工业区：以大阪、神户为中心。工业以造船、车辆、机械、钢铁为主。

（3）中京工业区：位于名古屋及附近地区，有纺织、陶瓷、汽车、机械、钢铁、炼油和化工等工业。

（4）北九州工业区：原来是日本的钢铁与军火工业基地，现已成为综合性工业区。

5. 其他工业区

除上述工业发达国家的工业区外，其他国家经过努力，特别是在"二战"后的几十年亦取得进展，形成一些重要的工业区。如拉美工业区、亚洲东部沿海工业区、澳大利亚和新西兰工业区、非洲工业区等。

三、中国工业化进程与主要工业区

（一）中国工业化进程

我国现代工业化进程是从1949年以后才开始的，总体上可以分为改革开放前和改革开放后两个大的阶段。从1949年到改革开放前，这一时期我国工业发展初步搭起了我国整个工业化的骨架。改革开放以后，市场化改革、对外开放、结构调整和技术创新共同构成了这一时期中国工业化的推动力量。

历经几十年的发展，中国工业化取得了举世瞩目的成就，但仍处在工业化的中期阶段，问题和矛盾依旧突出，如存在供给结构不适应市场需求的变化、技术创新能力薄弱、产品的附加价值低等许多尚未解决的突出问题。

（二）中国的主要工业区

随着我国工业的发展，在一些地区逐渐形成相对集中的工业区，以沿海的四大工业区最为突出：辽中南工业区、京津唐工业区、沪宁杭工业区和珠江三角洲工业区。

1. 辽中南工业区

该工业区包含沈阳、抚顺、鞍山、本溪、大连等一系列工业城市，以钢铁、机械、石油化工等重工业为主。如鞍山—本溪的钢铁工业、沈阳的机械工业、大连的造船和石油加工工业、辽阳的化纤工业等一批工业企业，都是国家重工业的大型骨干企业。

发展条件：区内有丰富的资源与能源、交通便利、工业基础雄厚、历史悠久、技术力量雄厚、农业发达等优势，为发展重工业提供了有利条件，但能源与水源供应不足，环境污染严重。

发展方向：发挥重工业基地优势；更新设备和提高产品质量；调整工业结构，发展第三产业和高科技产业；适当限制耗能大和本地缺乏原料资源的工业发展；加大环境整治力度，改善和优化环境。

知识拓展

共和国的长子

"共和国长子"特指建国以来大力支援了国家建设事业的东北地区。"共和国长子"指代东北地区，最早由毛泽东视察哈尔滨时提出，但辽宁被称为"共和国长子"则是历史的选择。"一五"时期，新中国156个重大项目中24个落在辽宁，全国17%的原煤、27%的发电、60%的钢产自辽宁，第一炉钢、第一架飞机、第一艘巨轮等1 000多个新中国工业史上"第一"都诞生在辽宁，因此辽宁也有"新中国工业的摇篮""共和国长子"的美誉。建国之初，国内只有东北受战争破坏最小。一方面，东北资源特别多而且种类齐全，铁路交通最发达，城市化程度最高，共产党统治时间相对也长，有能力也有意愿为新中国的建设出力、向关内输血；另一方面，东北有国内最急缺的重工业家底（多数是日本留下来的，而1945年东北工业产值全亚洲第一，甚至超过了日本），加上离苏联近、得到援助也方便，于是国家利用工业产业来发展关内的其他产业。尤其东三省中辽宁，建国之初辽宁省竟有5个直辖市（沈阳、鞍山、抚顺、本溪以及旅大），而1953年开始的"一五"计划，苏联援助的156个工业项目，最重要的几乎都投在东北，尤其辽宁尤其沈阳。这是东北"共和国长子"称号的由来。

2. 京津唐工业区

该工业区为以北京、天津、唐山为顶点的三角地带，有钢铁、机械、化工、电子、纺织等工业，是我国第二大综合性工业基地，也是北方最大的综合性工业基地。区内约90%的工业集中在京、津二市，以冶金（钢铁）、化工、机械、轻纺（纺织）、食品等工业为主。唐山地区的采煤、冶金、陶瓷等工业比较发达。

发展条件：区内有丰富的资源和能源，便利的铁路、公路和近海运输，并有输油管道联结东北、华北的油田，接近消费市场，技术力量雄厚，农业基础好。

发展方向：积极发展高科技产业、增加产品类型、加强技术改造；重点发展钢铁、石油化工、海洋化工、电子、高档轻纺和精细化工。

3. 沪宁杭工业区

沪宁杭工业区为以上海、南京、杭州为顶点的三角地带，地理位置优越，经济腹地广阔。该工业区为我国历史最悠久、规模最大、结构最完整、技术水平和经济效益最高的综合性工业基地，也是我国最大的综合性工业基地，轻重工业都很发达。

沪宁杭工业区以轻型和精密机械、轻纺、电子、化工等工业最为突出。近年来还建立了新型材料、汽车、微电子、计算机等新兴工业。上海是全国最大的工业城市。在上海的支援下，形成了工业发达的沪宁杭"金三角"地带。南京、无锡、苏州、杭州等地的家用电器、丝绸、服装等工业产品畅销国内外。

发展条件：沪宁杭工业区濒临长江、东海，地理位置优越；亚热带季风气候，热量充足，降水丰富，雨热同期；地形平坦，土壤肥沃，河流密布，水源充足；工业基础雄厚，科技力量强，水陆交通便利；劳动力丰富，素质高，市场广阔；经济腹地宽广，工业联系好。

4. 珠江三角洲工业区

该工业区包含广州、深圳、珠海、惠州、东莞、佛山、中山、江门等一系列工业城市，以服装、电子、玩具、食品等轻工业为主，如家用电器、服装、食品、玩具制造等。广州、深圳、珠海等沿海开放城市和经济特区是本区的工业中心。

发展条件：交通便捷；珠江三角洲靠近香港和东南亚，很多地方是侨乡，为利用外资发展本区工业提供了有利条件；农产品丰富。

发展方向：积极引进外资、先进技术和管理方法，发展以出口为主的多种加工工业和制造工业，突出外向型经济。

四、工业生产对地理环境的影响

工业的出现是人类社会的一次深刻变革，它不仅在几百年的发展历程中，创造了巨大的财富和新的人工环境，也改变了人们的生活方式。同时，也极大地消耗了自然资源，造成环境污染，甚至是生态破坏。世界工业化过程中的这些负面影响，在很大程度上威胁到人类的可持续发展。

第三节 动植物生存环境的恶化

在地球的历史上，由于自然环境的变迁，发生过五次大规模的物种灭绝。目前，地球正在经历第六次大规模物种灭绝，这一次同前几次物种灭绝不同的是，导致这场悲剧的是人类。由于人类对野生动物的狂捕滥杀，对生态环境的污染和破坏等因素，动植物的生存环境不断恶化，生物多样性锐减。

一、动植物生活区域的锐减与恶化

（一）动植物陆地栖息地的锐减与恶化

陆地动植物栖息地存在的问题主要是栖息地破碎化，也就是生境破碎化。生境的破碎化，使野生动物生存区域减小，生存方式和物种数量发生改变，进而影响到生存在其中的物种的扩散、迁徙和建群。而且当生境破碎化后，在各个小的生境区域中，物种的生存发展是由近亲繁衍而来，这样会导致野生动物遗传多样性的降低，物种的长期存在面临威胁。因此，生境破碎化是生物多样性丧失和物种灭绝的主要原因之一。

目前，造成陆地动植物栖息地面积缩减、割裂、质量下降的原因主要是人类活动，如高速公路、水库等基础设施的建设，矿产、油气开采等活动，都缺乏保护生物栖息地的意识和措施。此外，气候变化和自然灾害也在一定程度上影响到动植物的生存环境。例如，随着全球气候变暖，雪线上升，雪莲的生长区域急剧缩小，加之盗挖分子疯狂的采摘，天山野生雪莲数量急剧减少。

（二）湿地面积锐减与环境恶化

除南极洲外，全球都可以找到湿地的踪迹。根据世界自然保育监察中心估计，湿地占全球陆地面积的6%，总面积约为5.7亿公顷，其中2%为湖泊、30%为泥塘、26%为泥沼、20%为沼泽、15%为泛滥平原。加拿大湿地面积居世界首位，约有1.27亿公顷，占全世界湿地面积的24%；美国第二，有1.11亿公顷；俄罗斯第三；中国第四。

有关全球湿地退化的情况并没有准确而全面的资料，根据经济合作与发展组织（OECD）的估计，从1900年开始，在一个世纪内全球大约失去了一半湿地。在20世纪的上半叶，消失的湿地主要在北半球，但自从50年代起，越来越多的位于热带与亚热带的湿地被改变用途而消失。被肆意侵占和污染是湿地面积减少和环境恶化的主要原因。

（三）海洋生态系统的恶化

海洋生态系统是海洋中由生物群落及其环境相互作用所构成的自然系统，由许多不同等级的次级生态系统构成，通过能量流和物质流形成具有一定结构和功能的统一体。根据监测与研究，污染、气候变化、过度捕捞和栖息地被破坏，成为海洋生态系统恶化的主要原因。

在近岸地区，水体富营养化问题突出。水体富营养化是指水体中的氮、磷等营养盐含量过多而引起的水质污染现象。其本质是由于营养盐的输入输出失去平衡，从而导致水体生态系统物种的分布失衡，单一物种疯长，破坏了系统的物质与能量的流动，使整个水体生态系统逐渐走向灭亡。水体富营养化是赤潮和绿潮爆发的重要原因。

知识拓展

赤潮与绿潮

赤潮是在特定的环境条件下，海水中某些浮游植物、原生动物或细菌爆发性增殖或高度聚集而引起水体变色的一种有害生态现象。仅2016年，我国管辖海域面积共发生赤潮68次，累计面积约7 484平方公里。与近5年平均值相比，赤潮发现次数增加12次，累计面积增加1 559平方公里。

绿潮是在特定的环境条件下，海水中某些大型绿藻（如浒苔）爆发性增殖或高度聚集而引起水体变色的一种有害生态现象，被视作和赤潮一样的海洋灾害。

二、动植物物种数量的减少

由于自然环境的演变和人类活动的干扰与破坏，全球的动植物物种数量正在急剧减少。据统计，在过去的几十年里，全球脊椎动物种群数量整体下降了58%，无脊椎动物减少了45%，21%的植物物种正面临灭绝风险。中国的情况更加糟糕，在过去的几十年里，物种灭绝速度远高于世界平均水平。

（一）全球动植物物种数量的减少

1. 动物

（1）脊椎动物。

以世界各地收集的3 706个脊椎动物（哺乳类、鸟类、鱼类、两栖类、爬行类）物种的14 152个受监测的种群数据为基础，世界自然基金会（WWF）发布的《地球生命力报告2016》数据显示，从1970年到2012年，全球地球生命力指数显示脊椎动物种群数量整体下降了58%（如图10-1所示）。年平均降幅达到2%，而且这一降速没有任何放缓的迹象。具体而言，陆地物种数量整体下降38%，淡水物种数量整体下降81%，海洋物种整体下降36%（如图10-2所示）。

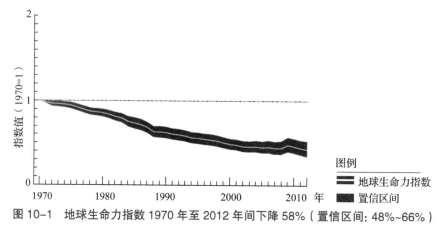

图10-1 地球生命力指数1970年至2012年间下降58%（置信区间：48%~66%）

陆地物种地球生命力指数显示，自1970年至2012年，种群数量整体下降38%。

淡水物种地球生命力指数显示，自1970年至2012年，淡水系统监测种群数量整体下降81%。

海洋物种地球生命力指数显示，自1970年至2012年，种群数量整体下降36%。

图10-2 陆地物种、淡水物种、海洋物种地球生命力指数变化

（2）无脊椎动物。

无脊椎动物是背侧没有脊柱的动物，它们是动物的原始形式，包括甲虫、蝴蝶、蜘蛛、蠕虫乃至大型乌贼等。无脊椎动物被认为代表了地球上99%的生物多样性，它们是维系人类生态系统的重要组成部分，但并未获得应有的关注与重视。

目前，淡水系统、海洋系统和陆地系统的许多无脊椎动物群体正濒临灭绝。在过去35年间无脊椎动物的数量同期减少了45%。根据英国伦敦动物学会的一份最新报告，全世界1/5的无脊椎动物物种正面临绝灭的危险，包括蟹类和腹足类在内的淡水无脊椎动物则面临更大的威胁，随后是陆地和海洋无脊椎动物，更多能飞的动物，例如蜻蜓与蝴蝶，面临的绝灭风险最小。

2. 植物

根据英国皇家植物园于2016年发布的《全球植物现状评估报告》，目前地球植物总体状况可以归纳为以下几个方面：

第一，目前全球科学界已知的维管植物共计39.1万种，已知显花植物数量约为36.9万种；但是由于全球气候变化、栖息地破坏、疾病、外来物种入侵等各类因素，全球21%的植物物种正面临灭绝风险。

第二，全世界的植被可大致分为14个生物群落，其中，13个生物群落过去20年的土地覆盖变化在10%以上，10个生物群落2000—2013年的植被生产力呈下降趋势。

第三，许多重要的植物由于人工高产培育，正在逐渐失去抵抗病虫害和气候变化的基因，致使它们在新的环境威胁面前非常脆弱。

（二）中国动植物物种数量的减少

中国在全球公认的12个"生物多样性巨丰"国家中排名第八，拥有高等植物3万余种（其中约50%为中国特有种）、脊椎动物6 347种，分别占世界总种数的10%和14%。由于我国大部分区域未受到最后一次冰期的影响，拥有大量的孑遗和特有物种。同时，中国也是全球生物多样性丧失最为严重的国家之一。

1. 动物

（1）脊椎动物。

基于405个鸟类、兽类、两栖爬行类的1 385个种群时间序列获得的中国陆地生态系统脊椎动物变化趋势指数表明，1970—2010年中国仅陆栖脊椎动物种群数量就下降了49.71%（如图10-3所示）。具体而言，1970—2010年，两栖类下降了97.44%，最为严重；其次是兽类，种群数量下降了50.12%。

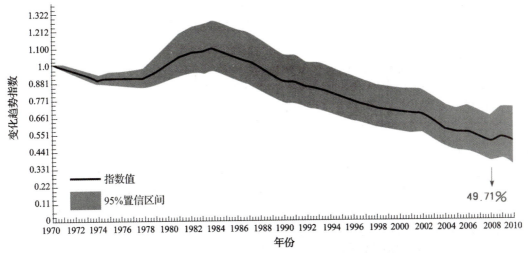

图10-3 中国陆地生态系统脊椎动物变化趋势指数图

（2）无脊椎动物。

许多无脊椎动物很小，其中一些还缺乏精密的体内控制手段，因此，很多情况下，这样的物种无法阻止自身吸收化学污染物或者在环境缺水的条件下控制身体的水分流失，环境一旦改变将会灾难临头。根据《中国物种红色名录》所载，基于2 448个无脊椎物种的评估发现，我国无脊椎动物已经绝灭了12种，占总评估种数的0.49%；受威胁（极危、濒危和易危）的比例为 34.98%。

2. 植物

我国珍稀植物资源非常丰富，有不少是我国特有或世界上著名的贵重用材树种。长期以来，由于保护不够，珍稀植物日益减少，有的甚至濒临绝迹。近 50 年来，我国约有 200 种植物灭绝；中国高等植物中受威胁物种已达 4 000~5 000 种，占总种数的 15%~20%，高于世界 10%~15% 的水平。

依据《中国物种红色名录》所载，裸子植物受威胁（极危、濒危和易危）的比例高达 69.91%，被子植物受威胁（极危、濒危和易危）的比例高达 86.63%。

（三）动植物物种减少的原因

1. 植物物种减少的原因

（1）生物学特性。

一些植物的分布区域狭窄，或者种类较少，该物种的竞争力就会下降，很容易受到干扰而灭绝。另外，这些植物的繁殖能力不强，不能很快建立种群，也会引起数量的急剧减少。

（2）物理因素。

海平面上升、火山爆发、地质作用、极端气候事件、磁场侧转和天体碰撞等，这些因素都有可能导致植物的生存环境恶化、食物链被破坏，直接影响到植物物种的繁衍和生存，最终导致植物物种急剧减少或灭绝。

（3）人类活动因素。

人类活动对植物物种减少的影响主要体现在以下三个方面：

①过度利用。随着人口的增加，人类对自然环境的干预能力不断增强，对生物资源的不合理利用也愈演愈烈。生物资源的滥用、掠夺性的开发是生物资源枯竭、生物多样性迅速减少、物种灭绝的主要原因。

②生境破坏。生境破坏主要包括森林生境的丧失，湿地和水生生境的破坏，草地的破坏与沙漠化。地球上的许多植物由于受到人类活动所产生的巨大环境压力作用，正面临灭绝的威胁。

③引入物种。自然界的各种生物在漫长的生物进化过程中形成了相互依存、相互制约的关系，并通过食物链达到生态平衡。如果引进的外来物种没有天敌，食物链被切断，它就会疯狂地生长和繁殖，失去控制。此外，经过人工基因操作的转基因生物的释放，将是一种新的生物入侵，其后果还有待观察和研究。

2. 动物物种减少的原因

（1）栖息地的丧失和退化。

栖息地的丧失和退化是指物种生存环境因关键生境特征的彻底去除、破坏或质量下降而产生的变化。不可持续的农业、砍伐、运输、住宅或商业开发、能源生产和开采是造成栖息地丧失和退化的最常见原因。对于淡水栖息地来说，最常见的威胁是河流和溪流的碎片化和引水。

（2）物种的过度开发。

过度开发分为直接过度开发和间接过度开发两种形式。直接过度开发是指用于生活或贸易的不可持续的狩猎、偷猎和捕杀。间接过度开发是指对非目标物种的无意杀害，例如渔业中的兼捕渔获物。

（3）污染。

污染会使环境不再适合物种的生存，进而对该物种造成直接影响，比如漏油事故。污染也可以对物种造成间接影响，如通过影响食物供应和再生产能力，使种群数量随时间不断下降。

（4）入侵物种和疾病。

入侵物种会与本地物种争夺空间、食物和其他资源，或成为本地物种的捕食者，也可能会传播本地环境中未曾有过的疾病。另外，人类活动往往也会将病原体带到不同的环境中，对动物物种的生存与繁衍构成威胁。

（5）气候变化。

气候变化对物种的影响通常是间接性的。随着气候的变化，一些物种往往需要通过转移活动范围来寻找适合的气候条件，不成功的迁徙往往直接威胁到动物的生存与繁衍。另外，温度等气候因素的变化，也会混淆触发季节性活动的信号，如迁移和繁殖，导致这些活动发生在错误的时间，进而影响动物对特定栖息地的繁衍时机的误判和对食物供应周期的误判。

三、生物多样性破坏的影响

生物多样性是生态系统的特征之一，也是生态系统中的物种赖以生存的物质基础，各物种之间以错综复杂的食物链关系彼此联系，从而稳定发展。生物多样性也是生态系统重要的缓冲机制，在某一物种消失后，对其关联物种不一定造成严重的影响，但生物多样性遭到严重破坏达到一定程度，可能造成生态系统瘫痪。

对人类而言，生物多样性是人类社会赖以生存和发展的基础。我们与生态系统的其他生物之间存在着千丝万缕的联系，衣、食、住、行及物质文化生活的很多方面都与生物多样性存在密切关联，特别是丰富的动植物资源给人类提供了食物来源。生物多样性的毁灭，意味着人类将失去生存与发展的可能。

第四节　中国的环境问题与可持续发展

环境问题是指因自然变化或人类活动而引起的环境破坏和环境质量变化。环境问题分为原生环境问题和次生环境问题。原生环境问题指由于自然环境本身变化引起的自然灾害，如火山爆发、地震等。次生环境问题是指由于人为因素造成的环境问题。环境问题会给人类的生存和发展带来不利影响，环境问题越严重，对可持续发展的制约就越大。

一、中国的环境问题

我国的环境问题包括原生环境问题和次生环境问题，次生环境问题是我国主要的环境问题。

（一）环境污染问题

1. 大气污染问题

目前我国大气首要污染物为细颗粒物（PM2.5）、臭氧（O_3）和可吸入颗粒物（PM10）。其中，PM2.5（直径不超过 2.5 μm 的颗粒物）是造成雾霾天气的"元凶"。近几年，经过春天防沙尘、夏天防臭氧、秋季防秸秆焚烧、冬季防重污染天气的一系列举措的坚持，空气质量优良率一直维持在较高水平，且逐年升高，这说明环境空气质量呈现逐年改善的趋势。但是臭氧浓度却不降反升，2019 年全国 337 个地级及以上城市臭氧浓度同比上升 6.5%，以臭氧为首要污染物的超标天数占总超标天数 41.8%，仅次于 PM2.5（占 45%）。臭氧浓度大幅上升造成全国空气质量优良天数比例同比损失 2.3 个百分点。2020 年 1—2 月，臭氧浓度更是蹿升了 10.2%。臭氧浓度不降反升，相关污染物排放、极端天气条件等是主要原因。

知识拓展

雾霾

雾霾是特定气候条件与人类活动相互作用的结果。高密度人口的经济及社会活动必然会排放大量细颗粒物（PM2.5），一旦排放超过大气循环能力和承载度，细颗粒物浓度将持续积聚，此时如果受静稳天气等影响，极易出现大范围的雾霾。2013 年，"雾霾"成为年度关键词。这一年的 1 月，4 次雾霾过程笼罩 30 个省（区、市），在北京，仅有 5 天不是雾霾天。有报告显示，中国最大的 500 个城市中，只有不到 1% 的城市达到世界卫生组织推荐的空气质量标准，与此同时，世界上污染最严重的 10 个城市有 7 个在中国。

南京粉色雾霾

2014 年 1 月 4 日，国家减灾办、民政部首次将危害健康的雾霾天气纳入 2013 年自然灾情进行通报。2014 年 2 月，习近平在北京考察时指出：应对雾霾污染、改善空气质量的首要任务是控制 PM2.5，要从压减燃煤、严格控车、调整产业、强化管理、联防联控、依法治理等方面采取重大举措，聚焦重点领域，严格指标考核，加强环境执法监管，认真进行责任追究。2016年12月，入冬来最持久雾霾天气来临，多个城市已达严重污染，预计还将维持4天，直到21日后半夜才会自北向南减弱消散。19日夜间将进入此轮雾霾最严重的时段，将影响包括京津冀、山西、陕西、河南等11个省市在内的地区。2017年，李克强总理亲自将"坚决打好蓝天保卫战"写入报告。

国务院于2018年7月公开发布《打赢蓝天保卫战三年行动计划》，2018年是《打赢蓝天保卫战三年行动计划》实施的开篇之年，2018年我国大气环境已经显著改善。中国气象局发布《大气环境气象公报（2018年）》（下文简称《公报》）统计数据显示，2018年全国平均霾日数比2017年明显减少了7.1天，霾天气过程次数和影响面积均较2017年减少；2019年是蓝天保卫战的攻坚之年，中国气象局发布《公报（2019年）》显示，2019年全国大气环境持续改善，全国平均霾日数、霾天气过程影响面积均较2018年减少；2020年是三年蓝天保卫战的收官之年，《公报（2020年）》显示，2020年全国平均霾日数24.2天，比2019年减少1.5天。

2. 水污染问题

中国每天约有1亿吨污水直接排入水体。中国七大水系中一半以上河段水质受到污染。中国水污染负荷过大，超过水环境容量，南方丰水地区水质性缺水问题突出，北方水资源短缺，水量性缺水严重，生态用水严重不足。

3. 固体废物污染

固体废物按来源大致可分为生活垃圾、一般工业固体废物和危险废物三种。固体废物如不加妥善收集、利用和处置，将会污染大气、水体和土壤，进而危害人体健康。目前对于固体废物的处置主要包括固废填埋和垃圾焚烧两种类型。

（二）生态破坏问题

1. 水土流失问题

水土流失是指在自然营力和人类活动作用下，水土资源和土地生产力的破坏和损失，包括土地表层侵蚀及水的损失。分为水力侵蚀、重力侵蚀和风力侵蚀。

根据公布的中国第二次遥感调查结果，中国的水土流失面积达356万平方公里，占国土总面积的37%。

中国环境问题与可持续性发展

由于降雨强度大，土质疏松，植被稀少，地表径流对土壤的冲刷侵蚀力强。人类对土地不合理的利用，破坏了地面植被和稳定的地形，造成严重的水土流失。水土流失造成土地生产力下降，甚至丧失，淤积河道、湖泊、水库，污染水质，影响生态平衡。

2. 荒漠化问题

荒漠化指由于人为和自然因素的综合作用，干旱、半干旱地区自然环境退化的总过程，狭义荒漠化即沙漠化。荒漠化土地类型分为四种：风蚀荒漠化、水蚀荒漠化、冻融荒漠化、土壤盐渍化。

中国的荒漠化和沙化土地面积大、分布广、危害重。截至2014年，我国荒漠化土地面积261.16万平方公里，沙化土地面积172.12万平方公里，分别占国土总面积的27.20%和17.93%。

3.土地盐渍化问题

土地盐渍化是指易溶性盐分在土壤表层积累的现象或过程，也称盐碱化。中国盐渍土（盐碱土）的总面积约1亿平方公里。其中现代盐渍土约占37%，残积盐渍土约占45%，潜在盐渍土约占18%。盐渍化主要发生在干旱、半干旱和半湿润地区。

土地盐渍化造成土壤板结与肥力下降，阻碍作物生长，目前针对土地盐渍化的改良主要从水利、农业、生物、化学等方面进行。

二、生态文明建设

（一）生态文明建设的推进

推进生态文明建设是新发展阶段的必然要求。改革开放以来，我国经济建设取得了巨大成绩，但发展代价过大是不争事实。本世纪初党中央对这个问题已有充分认识，十五大报告明确提出实施可持续发展战略；十六大报告提出走新型工业化发展道路，建立资源节约型、环境友好型社会，建设创新型国家，建设生态文明等新的发展理念和战略举措；十七大报告进一步明确生态文明新要求，把到2020年成为生态环境良好的国家作为全面建成小康社会的重要要求之一，党的十七届五中全会明确提出提高生态文明水平。但是，此时期中国正处于工业化中后期和城镇化加速发展的阶段，发达国家一两百年间逐步出现的环境问题在我国集中显现，呈现明显的结构型、压缩型、复合型特点，环境总体恶化的趋势尚未根本改变，压力甚至还在持续加大。对此，党的十八大从新的历史起点出发，做出"大力推进生态文明建设"的战略决策，从10个方面完整描绘了今后相当长一个时期生态文明建设的宏伟蓝图，论述了生态文明建设的重大成就、重要地位、重要目标，全面深刻论述了生态文明建设的各方面内容。随着党的十八届五中全会的召开，增强生态文明建设首度被写入国家五年规划。同时，2018年3月5日第十三届全国人民代表大会第一次会议通过的宪法修正案将"国务院行使下列职权中"的"领导和管理经济工作和城乡建设"修改为"领导和管理经济工作和城乡建设、生态文明建设"。

（二）习近平生态文明思想

党的十八大以来，以习近平同志为核心的党中央高度重视生态文明建设，坚持把生态文明建设作为统筹推进"五位一体"总体布局和协调推进"四个全面"战略布局的重要内容，推动生态文明建设在重点突破中实现了整体推进，在新时代生态文明建设伟大实践中形成了习近平生态文明思想。

习近平总书记在党的十九大报告中，首次将"树立和践行绿水青山就是金山银山的理念"写入了中国共产党的党代会报告，且在表述中与"坚持节约资源和保护环境的基本国策"一并成为新时代中国特色社会主义生态文明建设的思想和基本方略。同时，党的十九大通过的《中国共产党章程（修正案）》强化和凸显了"增强绿水青山就是金山银山的意识"的表述。习近平总书记在党的二十大报告中强调要"推动绿色发展，促进人与自然和谐共生"，指出尊重自然、顺应自然、保护自然，是全面建设社会主义现代化国家的内在要求，必须牢固树立和践行绿水青山就是金山银山的理念，推进美丽中国建设，站在人与自然和谐共生的高度谋划发展。这既有利于全党全社会牢固树立社会主义生态文明观、同心同德建设美丽中国、开创社会主义生态文明新时代，更表明党和国家在全面决胜小康社会的历史性时刻，对生态文明建设做出了根本性、全局性和历史性的战略部署。生态文明建设要为实现富强民主文明和谐美丽的社会主义现代化强国做出自己的独特贡献。

2018年5月18日，在全国生态环境保护大会上，习近平总书记发表了重要讲话，深刻阐述了推进新时代生态文明建设必须遵循的"六项原则"，即坚持人与自然和谐共生的科学自然观、绿水青山就是金山银山的绿色发展观、良好生态环境是最普惠的民生福祉的基本民生观、山水林田湖草系统治理的整体系统观、最严格制度最严密法治保护生态环境的严密法治观和世界携手共谋全球生态文明的共赢全球观，涵盖了经济、政治、文化、社会和生态文明等全领域，相互联系、相互促进、辩证统一，形成一个完整系统、科学严密的逻辑体系，构成了习近平生态文明思想的理论内核，是新时代推进生态文明建设的主要内容和根本遵循。

三、环境保护与供给侧结构性改革

2015年11月，中央财经领导小组第十一次会议首次提出了供给侧改革。供给侧结构性改革旨在调整经济结构，使要素实现最优配置，提升经济增长的质量和数量。

（一）供给侧结构性改革

1. 我国供给侧结构性改革的宏观背景

（1）供需错位亟须供给侧结构性改革发力引导供需平衡。在过去几十年的高速发展过程中，我国多次运用调控手段，确保经济保持较高的增长速度。近年来，经济高速增长的负面影响逐渐显现，刺激虚假供求导致产能过剩，商品服务市场呈现出"支付意愿强、有效需求高、有效供给相对不足"的特征。如我国钢铁生产多年过剩，但圆珠笔笔头钢珠等高端钢材却无法满足市场需求就是典型案例。商品服务市场结构性过剩与有效供给不足的"供需错位"，已成为我国经济持续增长的巨大路障。

（2）经济结构扭曲失衡亟须供给侧结构性改革调整结构。我国要素价格存在不同程度的制度性和政策性扭曲，劳动力价格、土地价格、资本价格、资源性价格、环境成本价格等未反映出其市场供求关系、稀缺程度，以及与其使用有关的负外部性，从而导致低效率资源配置，生产过程的高资源消耗强度，以及相应而来的浪费和污染，造成经济结构扭曲失衡。

2. 我国供给侧结构性改革的主要内容

供给侧结构性改革，就是从提高供给质量出发，用改革的办法推进结构调整，矫正要素配置扭曲，扩大有效供给，提高供给结构对需求变化的适应性和灵活性，提高全要素生产率，更好地满足广大人民群众的需要，促进经济社会持续健康发展。

（二）环境保护与供给侧改革

环境问题从本质上是经济发展方式的问题，解决问题根本上取决于经济和环境二者关系的有效互动。因此，供给侧结构性改革与环境保护二者相辅相成。

1. 供给侧问题是造成生态环境问题的根源

我国社会正处在转型期，制度体系不断完善的过程中，容易出现低水平的"供给陷阱"。在外向型的供给体制下，如果外需减少，转化为内需受阻，就会导致产能过剩。如能源行业，我国发电机装机容量接近 14 亿千瓦，火电装机容量严重过剩，2014 年火电利用小时数为 4 706 小时，跌破 5 000 小时，创 1978 年以来新低，在这样严重产能过剩的情况下，却仍在继续投资建设火电站。此外，一些企业所生产的产品不能满足国内个性化和多样化的需求，导致大量的消费流向海外。因此，供给侧的问题才是一系列环境问题的根源。

2. 供给侧结构性改革是环境保护的动力

供给侧结构性改革旨在通过调整经济结构，使要素实现最优配置，提升经济增长的质量和数量。虽然目前我国经济总量已跃居世界第二位，但发展中不平衡、不协调、不可持续的问题依然突出，人口、资源、环境压力越来越大。要科学破解经济社会发展和环境保护的"两难"悖论，我们需要改变传统要素投入结构过度依赖劳动力、土地和资源等一般性生产要素投入的现象，把经济活动过程和结果的绿色化、生态化作为绿色发展的主要内容和途径，以供给侧结构性改革促进环境保护。

3. 环境保护是供给侧结构性改革的催化剂

20 世纪 90 年代，美国学者迈克·波特教授提出"波特假说"，认为环境规制并非一定会增加企业的生产负担，削弱产业的竞争力。相反，如果方法得当，环境保护力度的加大、环境标准尺度的提高能够倒逼污染企业对清洁生产技术和末端治理技术进行创新，激发企业的"创新抵消"效应，提升自然资源利用率和生产效率、减少污染物排放，进而促进产业转型升级和产业竞争力的提升。这为发展中国家和地区探索出一条兼顾发展与保护、借助于环保倒逼产业转型升级的道路提供了理论基础。

4. 环境保护与供给侧结构性改革相辅相成

面对日益严重的环境问题，供给侧结构性改革为有效节约产能、转变经济粗放发展方式、应对资源环境约束趋紧等问题提供了制度上的安排，为环境治理打开了一条通道。作为供给侧结构性改革的一个重要领域，环境保护能够通过优化和调整产业和产品结构提高绿色产品质量。环境保护工作的有效开展，可以为推进全面深化改革进程提供有益的经验和启示。

四、融入并推进国际合作：巴黎气候大会

从 1972 年瑞典斯德哥尔摩的《人类环境宣言》到 1992 年巴西里约热内卢的《环境与发展宣言》，再到 2002 年南非约翰内斯堡的《可持续发展承诺》和 2015 年的巴黎气候大会，我们都在为应对环境问题，实现全人类的可持续发展而不懈努力。

（一）巴黎气候大会——国际合作新模式

2015年11月30日至12月11日在巴黎举行了世界气候大会。相比于6年前的哥本哈根会议，这次会议最大的不同在于气候谈判模式发生根本性转变：自下而上的"国家自主贡献"（INDC）取代了以往自上而下的"摊牌式"强制减排。至此，已有184个国家提交了应对气候变化"国家自主贡献"文件（美国总统特朗普于2017年6月1日宣布退出该协定），涵盖全球碳排放量的97.9%。"国家自主贡献"开启气候治理的新模式。联合国前秘书长潘基文表示，应对全人类面临的最复杂的气候变化问题，我们已经进入了一个全新合作的时代。全球所有国家为了共同目标采取共同应对措施，这是有史以来的第一次。

（二）《巴黎气候协定》——应对气候变化的新成果

此次会议的成果《巴黎气候协定》的出台，是人类应对气候变化历史上继《联合国气候变化框架公约》和《京都议定书》之后的第三个里程碑。为2020年后全球合作应对气候变化指明了方向，具有历史性意义。该协定共29条，包括目标、减缓、适应、损害、资金、技术、能力建设、透明度、全球盘点等内容，明确了全球共同追求的"硬指标"，指出"各方将加强对气候变化威胁的全球应对，把全球平均气温升幅控制在工业化前水平以上低于2℃以内，并努力将气温升幅控制在工业化前水平1.5℃以内，同时认识到这将大大减少气候变化的风险和影响"，并强调"本协定的执行将按照不同的国情体现平等以及共同但有区别的责任和原则"。

（三）巴黎气候大会后的行动新目标

根据政府间气候变化专门委员会（IPCC）第五次评估报告，实现全球气温升幅低于2℃的目标，需要在2030年将全球温室气体排放量控制在500亿吨二氧化碳当量，即2010年的排放水平。鉴于目前我国的温室气体排放总量居全球第一，中国承诺将在2030年左右使二氧化碳排放达到峰值并争取尽早实现。

总的来说，巴黎气候大会是应对气候变化多边进程的一个历史性会议，为实现未来低排放、适应气候变化的绿色发展勾画了全面长远的蓝图。大会最终协定的达成，翻开了国际合作、共同促进可持续发展的新篇章。

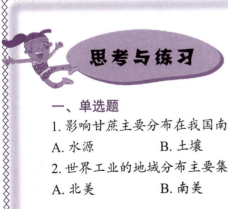

一、单选题

1. 影响甘蔗主要分布在我国南方地区的自然区位因素主要是（　　）。
   A. 水源　　　　B. 土壤　　　　C. 地形　　　　D. 气候
2. 世界工业的地域分布主要集中在（　　）。
   A. 北美　　　　B. 南美　　　　C. 中亚　　　　D. 非洲

3. 我国有重工业优势的工业区位是（　　）。
A. 京津唐工业区　　　　　　B. 沪宁杭工业区
C. 辽中南工业区　　　　　　D. 珠江三角洲工业区

二、简答题

1. 简述季风水田农业的特点。
2. 结合所学知识，阐述日本工业临海发展的原因。
3. 简述全球生物多样性锐减的原因，并分析其对人类的影响。

三、材料分析题

【材料1】

我国资源总量很大，但人均占有量相对不足，且单位产值的资源、能源消耗量远远高于世界平均水平，使我国的资源、能源和环境问题更加严重，严重制约我国经济的持续增长。

【材料2】

1980—2000年中国的经济总量翻了两番，但是资源、能源消耗只翻了一番，特别是20世纪90年代以来，单位产值的资源、能耗下降趋势明显。

【材料3】

20世界90年代以来，我国经济增长中的科技贡献率不断提高，研发经费迅速增长，在校大学生人数多年保持在1 400万左右。近年来我国按照科学发展观要求，落实科教兴国战略，转变发展观念，创新发展模式，提高发展质量初见成效，经济增长开始转到依靠科技进步和提高劳动者素质上来。但总体上科技贡献率低于世界平均水平，与创新型国家存在很大的差距。

1. 分析增长方式转变与科学发展观的内在联系。
2. 结合我国国情，在学前儿童科学素养培养和环保理念传播过程中，应该注意哪些问题？